本教材为浙江省普通本科高校"十二五"新兴特色专业建设项目成果

U0749412

广告法规教程

徐卫华 编著

浙江工商大学出版社
ZHEJIANG GONGSHANG UNIVERSITY PRESS

图书在版编目(CIP)数据

广告法规教程 / 徐卫华编著. —杭州：浙江工商
大学出版社，2018.6(2023.1重印)
　　ISBN 978-7-5178-2477-0

　　Ⅰ. ①广… Ⅱ. ①徐… Ⅲ. ①广告法－中国－高等学
校－教材 Ⅳ. ①D922.294

　　中国版本图书馆 CIP 数据核字(2017)第 302629 号

广告法规教程

徐卫华 编著

责任编辑	王　英	
封面设计	林朦朦	
责任印制	包建辉	
出版发行	浙江工商大学出版社	
	（杭州市教工路 198 号　邮政编码 310012）	
	（E-mail：zjgsupress@163.com）	
	（网址：http://www.zjgsupress.com）	
	电话：0571-88904980,88831806(传真)	
排　　版	杭州朝曦图文设计有限公司	
印　　刷	广东虎彩云印刷有限公司绍兴分公司	
开　　本	787mm×1092mm　1/16	
印　　张	19.75	
字　　数	381 千	
版 印 次	2018 年 6 月第 1 版　2023 年 1 月第 3 次印刷	
书　　号	ISBN 978-7-5178-2477-0	
定　　价	55.00 元	

总　序

　　把广告和文化创意联系在一起,在学理意义上,是因为广告学的核心手段是文化创意,文化创意的本质是对文化资源的创造性运用,使文化资本成为符号消费,这和广告的行为目标殊途同归。

　　温斯顿·弗莱彻在牛津《广告》读本中认为,"广告是一种付费交流活动,其目的在于提供信息,并且/或者游说一个人或多人"。该定义看上去没有那么高大上,但直奔广告的本意,而且除了商品服务的"付费"、传播价值的"交流"和"信息"外,尤其突出了"游说"。我们凭什么游说广告客户和广告接受者? 我们如何构建我们的逼真性超强的广告游说艺术? 我们又如何在倡导廉洁、友爱、环保、禁烟等主题的公益广告中,传承优秀文化和加大文化含量? 这些无疑离不开文化创意,离不开文化经济学和精神经济学乃至美学经济学的支撑。正如约翰·霍普金斯所言,"人们如何从思想中创造金子",依靠的是人的创造力以及由此而来的新观念、新体验和新品味,而这恰恰是后工业化时代所需要的高情感和高情商,是人类文明冲动中"真善美"之后的"贵智强"。在这种意义上,广告人就要求自己成为能够成功游说他人的"高感性族群",能观察趋势和机会,以创造优美或动人的作品;能编织引人入胜的故事,结合看似不相干的概念,转化为新事物;能体察他人的情感,熟悉人与人之间的微妙互动,懂得为自己和他人寻找喜乐,以及在烦琐俗务间发现意义和目的。

　　广告能和文化创意携手共创辉煌,是因为我们置身于同一个产业语境,古老的广告业和新颖的文化创意产业是包含和融合的关系。国家《"十三五"时期文化产业发展规划》明确将文化产业列为我国经济支柱性产业,在"大众创业,万众创新"的背景下,广告产业越来越成为文化创意产业的领跑者。早在 2010 年,浙江省就明确将广告业从传统服务业转为文化创意产业,充分发挥广告业对经济的带动作用,并从市场准入、企业改组、融资、人才引进和税收等方面确定了 11 项扶持政策。2012 年,国家统计局在文化产业分类中明确将广告业归属于文化产业。

　　在第 24 届中国国际广告节上,中国广告协会会长张国华介绍说,中国广告业年营业额达到 6000 亿元的规模,约占文化产业总额的 1/5,其中互联网广告占据半壁江山,广告仍是平台商业化的主要模式。文化创意产业要发展,离不开广告业的推动和引领,为此,国家工商行政管理总局在广告业"十三五"规划中,提出 10 项重点任务,分别是提升广告企业服务能力,进一步优化产业结构,促进广告产业创新,推进广告产业融合发展,提升广告产业国际化水平,完善公益广告发展体系,建设广告业公共服务体系,发展广告研究和教育培训,促进广告市场秩序继续好转和推进行业组织改革发展。

广告和文化创意都属于叶朗先生所倡导的"大审美经济时代"的产业,都需要"文创理念"这一强大的新思维推动。"文创理念"来自朝气蓬勃的文创产业,而文创产业是文化产业、创意产业出现后互相融合形成的新业态,是全球性的文化发展新景观,其核心就是"创新和跨界",把文化复制为主的产业,演变为个体(性)创意为主的产业,强化源自个人的技巧、才华,通过知识产权的开发和运用,创造财富和就业机会。本雅明担心社会性的基本需求——机械复制会导致艺术灵韵的凋谢,却在现代的个性化创造和小众化需求中得到有效的解决。"文创理念"为观察当代文化发展提供了全新的视角与强大的生命力。文化不再是风花雪月的个人修养了。如果挖掘之,发挥之,将其和产业深度结合起来,就能创造新的产业奇迹。正如习主席在 2014 年的文艺座谈会上所说,要不拘泥于传统文化的形式与内容,要创造性转化和创新性发展,"双创"推动了文化资源的通俗化、大众化、时代化。

结合广告和文化创意学相关教学科研资源,出版"罗山广告与文化创意丛书",就温州大学的实践层面讲,是因为我们在广告学本科的基础上,敢为人先地于 2011 年创办了文化创意学硕士点。广告学专业凭着短短十几年的办学史,却创造了校友网全国广告学排名第十二位的奇迹,学生连续五年在全国大学生广告艺术大赛中获得一等奖。文化创意学硕士点在温州大学浙江省"十三五"一流学科汉语言文学学科的滋养和支持下,正在迅速萌芽壮大。丛书里的《广告法规教程》《广告民俗学》《广告摄影实训教程》等选题正是这种深度融合的成果,感谢全体参与老师的辛勤工作。如果套用文化创意的概念理解我们的创新性专业、学科建设工作,目前我们已经走过了原始的"脚的经济",攀上了生产的"手的经济",思考着有限的"脑的经济",正畅想着无限的"心的经济"——不断的新的增长。

书将出,心已远;文创在手,诗意漫游。特为序,愿我们的广告学和文化创意学越办越好。

蔡贻象　教授
浙江省普通高校本科新兴特色专业广告学专业 负责人
二〇一八年元月

序

用心的创获
——为卫华《广告法规教程》序

一

教材建设是学科制度化建设的一个重要方面。标志性教科书受到普遍认可,往往被视为学科成熟的标志之一。因此,西方学者普遍将教材编写视为学科建设的一桩颇为神圣的事。

教材编写在我国,情况则大有不同。许多教材的编写,以功利为动力,或以功利为目的。或许这也是被逼无奈。因此,教材编写不仅"滥",而且还有点小小的"烂"。一部教材花两年的时间编写,还不包括资料的收集,很少见。至少可以说是用心了。用心,是我最推崇的做事态度。

二

法规与伦理,是新闻传播学中重要的知识范畴。在西方,法规与伦理,普遍被列为新闻学、传播学、广告学专业的专业必修课与专业主干课。在我国,都认为很重要,却普遍不重视。专门从事广告法规研究的学者不多,相比较而言,关于广告法规的教材,也屈指可数。

新《广告法》经多年修订,已颁布实施。不仅内容上有重大调整,甚至在立法精神上也已有适当调适。在此背景下,我们更需要有一部新的广告法规教程。此部教材的编写出版,可以说是恰当其时,恰应其需。

三

我于此教材,有两点颇为嘉许。

一是内容的丰富性。广告法规是一个丰富体系,其中包括国家法律和行政法规,还包括相关政府部门规章与地方性法规规章。此教材以国家法律为纲,对国家相关的行政法规与政府部门的有关规章逐一加以条分缕析,还将各地有关广告的89条地方性法规规章囊括其中。

二是专题式的内容结构。我们通常所见的有关广告法规的教材,多将法规与管理兼容一体,且偏重管理。此教材集中于法规,除法律与法规体系外(概述),选择若干重要产业领域、媒介领域,以专题式的内容结构方式,分章加以统合与阐释。其中如互联网广告法规、广告语言文字法规、公益广告法规诸章,我们在同类的其他教材中,难得一见。其专题性结构,令人耳目一新。

四

还有一点,更值得重点一提。

我们注意到,作者在各章都列有延伸阅读的推荐文献。这些文献与各章内容有紧密的关联性,既有内容的深入,更有内容的延展,是名副其实的延伸阅读。就各章来说,那些延伸阅读的文献也许并不详备,其价值也或大或小,但都贯穿着作者对各章内容的研究性思考:如中国人的"食疗观"与我国食品广告的监管问题(第五章);互联网广告中的原生广告的可识别性问题,大数据时代互联网广告的管理问题(第十一章);户外广告管理与整治中的公共空间资源权属与市民权益问题(第九章);广告政府监管与广告行业自治问题,广告代言人制度问题,广告中绝对化用语法规条款的缺陷与完善问题,虚假广告的界定与惩治问题(第十四章);广告市场准入的法律制度问题(第十三章)。作者旨在以此方式,引导学生开展开放式的专题讨论和自主性研究,而实际意义却远超于此,其中涵盖极具意义与价值的学术空间。

五

卫华曾师从我攻读广告学博士学位。他勤奋聪颖,做事踏实,为人本分。我们师徒结缘颇深。他以广告管理体制研究作为他博士论文的选题,并以国家与社会关系作为他研究的理论框架,形成了两大研究发现:第一,我国的广告管理体制,是在"强政府弱社会"的治理框架下所形成的一种广告管理体制,偏重的是政府的广告监管与治理;第二,随着我国"强政府强社会"治理结构的进步与发展,我国的广告管理将逐步建构起政府监管与行业自治、政府监管与社会治理并重的治理结构。这是一个高水平的研究发现,到现在也并不过时。

　　毕业后,他一直持续着他的研究。管理与法规总是紧密联系在一起的,从广告管理的研究走向广告法规研究,是一种顺乎逻辑的研究延伸。以他的勤奋、踏实与睿智,系列研究成果的相继问世,将是可期待的。

　　我期待着,并真诚地祝愿着。

张金海　教授
于武昌珞珈山
2018 年 1 月 21 日

目　录

第十二章　广告语言文字法规

第十三章　广告经营资质法规

第一章 广告法规概述

第一节 有关法的基本理解

有关法的概念的讨论，是为了"法是什么"的问题。法学家们基于各自不同的立场，提出了各自不同的法的定义，并且这些定义之间存在着极为尖锐的对立关系。[①] 本书无意对此进行深入的探究，而只是就法的基本问题，引入一些相关见解，以搭建起本书的理论框架。

一、法的本质

所谓法的本质，就是法的概念内涵。对法的本质的认识，是人的主观通过现象对法的内在属性的认识。因此，主观因素常常对认识的结论产生干扰，从而形成了复杂多元的法的本质论，包括神定说和人定说，意志说、理性说和客观关系说，以及工具论、社会工程论和预测论等。在此，编者引介其中两种具有代表性的观点。

1.统治阶级意志论

新中国成立以来，我国法理学的一个最基本的观念就是"统治阶级意志论"。这是对法的本质的判断，也是对法的基本认识。这种观念经官方确认，在我国经久不衰、影响深远。

时至今日，随手翻阅国内法学理论教材，仍不难发现此类观点。如，司法部法学教材编辑部编审、陈光中主编的《法学概论》（第四版），在将法定义为"由国家制定或认可并由国家强制力保证实施的具有普遍效力的行为规范体系"的同时，还特别指出法具有国家意志，是掌握国家权力的统治阶级意志的表现。[②]

---

① 徐显明. 法理学原理[M]. 北京：中国政法大学出版社，2009：1.
② 陈光中. 法学概论[M]. 5版. 北京：中国政法大学出版社，2013：1.

事实上,这种观点直接来源于苏联在特定历史条件下形成的法理论。在 1938 年 7 月第一次全苏法律和国家科学会议上,时任苏联总检察长的维辛斯基提出了著名的官方法律定义:"法是以立法形式确定的表现统治阶级意志的行为规则和为国家政权认可的风俗习惯和公共生活规范的总和,国家为了保护、巩固和发展对于统治阶级有利的和惬意的社会关系和秩序,以强制力量保证它的施行。"①这一定义强调,法是统治阶级意志的体现。②

改革开放以后,我国法学界围绕统治阶级意志论进行了大讨论。时至今日,这场讨论依然没有结束,且"统治阶级意志论"作为官定概念的地位仍然坚挺,但是越来越多的学者开始对其进行检讨和反思。

2.契约论

在多元的检讨和反思中,中央党校张恒山教授提出的契约论颇具建设性。在他看来,法和道德从原理上来说同根同源,都是来自社会成员的认可、同意,国家意志、统治阶级意志是对法具有积极或消极、进步或反动影响的重要因素,但对法起不了本原性、决定性的作用。

他认为,唯有法来自社会成员时,唯有社会成员自己来立法时,这种法才能包含社会成员赞同的"理"。即使在实际社会中立法的是国家或国家某个特定的机关,其所立的法也不能违背社会成员根据自己的基本良知、理性所认识的道理,不能违背社会成员在相互交往中自发形成的行为基本规则。因此,国家不过是规则形成的中介,是一个规则加工厂。③

也就是说,法虽然在形式上表现为国家创制或法官判决,其实质上却来源于社会成员的协议或同意。由于国家权力来自社会成员的委托,现实中,无论是国家立法还是法官造法都应当尽可能地体现社会成员的协议或同意;这种协议或同意是处理社会、国家一切重要或较重要事务的依据。④

二、法的渊源⑤

其实,对法本质的判断已经暗含了对法的渊源的认识。所谓法的渊源,又可称为法

---

① [苏]安·扬·维辛斯基. 国家和法的理论问题[M]. 北京:法律出版社,1955:100. 转引自:周永坤. 法理学——全球视野[M]. 3 版. 北京:法律出版社,2010:263.
② 张恒山. 法理要论[M]. 3 版. 北京:北京大学出版社,2009:133.
③ 张恒山. 法理要论[M]. 3 版. 北京:北京大学出版社,2009:9.
④ 张恒山. 法理要论[M]. 3 版. 北京:北京大学出版社,2009:145.
⑤ 周永坤. 法理学——全球视野[M]. 3 版. 北京:法律出版社,2010:48.

源,是指法律的权威及强制力的来源或法律的存在形态。

1.法的一般渊源

不同时空中的法律渊源不尽相同。古代社会的法律渊源无一例外是习惯法,但随着法律的发展,习惯法的地位呈下降趋势,而让位于制定法和判例法。

其一,制定法(Statute Law),即由权力的机关制定的法律。制定法的权威直接来自制定法律的机关。为了强化立法者的正当性和提高制定法的权威,人们通常会为制定法找到一个更高的间接权威,主要包括:一是神,即相信或假设立法权来自超自然的神的力量,违反制定法就违反了神的意志。二是哲学论证,从哲学上找到一个非人所能控制的外力、客观的东西,如人性、社会发展规律等。三是从经验上找到人民主权,认为立法权是治权,来自人民主权。人民通过选举和罢免立法者,实现对立法权的间接控制;人民通过政治参与监督立法,甚至通过全民公决直接立法,以限制立法者的权力。制定法的另一种情况可称为"协定法",是指几个自主的主体通过协商而制定的法律,最典型的是国际社会中的许多立法,如国际公约、国际条约、双边或多边协定等。

其二,判例法(Case Law),是以判例形式出现的法律。判例法的特点是将先例作为规范,对其后的判决具有拘束力。当然,作出判决的法院的地位不同,判例的拘束力大小也不同,有些判例根本不是法律。判例法与制定法的主要区别在于,一是造法的主体不同,判例法是法官造法,而制定法是立法机关造法或者人们的协定造法;二是造法的过程不同,判例法产生于对某一案例的判决,对于规则的形成是无意的,而制定法是人们有意识制定出来适用于一般案件的;三是法律文本的形式不同,判例法的文本是判决书,制定法的文本一般是系统的规范性文件;四是法律适用的思维方式不同,判例法适用的过程是类比推理过程,而制定法是从一般到个别的演绎推理过程;五是寻找规范的方式不同,判例法要到判决理由中去总结规范,而制定法直接从法律文本中找到规范即可。

其三,习惯法(Customary Law),是以习惯形式表现出来的法律。一个习惯被吸纳为法律或作为法源被引用,必须具备以下条件:这个习惯必须长期以来得到遵守,且不是源于暴力;这个习惯是众所周知的且合理的,一个秘密的或不合理的习惯不能作为法源引用;这个习惯必须与制定法不矛盾,与制定法相抵触的习惯不能作为法源引用。对于习惯法的权威来自何方,主要有两种看法:中国、俄罗斯和大陆法系的国家大多持"国家认可说",而英国、美国则多持"社会公认说"。前者的法观念是封闭的,除非国家改变法律,否则法律是一个不变的存在;而后者的法观念则是开放的,向社会开放,向习惯开放。

2.当代中国法律渊源

由于编者倾向于摈弃"国家主义观念",因此对于当代中国法律渊源的理解,也自然采取更为开放的视角。总的来说,就中国大陆而言,制定法居于至高无上的地位,是主要法源;但这并不意味着我国不存在其他法源。

其一,制定法八大渊源。

①宪法:作为其他法律的立法根据,是我国制定法的首要渊源。

②法律:是指国家最高权力机关全国人民代表大会及其常委会制定的规范性文件,是我国法律体系中的核心组成部分。

③行政法规:指国务院为领导和管理国家各项行政工作,根据宪法和法律制定的政治、经济、教育、文化、外事等各类法规,其效力低于法律,高于地方性法规,是国务院行使行政权的表现之一。

④军事法规:指国家军事机关——中央军事委员会制定的规范性文件,其效力只及于中国人民解放军、武装警察部队内部。

⑤地方性法规(包括自治条例、单行条例):即省、自治区、直辖市人大及其常委会,省、自治区政府所在地的市和经国务院批准的较大的市的人大及其常委会为执行和实施法律、行政法规,根据本行政区域的具体情况和实际需要,在法定权限内制定、发布并报全国人大常委会和国务院备案的规范性文件。

⑥部门规章:指国务院各部委依据宪法、法律、行政法规,在权限内发布的命令、指示和规章,在各部委业务管辖范围内生效,其效力低于地方性法规。部门规章属于"准法源"或"参照性法源"。

⑦地方规章:省、自治区、直辖市人民政府,省、自治区所在地的市和经国务院批准的较大的市的人民政府根据宪法、法律、行政法规、地方性法规制定的地方性规范性文件,与部门规章处于同一层次,属"准法源"或"参照性法源"。

⑧国际条约和国际惯例:国际条约是两个或两个以上国家缔结的规定政治、经济、文化、军事、法律等方面相互间权利义务关系的协议。国际惯例是"按照国际法为必须的和正当的信念下形成的""明显和持续的惯行"。

其二,制定法以外的法律渊源。

①法律解释:包括立法解释、行政解释、司法解释、地方性解释。立法解释是由全国人大常委会公布,对法律的规定进一步明确具体含义或对法律制定后出现的情况明确适用依据,同法律具有同等效力;行政解释是对不属于审判和检察工作中的法律、法令如何具体应用的问题,由国务院及主管部门所做的解释;司法解释是对审判、检察工作中具体应用法律、法令的问题,由最高人民法院或最高人民检察院所做的解释、解答、批

复、意见等;地方性解释是对地方性法规条文中需要进一步明确界定或补充规定的,由制定法规的省级人大常委会所做的解释或规定,以及对地方如何具体应用的问题,由省级政府所做的解释。

②不具有地方立法权的国家机关制定的其他规范性文件:国务院制定的行政法规以外的规范性文件,实际上与行政法规具有几乎同等的效力;省级人民政府的职能部门以及省级人大、人大常委会和人民政府等制定的规范性的规定、命令等,就其法律地位和实际作用而言,也应属于我国的法的渊源。

③判例:我国从 1982 年开始就由最高人民法院发布重大的疑难案例,其目的是对一些重大的、复杂的刑事案件统一量刑标准,对一些新出现的刑事案件的定罪量刑提供范例,对审理一些在改革开放中新出现的民事经济案件提供范例。这些案例虽然还不是中国的法源,却具有范例作用。

④习惯:虽然我国民法通则并没有"本法无规定者从习惯"的规定,但习惯并不因此而不是我国的法源。国际社会不与我国法律相冲突的一些习惯(国际惯例),以及国内社会的某些习惯,都有可能成为法源。事实上,任何制定法都不可能穷尽一切可能,存有疏漏是不可避免的,因此习惯往往成为事实上的法源。当然,由于我国制定法的高度概括以及国家主义观念的影响,所以在我国习惯的法源地位很低。不过,随着"民间法"等研究的深入,这一情况已有所改变。

⑤软法:那些不能用国家强制力保障实施的"软法",包括行业协会、高等院校等社会自治组织,基层群众自治组织,人民政协、社会团体,执政党和参政党规范其成员的章程、规则、原则。这些组织发布规范的权力来自宪法、法律、法规、规章的授权,在不抵触上位法并合乎授权的范围内,也能作为具有法效力的法源。①

⑥政策:就是政府或政党为了追求某种目的而发布的要求下级遵循的各种要求、命令、规定、指示。在内容上,政策有强烈的目标指向性,服务于特定时期的"路线"和"任务",体现规划者的意志,以管制为基本取向;在程序上,政策的制定不受立法制约,无法定的制定程序,无相应的救济措施,具有极大的任意性。因此,政策稳定性差,变动频仍,不宜作为调整社会关系的基本准则,甚至可能由于制定程序不够严格而违法。但是,由于中国共产党全国代表大会及其中央委员会决议,各级政府工作报告和各种文件出现于宣布重大政策的经常场合,这些政策在不违法的前提下,自然能够分别约束各级党委和行政机关。②

---

① 张青波. 法学理论:多维与整合[M]. 北京:法律出版社,2016:21.
② 张青波. 法学理论:多维与整合[M]. 北京:法律出版社,2016:22.

三、法律规则

所谓法律规则,亦可称为法律规范,是以语言、文字等方式表达的,主要来自社会共同性意见的,对人的行为提出约束性要求的信息。这些信息的内容就是预约性地指出,在一定的条件下,人们应当做或应当不做某种行为(义务规定),或者,人们可以做或不做某种行为(授权规定),以及当人们实际上作出违反义务的行为时应当承受的不利后果。①

1.法律规则的构成②

一般来说,法律规则可分为四个要素或两大部分。

其一,四个要素:第一个要素是规则适用的条件,即义务、权利的条件,包括承担义务或享有权利的时间条件、地点条件、身份条件或事实条件等。第二个要素是义务、权利规定,这是法律规则的主要要素,规定不准人们做一些行为,即禁止性义务规定;或者要求人们必须做一些行为,即必为性义务规定;或者确定人们可以做一些行为,即授权规定或权利规定。第三个要素是指明违反义务的行为,包括违反禁止性义务的行为,违反必为性义务的行为和侵犯他人权利的行为。第四个要素是关于违反义务的处理规定。它意味着一旦出现前述要素所规定的违反义务行为时,行为人所应当承担的不利后果。这种不利后果,一般是由国家机关施加于行为人,这种处理也可称为制裁。也正是因为如此,法律规则的这一要素,又可以被称为制裁规定。制裁规定通常分为刑事制裁、民事制裁和行政制裁。

其二,两大部分:法律规则的上述四个要素可以分为两大部分,即主体规则和辅助规则。主体规则由上述第一要素和第二要素构成,或者说,由条件规定和义务权利规定所构成。主体规则是对一般行为人提出的、在一定条件下应为(或应不为)或可为的行为的要求。辅助规则由上述第三要素和第四要素构成,或者说,由关于违反义务的行为规定和承担不利后果的规定所构成。辅助规则旨在预先告知行为人如果一旦作出违反义务的行为,就应当承担一定的不利后果。

2.法律规则的主要类型

法律规则的作用在于使人们的行为具有确定性、可预期性,就是指示在一定的条件下或者一定的情况下人们的行为的确定方式。因此,从人们的行为可预测性的角度而

---

① 张恒山. 法理要论[M]. 3 版. 北京:北京大学出版社,2009:35.
② 张恒山. 法理要论[M]. 3 版. 北京:北京大学出版社,2009:36-39.

言,法律规则可以分为三种类型[①]：

其一,义务性规范。所谓义务性规范,是积极义务规范,是用给社会关系参加者规定积极作为、执行的方式来调整社会关系,要求人们做一定的积极作为,执行的是法的动态的调整职能,反映着社会关系的变化。

其二,禁止性规范。禁止性规范实际上是规定不作为的义务,即规定不为一定行为或抑制一定行为的规范。当然,也有学者认为禁止性规范属于义务性规范范畴,而将法律规则划分为义务性规范和授权性规范两类。

其三,授权性规范。授权性规范就是用规定主体有权为一定行为的方式来调整社会关系的规范,也就是允许主体做一定行为或要求他人做一定行为的规范,其意义在于指引主体做行为选择的自由,使主体可以根据情况做一定的行为或不做一定的行为。

第二节　我国广告法规体系及建设历程

本书的主体部分是围绕广告法规的具体内容展开的。在展开具体内容之前,我们还要追问一些基本问题,诸如什么是广告法规？我国广告法规的概况如何？经历了什么发展阶段？这些基本问题的厘定和廓清,具有极其重要的意义,不仅是理解本书框架及内容的基本前提,也是研究和探讨广告法规及广告伦理问题的基点。

一、我国广告法规体系

广告法规是一个非常宽泛的概念。[②] 在此,广告法规泛指为了规范广告活动,促进广告业的健康发展,保护消费者的合法权益,维护社会经济秩序,发挥广告在社会主义市场经济中的积极作用,由国家制定或认可的有关调整广告管理、广告审查、广告经营活动和处理广告纠纷的法律规范及规范性文件的总和。[③] 我国广告法规包含但并不限于以下六种形式。

① 孙国华. 法理学教程[M]. 北京：中国人民大学出版社,1994：364-365.
② 倪嵎. 广告法规实用实训新编教程[M]. 上海：文汇出版社,2008：33.
③ 张龙德. 广告法规案例教程[M]. 上海：上海大学出版社,2001：14.

1.与广告有关的法律

除了《中华人民共和国广告法》[①]（以下简称为《广告法》）以外，与广告相关的法律主要有《中华人民共和国民法通则》《中华人民共和国行政处罚法》《中华人民共和国行政复议法》《中华人民共和国反不正当竞争法》《中华人民共和国消费者权益保护法》《中华人民共和国药品管理法》《中华人民共和国食品安全法》《中华人民共和国烟草专卖法》《中华人民共和国商标法》《中华人民共和国专利法》《中华人民共和国未成年人保护法》《中华人民共和国国旗法》《中华人民共和国著作权法》《中华人民共和国物权法》《中华人民共和国国家通用语言文字法》等。

这些法律与《广告法》存在着特别法与普通法的关系。作为特别法，《广告法》是以广告主、广告经营者、广告发布者和消费者为特定规范对象，调整它们之间在广告活动中的经济关系。其他法律相对于《广告法》而言，则为普通法。若涉及有关广告的条款，遵循"特别法优于普通法"的原则，即《广告法》已做明确规定的，应严格按照《广告法》的规定执行；当《广告法》未做明确规定或规定不具体、不完全时，才适用其他法律。[②]

2.与广告有关的行政法规

与广告直接相关的行政法规，现行有效的只有一部，即 1987 年 10 月 26 日国务院颁布的《广告管理条例》，该条例于当年的 12 月 1 日起正式实施，取代了于 1982 年 2 月 6 日由国务院颁布、当年 5 月 1 日开始实施的《广告管理暂行条例》。

《广告管理条例》的性质为行政法规，其法律效力仅次于《广告法》。在《广告法》实施之前，《广告管理条例》及《广告管理暂行条例》曾作为我国最高级别的广告法规，在我国施行了 17 年之久；至今，《广告管理条例》依然有效，并与《广告法》一起，对规范广告活动、促进广告业发展起到了重要的作用。

3.与广告有关的部门规章

根据《广告法》（2015 年版）第六条，"国务院工商行政管理部门主管全国的广告监督管理工作"，同时"国务院有关部门在各自的职责范围内负责广告管理相关工作"。另

---

① 《中华人民共和国广告法》至今颁布了两版。第一个版本于 1995 年 2 月 1 日起实施；第二个版本于 2015 年 9 月 1 日开始施行，取代了 1995 年的版本。为了行文的方便，本书在大多数情况下将《中华人民共和国广告法》简称为《广告法》，同时将两个版本分别称为"《广告法》（1995 年版）"和"《广告法》（2015 年版）"。当然，在上文中已明确交代了颁布或施行日期时，下文也会直接用《广告法》来表述。

② 丁俊杰. 广告学（二）[M]. 武汉：武汉大学出版社，2001：338.

外,《广告法》(2015年版)第四十六条还要求,"发布医疗、药品、医疗器械、农药、兽药和保健食品广告,以及法律、行政法规应当进行审查的其他广告,应当在发布前由有关部门对广告内容进行审查;未经审查,不得发布"。除了工商行政管理部门以外,中共中央宣传部、公安部、工业和信息化部、卫生计生委、国家新闻出版广电总局、国家食品药品监督管理总局、国家中医药管理局等国家党政机关,均在一定程度上参与广告管理。

国务院各部、委、局在国务院授权或同意的前提下,单独或者联合出台了一系列与广告有关的部门规章。诸如,《医疗广告管理办法》(国家工商行政管理总局、卫生部),《医疗器械广告审查办法》《医疗器械广告审查发布标准》(国家工商行政管理总局、卫生部、国家食品药品监督管理局),《广播电视广告播出管理办法》(国家广播电影电视总局),《药品广告审查发布标准》(国家工商行政管理总局、国家食品药品监督管理局),《药品广告审查办法》(国家食品药品监督管理局、国家工商行政管理总局),《食品广告发布暂行规定》(国家工商行政管理局),《保健食品广告审查暂行规定》(国家食品药品监督管理局),《食品广告监管制度》(国家工商行政管理局),《酒类广告管理办法》(国家工商行政管理局),《房地产广告发布规定》(国家工商行政管理局),《互联网广告管理暂行办法》(国家工商行政管理局),《广告语言文字管理暂行规定》(国家工商行政管理局),《广告发布登记管理规定》(国家工商行政管理局),等等。

根据编者在"中国法律法规数据库"中检索的结果,截至2017年8月10日,标题中出现"广告"的部门规章现行有效的一共27条,覆盖了医疗、医疗器械、药品、食品、酒类、烟草、房地产、户外、广播电视、互联网广告,以及广告语言文字和公益广告等领域,构成了广告法规的主体部分。

4.与广告有关的地方性法规

《广告法》(2015年版)第六条规定:"县级以上地方工商行政管理部门主管本行政区域的广告监督管理工作,县级以上地方人民政府有关部门在各自的职责范围内负责广告管理相关工作。"与此同时,鉴于各行政区域的具体情况和实际需要的不同,我国宪法和立法法等有关法律允许省、自治区、直辖市人大及其常委会,省、自治区政府所在地的市和经国务院批准的较大的市的人大及其常委会,在法定权限内制定、发布与广告有关的地方性法规。

根据编者在"中国法律法规数据库"中检索的结果,截至2017年8月10日,标题中出现"广告"的地方性法规一共89条,其数量远超部门规章。但与部门规章不同,与广告有关的地方性法规主要集中于户外广告领域,究其原因,户外广告资源具有高度分散性和多样性的特点。我国户外广告管理采取的是地方性管理模式,其依据当然主要是地方性法规和地方政府规章。①

5.与广告有关的国际公约

广告法规的特殊之处在于我国签署了一部与广告直接相关的国际公约,即 2003 年 11 月 10 日我国作为第 77 个缔约方,正式签署了世界卫生组织经过近 10 年努力形成的《烟草控制框架公约》(*Framework Convention on Tobacco Control*,英文简称为 FCTC)。

《烟草控制框架公约》于 2005 年 8 月 28 日获得了第十届全国人大常委会的正式批准,并于 2006 年 1 月 9 日正式生效。这意味着,该公约由国际公约正式转变为我国法律,以法律形式表达了我国广泛禁止烟草广告的决心,并兑现了我国有关广泛禁止烟草广告的国际承诺。②

6.广告行业规范

从国家主义的视角来看,广告行业规范并不属于广告法规的范畴。但是,编者坚持将部分广告行业规范纳入本书,原因如下。

其一,《广告法》(2015 年版)第七条明确规定:"广告行业组织依照法律、法规和章程的规定,制定行业规范,加强行业自律,促进行业发展,引导会员依法从事广告活动,推动广告行业诚信建设。"在编者看来,该条文具有授权意义,正面肯定了广告行业规范具有一定程度上的法律效力。

其二,广告行业规范本质上就是"软法"范畴。一般认为,广告行业组织在宪法、法律、法规、规章的授权下,同时在不抵触上位法并合乎授权的范围内,其所颁布的行业规范也能作为具有法律效力的法源。③

对于"行业协会规章与国家制定法"的关系,西南政法大学鲁篱教授就主张"破除制定法中心主义,尤其是国家制定法不能成为行业协会规章是否实际有效的唯一源泉和评判标准,进而言之,违反国家制定法强制性规定的行业协会规章等民间法并不当然无效,立法者和司法者必须在一定程度上承认这种偏离制定法轨道的行业协会规章等民间法的效力"④。

当然,鉴于篇幅和结构的限制,本书并未大幅度地引入广告行业规范,而只是在"广

---

① 详见本书第九章"户外广告法规"。在"中国法律法规数据库"中,以"户外广告"为题名,截至 2017 年 8 月 10 日,共检索到 174 篇法律法规及规范性文件,其中地方性法规及地方政府规章多达 164 篇。

② 详见本书第七章"烟草广告法规"。

③ 张青波. 法学理论:多维与整合[M]. 北京:法律出版社,2016:21.

④ 鲁篱. 行业协会经济自治权研究[M]. 北京:法律出版社,2003:183-184.

告企业资质等级评(认)定"一节①中,引介了中国广告协会 2007 年颁布的《中国广告业企业资质认定办法》和《中国广告业企业资质等级标准》,以及 6 年后(即 2013 年)发布的《关于印发中国广告协会证明商标使用管理相关规定的通知》《中国广告协会"CNAAⅠ"("CNAAⅡ""CNAAⅢ")证明商标使用管理工作规则》《中国广告协会"CNAAⅠ"("CNAAⅡ""CNAAⅢ")证明商标使用条件细则》。也就是说,至少在广告企业资质等级评(认)定方面,国家制定法已经主动离场,而让位于广告行业自治规范。

　　总而言之,我国已经形成了以《广告法》为核心和主干,以《广告管理条例》为必要补充,以国家工商行政管理部门单独或会同有关部门制定的部门规章为具体操作依据,以地方性法规和地方规章为实际针对性措施,以广告行业规范为司法行政措施的重要补充的多层次的广告法规体系。②

二、我国广告法规建设历程

　　新中国成立之初,我国广告法规建设就已经起步,一些大城市人民政府,如天津、上海、广州、西安和重庆等,先后颁布一批广告法规,确定了广告管理的原则和限制,初步建立起广告管理机关,规定了广告审批登记程序,并重点对广告内容做了具体规定。③但是,"我国真正意义上的广告管理,实际上开始于"以十一届三中全会召开为起点的"新时期"④,因此本书以改革开放为起点,来梳理我国广告法规建设过程,并将其归纳为四个主要阶段。

1. 第一阶段:政府强势介入广告行业管理

　　十一届三中全会之后,我国广告业重新恢复并快速发展,政府强势介入,并主导广告监管,成为唯一可行的广告管理模式。

　　其一,确立广告管理机关。经过两年的初步摸索,国务院 1980 年决定由工商行政管理部门负责广告管理工作。我国第一部全国性、综合性的广告法规——《广告管理暂行条例》于 1982 年颁布。它以行政法规的形式确认,国家工商行政管理部门和地方各

---

　　① 详见本书第十三章"广告经营资质法规"第三节。

　　② 张龙德. 广告法规案例教程[M]. 上海:上海大学出版社,2001:14.

　　③ 包括 1949 年 4 月天津公用局经天津市人民政府批准发布的《广告管理规则》,同年天津卫生局发布的《医药广告管理办法》;1949 年 12 月上海市人民政府发布的《广告管理规则》;1950 年、1951年西安市公安局和工商局先后发布的《广告管理暂行办法》和《关于印刷厂商管理暂行办法》;1951 年9 月广州市人民政府发布的《广告管理暂行办法》;同年底,重庆市人民政府颁布的《重庆市广告管理暂行办法》。

　　④ 周茂君. 广告管理学[M]. 武汉:武汉大学出版社,2002:22.

级工商行政管理部门是广告的管理机关。1987年,国务院发布《广告管理条例》沿用了这个规定。1994年《广告法》正式颁布后,工商行政管理部门作为广告管理机关,最终获得了法律的确认。

其二,开展并强化政府对广告业的监管。《广告管理暂行条例》及《广告管理条例》对广告管理的方针和任务、广告管理范围、广告宣传和广告经营活动准则,以及违法行为的法律责任等做了具体的规定。之后,经过10余年的广告管理实践,这些规定逐渐条理化和清晰化,最终形成《广告法》的主体内容,为广告经营活动搭建起了较为系统的规范框架。

除了广告的日常监管之外,运动式的"清理整顿"也开始出现。国家工商行政管理部门分别于1982年、1984年、1986年、1988年连续四次对广告行业进行大规模的清理整顿。运动式执法成为政府开展广告管理的常用手段,对我国的广告管理产生了深远的影响。

其三,设立并扩大广告行政审查。广告行政审查特指政府部门在广告发布前对广告的内容和形式进行的审验和核准。国务院1987年10月颁布的《广告管理条例》仅要求获奖的优质名酒做广告,必须由工商行政管理机关进行审批。至于其他类别的商品广告,该条例并未设立行政审批,而只是要求"提交有关证明"。

但是,作为上述条例配套的细则,国家工商行政管理局1988年1颁布的《广告管理条例施行细则》却要求,报刊出版发行,图书出版发行,各类文艺演出,大专院校招生,各类文化补习班或职业技术培训招生、招工招聘、个人行医,药品、类药品、兽药、农药等广告,在发布之前,必须提交相关审批表。也就是说,国家工商行政管理局通过"自我授权",设立了覆盖面较广的广告行政审查。

1993年7月国家工商行政管理局发布《关于设立广告审查机构的意见》,并决定在部分城市开展广告发布前审查试点工作,同时配套发布了《关于广告发布前审查程序的规定(试行)》《广告审查标准(试行)》,对相关标准和程序做了详细的规定。

其四,设立广告经营准入条件。1982年国务院颁布的《广告管理暂行条例》,除了禁止私人经营广告业务、要求承办外商广告的单位必须经过省级以上进出口管理委员会审查同意之外,并无特殊规定;之后,《广告管理条例》取消了之前有关禁止私人经营广告业务、承办外商广告的单位必须经过审查同意的规定,而只是要求广告经营单位分别情况办理审批登记手续。

但是,与上述《条例》配套、由国家工商行政管理局于1988年1月颁布的《广告管理条例施行细则》则详细地规定了广告经营单位进行工商登记、领取营业执照等流程,更为重要的是对不同类型的广告经营单位分别设立了不同的准入条件。

其五,主导推行广告代理制改革。国家工商行政管理局于1990年5月、1993年7

月先后下达《关于在温州市试行广告代理制的通知》《关于在部分城市进行广告代理制和广告发布前审查试点工作的意见》，并配套出台了《关于进行广告代理制试点工作的若干规定(试行)》，要求广告主必须委托有相应经营资格的广告公司代理广告业务，不得直接通过新闻媒介发布广告；兼营广告业务的新闻媒介，必须通过广告公司代理方可发布广告(分类广告除外)；新闻媒介下属的广告公司，必须与本媒介广告部门脱离，不得以任何形式垄断本媒介的广告业务。

在这一阶段，政府全面介入广告行业，建立起政府主导型广告监管体系，同时还主导了广告代理制的试点。这是我国改革开放40年来广告发展史中，最为激进的广告行业体制改革。当然，这场改革在1995年《广告法》实施之后，因政府主导改革的合法性不足，而失败了。

2.第二阶段：政府广告管理步入法制化轨道

为了谋求加入世界贸易组织，我国进行了长达10多年的努力。众所周知，世界贸易组织规则主要规范成员方政府的行政行为，要求重新界定政府的作用，改变单一的权力行政模式，实现从全能政府向有限政府的转变。[①] 在此背景下，我国广告法制建设取得了以下阶段性的成果。

其一，颁布实施《广告法》。1994年10月27日第八届全国人民代表大会常务委员会第十次会议审议通过了《广告法》，该法于1995年2月正式施行。该法共六章、四十九条，界定了其立法宗旨、调整对象和使用范围、基本原则、活动主体及其概念、广告监管机关，并明确了有关广告内容与形式、广告活动、广告审查、法律责任等的准则和规范。《广告法》是广告法律体系中的基本法，其他广告法规及其相关规定，在与《广告法》不相抵触的前提下，仍具有法律效力。《广告法》是第一次以法律形式颁布的广告法规，其颁布实施"在我国广告法制史上有划时代的意义"[②]。

其二，完善广告法规体系。以《广告法》的规定为框架，国家工商行政管理局单独或联合相关部、委、局颁布了一系列部门规章，形成了较为完善的广告法规体系：

①制定了重点商品及特殊领域的广告法规，包括《食品广告管理办法》《医疗器械广告审查办法》《酒类广告管理办法》《医疗器械广告审查标准》《户外广告登记管理规定》《烟草广告管理暂行办法》《食品广告发布暂行规定》《房地产广告发布暂行规定》《酒类广告管理办法》《广告语言文字管理暂行规定》。

②制定广告经营资质标准及经营范围用语规范，即《广告经营者资质标准及广告经

---

① 吴晓华，朱佳丹.WTO下的政府转型与公共行政[J].山西高等学校社会科学学报，2004(9)：54-58.

② 广告法制还要打磨十载——国家工商局广告司负责人表示[J].广告大观，1997(1)：5.

营范围核定用语规范》将广告经营者(包括广告发布者)分为四种类型,即设计、制作、发布以及代理,并设定了相应的资质标准和经营范围用语规范。

③设立外商投资广告企业标准。《关于设立外商投资广告企业的若干规定》与《关于执行〈关于设立外商投资广告企业的若干规定〉有关问题的通知》同时生效,对设立外商投资广告企业的条件、程序做了详细的规定,同时还明确禁止设立外商独资广告企业以及外方投资比例高于我方项目。

④出台广告企业资质等级评定标准。1997年12月国家工商行政管理局发布《关于印发〈综合性广告企业资质等级标准〉(试行)和〈广告制作企业资质等级标准〉(试行)的通知》,将广告企业分为综合性和广告制作两类,且设定了一级、二级、三级等级标准。

其三,调整广告行政审查制度。在前一个阶段,我国开始着手推行广告发布前审查试点工作,并提出非常激进的宏伟目标,即到2000年,对新闻媒介和户外媒介等发布的广告全部实行发布前审查。但是,1995年2月实施的《广告法》将广告审查严格地限定为药品、医疗器械、农药、兽药四类。

1998年9月国家工商行政管理局被迫下发《关于停办广告审查机构的通知》,承认《广告法》并未授权其开展广告审查,广告审查机构不得再开展广告发布前审查工作。这无疑宣告了原有广告审查机构退出历史舞台,全面广告审查制度试点改革以失败而告终。

至此,广告行政审查除了药品、医疗器械、农药、兽药等四类广告外,由于《广告法》第三十四条保留了"法律、行政法规规定应当进行审查的其他广告"的表述,因此广告行政审查被暂时延伸至食品广告[①]、自费出国留学中介服务广告[②]和因私出入境中介活动广告[③]等。

在这一阶段,我国颁布了首部广告法律,并全面建构了较为完整的广告法规体系。政府的广告管理也被纳入到法制化的轨道之上,政府在前一阶段启动的诸多"宏伟计划"陆续"流产"。

---

① 1993年8月30日,国家工商行政管理局和卫生部联合颁布《食品广告管理办法》。该办法第五条规定:"申请发布食品广告,必须持有食品卫生监督机构出具的《食品广告证明》。"

② 1999年7月17日,国家工商行政管理局发布《关于加强自费出国留学中介服务广告管理的通知》,规定:"自费出国留学中介服务广告,发布前必须经中介服务机构所在地省、自治区、直辖市工商行政管理机关批准。"

③ 2001年8月29日,国家工商行政管理局颁布《关于中国公民因私出入境中介活动广告管理的通知》,规定:"因私出入境中介活动广告,发布前必须经中介机构所在地省、自治区、直辖市工商行政管理局或者其授权的地级以上工商行政管理局批准。未经批准,不得发布。"

3.第三阶段:进一步规范政府对广告行业的管理

在加入世界贸易组织的前后,尤其是在《中华人民共和国立法法》(以下简称《立法法》)、《中华人民共和国行政许可法》(以下简称《行政许可法》)颁布之后,我国对广告法规进行了较大规模的清理和调整,其成果集中体现在以下三个方面。

其一,清理了一批广告法规。国家工商行政管理总局分别于2004年6月和8月发布了《关于废止有关工商行政管理规章、规范性文件的决定》和《关于第二批废止有关工商行政管理规章、规范性文件的决定》,清理了共356份规范性文件。其中,直接与广告有关的规范性文件共40份。根据编者对这40份与广告有关的文件的分析,其中"办法"和"规定"分别为4份、2份,仅占15%;"通知""答复""意见"分别为18份、15份、1份,占比85%。可以说,经过两轮清理,"红头文件"不再是政府进行广告管理的主要手段,政府广告管理进一步规范化和法制化。

其二,清理了一批与广告相关的行政审查项目。2004年7月1日生效的《国务院对确需保留的行政审批项目设定行政许可的决定》规定,保留的500项行政许可中,有7项与广告直接相关,即烟草广告审批,固定形式印刷品广告登记,外商投资广告企业设立分支机构审批,外商投资广告企业项目审批,户外广告登记,保健食品广告审查,开放式基金广告、宣传推介核准。

这意味着,自费出国留学中介服务广告、因私出入境中介活动广告不再需要行政审查,同时食品广告审查也缩减至食品中的特殊类别——保健食品。换句话说,从2004年7月开始,除了《广告法》所规定的"药品、医疗器械、农药、兽药"外,我国需要经过行政审批广告仅限于上述7个类别。

其三,逐步开放外商投资广告企业。《外商投资广告企业管理规定》2004年3月发布,2005年1月实施,同时《关于设立外商投资广告企业的若干规定》被废止。

根据规定,自2004年1月1日起,我国允许香港服务提供者和澳门服务提供者在内地设立独资广告公司;从2005年1月1日期,外资可以拥有中外合营广告企业多数股权,但股权比例最高不超过70%;2005年12月10日起,可以设立外资广告企业。

其四,改革广告企业资质评(认)定制度。2003年开始,国家工商行政管理总局决定改革政府主导的广告企业等级评定制度,转由中国广告协会负责,开展广告企业资质认定工作。中国广告协会先后颁布《中国广告业企业资质认定暂行办法》《中国广告企业资质认定办法》,并配套《中国广告业企业资质等级标准》,根据企业实际经营内容和核心竞争力等,将广告企业分为三类,即综合服务类、媒体服务类、设计制作类,并以不同标准来认定企业资质等级,即一级、二级、三级广告企业。

这一阶段,在世界贸易组织规则的"倒逼"下,我国广告管理进一步向规范化和法制化发展,清理了一批广告法规及规范性文件,强化了广告法规体系的内在统一性。同时,政府主动删减了广告行政审查项目,并从广告业企业资质等级评定中抽身而出。

4.第四阶段:政府转换和调整广告管理职能

经历了 40 年的改革开放,我国经济体制改革已经进入了深水期。在此背景下,我国完成了《广告法》的修订工作,进一步调整了广告法规体系,推动政府管理职能转换。

其一,修订颁布《广告法》。2015 年 4 月 24 日,十二届全国人大常委会第十四次会议审议通过了新修订的《广告法》,并决定该法于 2015 年 9 月 1 日起施行。与《广告法》(1995 年版)相比,《广告法》(2015 年版)修改幅度较大,涉及面广、内容丰富,不仅在内容上有很大扩充,而且把很多原来比较原则的规定进一步细化,可操作性明显增强。[①]《广告法》(1995 年版)回应了广告业出现的新情况和新问题,体现了全面深化改革、切实调整政府职能,在加强政府对广告监管的同时,进一步规范政府行政的要求。

其二,调整和完善广告法规。

《广告法》的修订引发了我国广告法规体系的适应性调整,包括:

①废止了一批广告法规,《外商投资广告企业管理规定》于 2015 年 6 月 29 日被废止;《广告管理条例施行细则》《烟草广告登记管理规定》《广告经营资格检查办法》《印刷品广告管理办法》《户外广告登记管理规定》于 2016 年 4 月被废止。

②修订了一批广告法规,包括《医疗广告管理办法》《医疗器械广告审查发布标准》《药品广告审查发布标准》《食品广告发布暂行规定》《房地产广告发布规定》。

③出台了一批新的广告法规,包括《公益广告促进和管理暂行办法》《互联网广告管理暂行办法》《广告发布登记管理规定》。

④进一步减少广告行政许可事项。如前所述,《烟草广告登记管理规定》《印刷品广告管理办法》《户外广告登记管理规定》于 2016 年 4 月被废止。这意味着,烟草广告、印刷品广告、户外广告的行政审查被取消。至此,广告行政审查仅剩 7 项,即医疗广告审查,药品广告审批,医疗器械广告审批,农药广告审批,兽药广告审批,保健食品广告审查和开放式基金广告、宣传推介核准。

其三,广告经营资质审批也呈现出放松管制倾向。2015 年 6 月《外商投资广告企业管理规定》被废止,外商投资广告企业投资方无资格限制,而且外商投资广告企业、外商投资广告企业设立分支机构均无须进行行政审批。2016 年 4 月《广告管理条例施行细则》也被宣布废止,有关经营广告业务应当具备的条件和广告经营者登记程序的规定也

---

① 国家工商总局广告司. 新广告法解读:《广告法》修订的背景和主要内容[EB/OL]. (2015-05-06)[2017-10-15]. http://www.saic.gov.cn/zw/zcfg/jd/201505/t20150506_215406.html.

随之失效。2016年12月《广告经营许可证管理办法》失效,《广告发布登记管理规定》同时生效。至此,除了要进行工商登记外,有关广告经营资质的行政许可项目,只保留了针对新闻出版单位的广告发布登记。

其四,创新广告业企业资质等级认定工作。中国广告协会创新广告业企业资质等级认定工作,于2012年7月正式获得核准,注册了"一级广告企业""二级广告企业""三级广告企业"证明商标。在此基础上,中国广告协会2013年5月13日发布《关于印发中国广告协会证明商标使用管理相关规定的通知》,并配套出台《中国广告协会"CNAA Ⅰ"("CNAA Ⅱ""CNAA Ⅲ")证明商标使用管理工作规则》《中国广告协会"CNAA Ⅰ"("CNAA Ⅱ""CNAA Ⅲ")证明商标使用条件细则》。从当年起,原有的广告企业资质认定工作正式停止,取而代之的是中国广告协会证明商标使用管理。根据规定,广告企业将分为四类,即综合服务类、媒体代理类、设计制作类、数字营销类;同时,按照不同若干指标和标准,广告企业可以分别申请不同级别,即一级、二级、三级。

其五,实施国家广告战略。2012年4月11日,国家工商行政管理总局发布《关于推进广告战略实施的意见》,提出实施国家广告产业发展战略,利用国家财政资金支持和各种扶持政策,建设国家广告产业园区,从国家层面、以战略高度,推动广告产业的专业化、集约化和国际化发展。截至2014年4月,国家工商行政管理总局共认定了15家国家广告产业园区、批复了17家国家广告产业试点园区。

总的来说,这一阶段的突出特点是我国以《广告法》修订为契机,进一步完善了广告法规体系,同时,进一步调整和规范了政府广告管理职能,大幅度收缩和约束行政权力,并培育广告行业自治,积极运用产业政策,引导和推动广告产业的发展。

延伸阅读:

1. 周凤举. 法单纯是阶级斗争工具吗? ——兼论法的社会性[J]. 法学研究,1980(1):37-41.

2. 张文显,于宁. 当代中国法哲学研究范式的转换——从阶级斗争范式到权利本位范式[J]. 中国法学,2001(1):63-79.

3. 武树臣. 从"阶级本位·政策法"时代到"国、民本位·混合法"时代——中国法律文化六十年[J]. 法学杂志,2009(9):1-8.

4. 王学辉. 双向建构:国家法与民间法的对话与思考[J]. 现代法学,1999(1):56-58.

5. 刘作翔. 具体的"民间法"——一个法律社会学视野的考察[J]. 浙江社会科学,2003(4):16-29.

6. 梁治平. 中国法律史上的民间法——兼论中国古代法律的多元格局[J]. 中国文

化，1997（Z1）：92-102.

7. 周茂君. 关于我国广告管理体制改革的思考[J]. 武汉大学学报（人文科学版），2002（3）：369-374.

8. 杨柏松. 我国广告管理体制存在的问题及对策[J]. 河南广播电视大学学报，2003（1）：37-39.

9. 徐卫华. 论我国"政府主导型"广告监管体制[J]. 湖南大众传媒职业技术学院学报，2006（4）：38-40.

10. 马中红. 在中国，谁能管广告？——建构具有中国特色的广告监管体系断想[J]. 中国广告，2006（12）：88-91.

第二章 医疗广告法规

《医疗广告管理办法》第二条规定："医疗广告，是指利用各种媒介或者形式直接或间接介绍医疗机构或医疗服务的广告。"可以说，医疗广告就是医疗机构作为广告主发布的有关医疗服务的广告类型。

由于医疗广告直接关系到广大患者的切身利益和生命安全，因此医疗广告一直是我国广告监管的重点对象。改革开放以来，我国出台了数十部与医疗广告有关的法律法规，包括《广告法》《广告管理条例》《广告管理条例实施细则》等，但专门规范医疗广告的有效法规目前只有一部部门规章，即国家工商行政管理局和卫生部于1993年9月27日颁布实施，并于2007年1月1日修订的《医疗广告管理办法》。

本章主要基于《医疗广告管理办法》，并结合其他相关法律法规，从医疗广告主体规范、医疗广告禁止性规范和医疗广告审查程序规范三个方面，来梳理医疗广告法规的主要内容。

表 2-1 医疗广告相关法规一览表

序 号	名 称	颁布机构	颁布日期	施行日期	有效性
1	《广告管理暂行条例》	国务院	1982-02-06	1982-05-01	失效
	《广告管理条例》		1987-10-26	1987-12-01	有效
2	《广告管理条例施行细则》	国家工商行政管理局	1988-01-09	1988-01-09	修订
			1998-12-03	1998-12-03	修订
			2000-12-01	2000-12-01	修订
			2004-11-30	2005-01-01	修订
			2011-12-12	2012-01-01	废止（2016-04-29）
3	《广告法》	全国人民代表大会常务委员会	1994-10-27	1995-02-01	修订
			2015-04-24	2015-09-01	有效
4	《医疗机构管理条例实施细则》	卫生部	1994-08-29	1994-09-01	修订
			2017-02-03	2017-04-01	有效

续　表

序　号	名　称	颁布机构	颁布日期	施行日期	有效性
5	《医疗广告管理办法》	国家工商行政管理总局、卫生部	2006-11-10	2007-01-01	修订
			2015-07-09	2015-09-01	有效
6	《关于做好养生类节目制作播出工作的通知》	国家新闻出版广电总局	2014-09-29	2015-01-01	有效
7	《关于进一步加强医疗养生类节目和医药广告播出管理的通知》	国家新闻出版广电总局	2016-08-24	2016-08-24	有效
8	《关于修订〈医疗机构管理条例实施细则〉第三条有关内容的通知》	卫生部	2006-11-01	2006-11-01	有效

第一节　医疗广告主体规范

医疗广告法规主要涉及医疗广告两大类主体：一是医疗广告的发布主体，在此特指医疗广告的广告主；二是医疗广告的管理机构，一般为法定的相关行政管理部门。

一、医疗广告发布主体

《医疗广告管理办法》第五条明确规定："非医疗机构不得发布医疗广告，医疗机构不得以内部科室名义发布医疗广告。"也就是说，医疗广告的发布主体仅限于具有相应资质的医疗机构，而且医疗机构内部科室不具有单独发布医疗广告的资格。

医疗机构必须具备的资质究竟是什么？对此，《医疗机构管理条例实施细则》（卫生部颁布，1994 年 9 月 1 日起施行）第二条做了明确的规定，即"医疗机构，是指依据条例和本细则的规定，经登记取得《医疗机构执业许可证》的机构"。

同时，该规章第三条还详细地将医疗机构分为 14 类：

"（一）综合医院、中医医院、中西医结合医院、民族医医院、专科医院、康复医院；

"（二）妇幼保健院、妇幼保健计划生育服务中心；

"（三）社区卫生服务中心、社区卫生服务站；

"（四）中心卫生院、乡（镇）卫生院、街道卫生院；

"（五）疗养院；

"（六）综合门诊部、专科门诊部、中医门诊部、中西医结合门诊部、民族医门诊部；

"（七）诊所、中医诊所、民族医诊所、卫生所、医务室、卫生保健所、卫生站；

"（八）村卫生室（所）；

"（九）急救中心、急救站；

"（十）临床检验中心；

"（十一）专科疾病防治院、专科疾病防治所、专科疾病防治站；

"（十二）护理院、护理站；

"（十三）医学检验实验室、病理诊断中心、医学影像诊断中心、血液透析中心、安宁疗护中心；

"（十四）其他诊疗机构。"

二、医疗广告管理机构

由于医疗广告的特殊性，我国对其实行发布前审查管理。因此，医疗广告管理主体不仅涉及医疗广告监管机关，而且涉及医疗广告审查机关。

1.广告监管机关

与其他类型的广告一样，医疗广告的监管机关也是工商行政管理部门。《广告法》（2015年版）第六条规定，"国务院工商行政管理部门主管全国的广告监督管理工作"，"县级以上地方工商行政管理部门主管本行政区域的广告监督管理工作"。《医疗广告管理办法》第四条重申了相关规定："工商行政管理机关负责医疗广告的监督管理。"

2.广告审查机关

医疗广告审查机关，特指卫生行政部门和中医药管理部门。《广告法》（2015年版）第四十六条明确规定："发布医疗、药品、医疗器械、农药、兽药和保健食品广告，以及法律、行政法规规定应当进行审查的其他广告，应当在发布前由有关部门（以下称广告审查机关）对广告内容进行审查；未经审查，不得发布。"《医疗广告管理办法》也有相应规定，即其第三条要求"医疗机构发布医疗广告，应当在发布前申请医疗广告审查。未取得《医疗广告审查证明》，不得发布医疗广告"。同时，《医疗广告管理办法》第四条进一步对医疗广告审查机关作出了规定，即"卫生行政部门、中医药管理部门负责医疗广告的审查，并对医疗机构进行监督管理"。

正如《广告法》（2015年版）第六条所表述的，"国务院工商行政管理部门主管全国的广告监督管理工作，国务院有关部门在各自的职责范围内负责广告管理相关工作。县级以上地方工商行政管理部门主管本行政区域的广告监督管理工作，县级以上地方人民政府有关部门在各自的职责范围内负责广告管理相关工作",工商行政管理部门作为医疗广告监管机关,卫生行政部门、中医药管理部门作为医疗广告审查机关,共同构成了医疗广告管理主体。

第二节　医疗广告禁止性规范[①]

禁止性规范是医疗广告法规的主要内容之一。为了便于理解,编者将这些禁止性规范归纳成三类:一是变相医疗广告禁止;二是医疗广告发布媒介的特殊禁止;三是医疗广告具体内容及表现形式禁止。

一、变相医疗广告禁止

禁止变相医疗广告的规定,主要涉及三个方面:其一,禁止新闻报道形式变相发布医疗广告;其二,禁止利用医疗资讯服务类专题节(栏)目等形式发布或变相发布医疗广告;其三,禁止用医疗机构的人物专访、专题报道等形式变相发布医疗广告。

1.禁止新闻报道形式变相发布广告

《广告法》(2015 年版)第十四条规定:"广告应当具有可识别性,能够使消费者辨明其为广告。大众传播媒介不得以新闻报道形式变相发布广告。通过大众传播媒介发布的广告应当显著标明'广告',与其他非广告信息相区别,不得使消费者产生误解。"

也就是说,广告具有可识别性,能够使消费者辨明其为广告,是对所有广告的总体性要求。为了保证广告具有可识别性,《广告法》(2015 年版)要求:其一,大众传播媒介不得以新闻报道形式变相发布广告;其二,大众传播媒介发布的广告应当显著标明"广告"。可见,禁止新闻报道形式变相发布广告,是"广告具有可识别性"的实现途径之一,也是对所有广告提出的要求。

2.禁止利用专题节(栏)目等形式发布或变相发布医疗广告

《广告法》(2015 年版)第十九条还要求:"广播电台、电视台、报刊音像出版单位、互联网信息服务提供者不得以介绍健康、养生知识等形式变相发布医疗、药品、医疗器械、保健食品广告。"

---

① 本节只梳理针对医疗广告内容和形式的相关规范,而暂不涉及有关广告内容和形式的通用性规范。后者将在第十四章中专门讨论。

《医疗广告管理办法》第十五条除了"禁止利用新闻报道形式"发布或变相发布医疗广告以外，还规定，"禁止利用""医疗资讯服务类专题节(栏)目或以介绍健康、养生知识等形式发布或变相发布医疗广告"。

《关于做好养生类节目制作播出工作的通知》(国家新闻出版广电总局 2014 年 9 月 29 日发布)规定，"养生类节目应以介绍疾病预防、控制、治疗以及养生保健等科学知识为主要内容"，"严禁出现""直接或间接宣传药品、保健品、食品、医疗器械或医疗机构等产品或服务"[1]的变相发布广告的行为。

《关于进一步加强医疗养生类节目和医药广告播出管理的通知》(国家新闻出版广电总局 2016 年 8 月 24 日发布)进一步规定："严禁医疗养生类节目以介绍医疗、健康、养生知识等形式直接或间接发布广告、推销商品和服务。""严格限制医药广告播出的时长和方式，医疗、药品、医疗器械、保健品、食品、化妆品、美容等企业、产品或服务的广告，不得以任何节目形态变相发布，不得以电视购物短片广告形式播出，且单条广告时长不得超过一分钟。"[2]

3.禁止用人物专访、专题报道等形式变相发布医疗广告

为了杜绝新闻形式变相发布广告，《医疗广告管理办法》第十五条第二款对如何处理医疗机构的新闻宣传与医疗广告的关系做了明确规定，即"有关医疗机构的人物专访、专题报道等宣传内容，可以出现医疗机构名称，但不得出现有关医疗机构的地址、联系方式等医疗广告内容；不得在同一媒介的同一时间段或者版面发布该医疗机构的广告"。这显然是有针对性地从内容和版面两个方面，进一步划清了医疗机构的新闻宣传与医疗广告的界限。

二、医疗广告发布媒介的特殊禁止

医疗广告发布媒介的特殊禁止主要涉及广播电视禁止播出某些类别的医疗广告，以及针对未成年人的大众传播媒介上禁止播出医疗广告。

1.广播电视禁止播出特殊类别医疗广告

《广播电视广告播出管理办法》(2010 年 1 月 1 日施行)第九条延续了《广告法》(1995 年版)有关禁止"以新闻报道形式"发布广告的规定，此外还明确规定禁止广播电视播出"治疗恶性肿瘤、肝病、性病或者提高性功能的药品、食品、医疗器械、医疗广告"。

---

[1]　参见第十章补充资料 10.1。

[2]　参见第十章补充资料 10.2。

2. 针对未成年人的大众传播媒介上禁止播出医疗广告

《广告法》(2015年版)第四十条规定:"在针对未成年人的大众传播媒介上不得发布医疗、药品、保健食品、医疗器械、化妆品、酒类、美容广告,以及不利于未成年人身心健康的网络游戏广告。"

三、医疗广告具体内容及表现形式禁止

医疗广告具体内容及表现形式禁止相对较为繁杂,但归纳起来主要有三类,即与疗效有关的禁止,与淫秽、迷信、荒诞有关的禁止,以及特殊形象或名义禁止。

1. 与疗效有关的禁止

根据《医疗广告管理办法》第六条的规定,医疗广告的表现形式不得含有"表示功效、安全性的断言或者保证"以及"说明治愈率或者有效率"的内容。同时,还要求,不得"涉及医疗技术、诊疗方法、疾病名称、药物的"内容,并且不得"与其他药品、医疗器械的功效和安全性或者其他医疗机构比较"。

2. 与淫秽、迷信、荒诞有关的禁止

《医疗广告管理办法》第六条要求,"医疗广告的表现形式不得含有""淫秽、迷信、荒诞的"内容。

3. 特殊形象或名义禁止

《医疗广告管理办法》第六条还要求,医疗广告的表现形式不得含有"利用广告代言人作推荐、证明""使用解放军和武警部队名义的",以及"利用患者、卫生技术人员、医学教育科研机构及人员以及其他社会社团、组织的名义、形象作证明的"内容。

另外,国务院、中央军委于2000年9月14日公布实施的《中国人民解放军实施〈中华人民共和国执业医师法〉办法》第十三条,严格禁止"军队医师""以军队医师身份做医疗广告"。这显然与《医疗广告管理办法》的规定一致。

对于上述禁止性规定,《广告法》(2015年版)第十六条进行了总结,要求"医疗、药品、医疗器械广告不得含有下列内容:

"(一)表示功效、安全性的断言或者保证;

"(二)说明治愈率或者有效率;

"(三)与其他药品、医疗器械的功效和安全性或者其他医疗机构比较;

"(四)利用广告代言人作推荐、证明;

"（五）法律、行政法规规定禁止的其他内容。"

补充资料 2.1

医疗广告：从格式化规定到限定性规范再到放松管制

一、格式化规定

1998 年 10 月 26 日，国家工商行政管理局发布《关于实行医疗广告发布内容格式化的通知》。通知要求："医疗广告应严格按照格式化要求按顺序（见表 2-2）发布，其内容仅限于《医疗广告管理办法》第五条规定的九项内容，以及医疗广告证明文号、有效期截止日。其中：

"1. 医疗机构名称必须与《医疗机构执业许可证》中的名称一致。

"2. 诊疗科目、诊疗方法以省级卫生行政部门出具的《医疗广告证明》为准；诊疗方法中不得含有宣传药品、医疗器械的内容。

"3. 从业医师姓名，仅限于该医师本人的姓名；从业医师技术职称，仅限于其被国家认可的医疗卫生专业技术职称，如主治医师、主任医师等。不得宣传从业医师'医学博士'、'××教授'等非医疗卫生专业技术职称的内容。

"4. 诊疗时间是指医疗机构提供医疗服务的工作时间。从业医师的应诊时间与医疗机构服务时间不一致的，必须明示。

"5. 诊疗地点、通信方式应为《医疗机构执业许可证》中载明的地址、邮政编码、电话（传真）等。

"6. 医疗机构名称、证明文号及其有效期截止日，必须在医疗广告中发布。"

表 2-2　医疗广告格式化内容（式样）

医疗机构名称及其服务商标	
诊疗科目	
诊疗方法	
从业医师姓名及其技术职称	
诊疗时间	
医疗机构地址和通信方式	
医疗广告证明文号及有效期截止日	

注：1. 广告主、广告经营者、广告发布者必须按照医疗广告格式化内容设计、制作、发布医疗广告，不得进行任何改动。

2. 诊疗科目根据《关于实行医疗广告发布内容格式化的通知》中的医疗机构诊疗科目名目的要求填写，不得出现超出该名目的内容。

二、限定性规范

在施行了 15 年后,《关于实行医疗广告发布内容格式化的通知》于 2003 年 1 月 15 日失效。此后,虽然不再有医疗广告发布内容格式化的提法,但 2007 年 1 月 1 日起正式实施的《医疗广告管理办法》,却保留了医疗广告内容的限定性规范。

该办法第六条规定:"医疗广告内容仅限于以下项目:(一)医疗机构第一名称;(二)医疗机构地址;(三)所有制形式;(四)医疗机构类别;(五)诊疗科目;(六)床位数;(七)接诊时间;(八)联系电话。(一)至(六)项发布的内容必须与卫生行政部门、中医药管理部门核发的《医疗机构执业许可证》或其副本载明的内容一致。"

可见,医疗广告内容管理依然保留着格式化的"身影"。也就是说,按照此规定,除了上述内容之外,医疗广告不得出现其他内容。

三、放松管制

与《广告法》(2015 年版)相配套,2015 年 9 月 1 日生效的《医疗广告管理办法》对原《医疗广告管理办法》进行了修订。其中,最为重要的不同就是取消了有关医疗广告内容的限定性规范,同时保留了原办法中有关医疗广告内容与形式的禁止性规定。这实际上是放松了对医疗广告内容的管制。

第三节　医疗广告审查程序规范

医疗广告审查的程序规范,是医疗广告法规的重要内容。按照《广告法》(2015 年版)的要求,"发布医疗、药品、医疗器械、农药、兽药和保健食品广告,以及法律、行政法规规定应当进行审查的其他广告,应当在发布前由有关部门对广告内容进行审查;未经审查,不得发布"。《医疗广告管理办法》第三条也规定:"医疗机构发布医疗广告,应当在发布前申请医疗广告审查。未取得《医疗广告审查证明》,不得发布医疗广告。"[①]

一、医疗广告审查申请

1. 申请受理部门

根据《医疗广告管理办法》第七条的规定,"医疗机构发布医疗广告,应当向其所在

---

① 《医疗广告管理办法》第十四条规定:"医疗机构在其法定控制地带标示仅含有医疗机构名称、标识、联系方式的自设性户外广告,无需申请医疗广告审查。"也就是说,上述自设性户外广告,无需经过医疗广告审查,即可发布。

地省级卫生行政部门申请"，而"中医、中西医结合、民族医医疗机构发布医疗广告，应当向其所在地省级中医药管理部门申请"。《中华人民共和国中医药条例》(2003年10月1日起正式施行)第十三条也明确规定："发布中医医疗广告，医疗机构应当按照规定向所在地省、自治区、直辖市人民政府负责中医药管理的部门申请并报送有关材料。"

鉴于深化行政审批制度改革的要求，减少医疗广告审查层级，提高医疗广告审查效率，一些省、自治区、直辖市开始按属地管理原则，将医疗广告审查权委托下放到市卫生局及中医药管理局(详见补充资料2.2)。

补充资料2.2

医疗广告审查权的下放和委托

浙江省：2013年2月16日，浙江省卫生厅公开发布《关于进一步做好西医医疗广告审查工作的通知》。通知规定，医疗机构申请发布西医医疗广告，应向所在的县(市、区)卫生局提出申请，填写《医疗广告审查申请表》，并提交相关材料，县(市、区)卫生局(除义乌市卫生局)审查同意后将相关材料报送市卫生局。市级医疗机构可直接向所在市卫生局提出申请并报送相关材料。市卫生局审查同意后，出具《医疗广告审查证明》并加盖各市西医医疗广告审查专用章，印模参照"浙江省西医医疗广告审查专用章"。义乌市辖区内医疗机构向义乌市卫生局提出申请并报送相关材料。义乌市卫生局审查同意后，出具《医疗广告审查证明》并加盖"义乌市西医医疗广告审查专用章"。省级医疗机构可直接向省医学会提出申请并报送相关材料。省医学会审查同意后报省卫生厅，由省卫生厅出具《医疗广告审查证明》，并加盖"浙江省西医医疗广告审查专用章"。

山东省：2013年7月24日，山东省卫生厅、山东省中医药管理局联合发布《关于医疗广告审查权委托下放的通知》。通知宣称："经研究决定，将医疗广告审查权委托下放到各市卫生局及中医药管理局。"根据该通知，各市卫生局及中医药管理局负责受理辖区内医疗机构(含省部属医疗机构)发布医疗广告申请，对其广告样件内容进行审查，对审查合格的，发给《医疗广告审查证明》；对审查不合格的，应当书面通知医疗机构。各市卫生局及中医药管理局应当在核发《医疗广告审查证明》5个工作日内，将通过审查的《医疗广告审查证明》和医疗广告样件在卫生局网站予以公示。

2. 提交的材料

在提交医疗广告审查申请时，广告主应提交有关证明文件。《广告法》(2015年版)第四十七条规定："广告主申请广告审查，应当依照法律、行政法规向广告审查机关提交有关证明文件。"

具体而言,根据《医疗广告管理办法》,医疗机构应提交以下材料:

"(一)《医疗广告审查申请表》;

"(二)《医疗机构执业许可证》副本原件和复印件,复印件应当加盖核发其《医疗机构执业许可证》的卫生行政部门公章;

"(三)医疗广告成品样件。电视、广播广告可以先提交镜头脚本和广播文稿。"

表 2-3　《医疗广告审查申请表》样表

申请受理号_____

医疗广告审查申请表

申请日期:　　年　　月　　日

医疗机构第一名称		发证卫生行政部门	
《医疗机构执业许可证》登记号		法定代表人(主要负责人)	
		身份证号	
检验有效期	壹年/叁年(自　　年　　月　　日起,至　　年　　月　　日止)		
医疗机构地址			
所有制形式		医疗机构类别	
诊疗科目			
床位数		报诊时间	
联系电话		邮　编	
发布媒体类别	□影视　□广播　□报纸 □期刊　□户外　□印刷品 □网络 □其他_____	广告时长 (影视、声音)	秒
提交申请			
材料目录			
经办人		身份证号	

法定代表人签名:_____　　　　　　　　　　　　医疗机构(盖章):

年　　月　　日

注:填报《医疗广告审查申请表》时应一并填报《医疗广告成品样件表》。

表 2-4　《医疗广告成品样件表》样表

申请受理号_____

医疗广告成品样件表

申请日期：　　年　　月　　日

医疗机构情况	第一名称			
	地　址			
	机构类别		执业许可证	
	法定代表人（主要负责人）		联系电话	
拟发布媒体类别	□影视　　□广播　　□报纸　　□期刊　　□户外			
	□印刷品　□网络　　□其他_____			

广告成品样件粘贴处：

　　　　　　　　　　（医疗机构盖章）　　　　　　　　　　（审查机关盖章）

注：1. 电视、广播广告可以先提交镜头脚本和广播文稿，初审合格后再提交广告成品样件。

2. 平面广告提供小样，风格广告提供页面样件。

3. 医疗广告成品样件需标注广告审查证明文号的位置、形式。

4. 申请审查时至少需提交文书一式七份，广告样件粘贴处加盖骑缝章。

5. 《医疗广告成品样件表》原件需与《医疗广告审查证明》一并作为审定凭证。

二、医疗广告审查流程

1. 审查

　　根据《医疗广告管理办法》第八条："省级卫生行政部门、中医药管理部门应当自受理之日起 20 日内对医疗广告成品样件内容进行审查。卫生行政部门、中医药管理部门需要请有关专家进行审查的，可延长 10 日。"

　　至于中医医疗广告，审查时间则稍有不同。《中华人民共和国中医药条例》（2003 年10 月 1 日起正式施行）第十三条规定："省、自治区、直辖市人民政府负责中医药管理的部门应当自收到有关材料之日起 10 个工作日内进行审查，并作出是否核发中医医疗广告批准文号的决定。"

2. 发证

《医疗广告管理办法》第八条第二款规定:"对审查合格的医疗广告,省级卫生行政部门、中医药管理部门发给《医疗广告审查证明》,并将通过审查的医疗广告样件和核发的《医疗广告审查证明》予以公示;对审查不合格的医疗广告,应当书面通知医疗机构并告知理由。"

《中华人民共和国中医药条例》(2003 年 10 月 1 日起正式施行)第十三条规定:"对符合规定要求的,发给中医医疗广告批准文号。"

《广告法》(2015 年版)第四十八条规定:"任何单位或者个人不得伪造、变造或者转让广告审查批准文件。"

3. 备案及抄送

《医疗广告管理办法》第九条规定:"省级卫生行政部门、中医药管理部门应对已审查的医疗广告成品样件和审查意见予以备案保存,保存时间自《医疗广告审查证明》生效之日起至少两年。"

根据《广告法》(2015 年版)第四十七条:"广告审查机关应当依照法律、行政法规规定作出审查决定,并应当将审查批准文件抄送同级工商行政管理部门。广告审查机关应当及时向社会公布批准的广告。"

《医疗广告管理办法》第十一条也规定:"省级卫生行政部门、中医药管理部门应在核发《医疗广告审查证明》之日起 5 个工作日内,将《医疗广告审查证明》抄送本地同级工商行政管理机关。"

三、医疗广告审查证明

1. 编号格式

根据实际操作的需要,每份医疗广告审查证明文件均有一个唯一的编号,即《医疗广告审查证明》文号。其格式为:(省、自治区、直辖市简称)＋医广＋〔批准年份〕＋第(批准月份-批准日-批准顺序)号。如浙江省 2007 年 1 月 30 日批准的第 10 件《医疗广告审查证明》,其《医疗广告审查证明》文号应为"(浙)医广〔2007〕第 01-30-10 号"。

2. 有效期

《医疗广告管理办法》第十二条规定:"《医疗广告审查证明》的有效期为 1 年。到期后仍需继续发布医疗广告的,应重新提出审查申请。"

031 / 第二章 医疗广告法规

3.收回的主要情形

《医疗广告管理办法》第十八条规定：

"有下列情况之一的,省级卫生行政部门、中医药管理部门应当收回《医疗广告审查证明》,并告知有关医疗机构:

"(一)医疗机构受到停业整顿、吊销《医疗机构执业许可证》的;

"(二)医疗机构停业、歇业或被注销的;

"(三)其他应当收回《医疗广告审查证明》的情形。"

表 2-5 《医疗广告审查证明》样表

医疗广告审查证明

医疗机构第一名称				
《医疗机构执业许可证》登记号		法定代表人(主要负责人)		
		身份证号		
医疗机构地址				
所有制形式		医疗机构类别		
诊疗科目				
床位数		接诊时间	联系电话	
广告发布媒体类别			广告时长 (影视、声音)	
审查结论	按照《医疗广告管理办法》(国家工商行政管理总局、卫生部令第26号,2006 年 11 月 10 日发布)的有关规定,经审查,同意发布该医疗广告(具体内容和形式以经审查同意的广告成品样件为准)。 本医疗广告申请受理号:			
本审查证明有效期: 壹年(自 年 月 日起,至 年 月 日止)				
医疗广告审查证明文号:( )医广〔 〕第 号				

注:本审查证明原件须与《医疗广告成品样件》审查原件同时使用方具有效力。
(注意事项见背面)

(背　面)

注意事项

1.本医疗广告审查证明正文内容皆为打印,手写无效。

2.医疗机构必须持《医疗广告审查证明》原件向广告刊播媒介或广告刊播代理单位联系广告刊播事宜。

3.对《医疗广告审查证明》中核定的内容及广告成品样件,广告主、广告经营者、广告发布者不得进行任何改动。医疗广告必须与卫生行政部门审查同意的医疗广告成品样件保持一致。

4. 发布医疗广告必须标明医疗机构第一名称和《医疗广告审查证明》文号,且足以辨认。

5. 发布户外医疗广告,应按照有关规定向工商行政部门登记。

6. 医疗广告内容需要改动或者医疗机构的执业情况发生变化,与经审查的医疗广告成品样件内容不符的,医疗机构应当重新提出审查申请。

7. 医疗广告审查证明文号编号内容依次为:(省、自治区、直辖市简称)医广〔批准年份〕第(批准月份)-(批准日)-(批准顺序)号。如浙江省 2007 年 1 月 30 日批准的第 10 件《医疗广告审查证明》应标为(浙)医广〔2007〕第 01-30-10 号。

8. 本广告审查证明公示网址:

　　审查机关联系方式:

四、医疗广告发布规范

《医疗广告管理办法》第十三条规定:"发布医疗广告应当标注医疗机构第一名称和《医疗广告审查证明》文号。"

第十六条规定:"医疗机构应当按照《医疗广告审查证明》核准的广告成品样件内容与媒体类别发布医疗广告。医疗广告内容需要改动或者医疗机构的执业情况发生变化,与经审查的医疗广告成品样件内容不符的,医疗机构应当重新提出审查申请。"

第十七条规定:"广告经营者、广告发布者发布医疗广告,应当由其广告审查员查验《医疗广告审查证明》,核实广告内容。"

补充资料 2.3

医疗广告违法处罚

编者根据《医疗广告管理办法》的相关规定,将医疗广告违法处罚方式[①]列表如下:

①　此表暂未涉及《广告法》(2015 年版)有关违法广告的处罚规定。

表 2-6　医疗广告违法处罚方式

执法机关		违法情节	处罚措施	备　注
卫生行政部门、中医药管理部门	县级以上	医疗机构违反本办法规定发布医疗广告	应责令其限期改正,给予警告;情节严重的,撤销广告审查批准文件、一年内不受理其广告审查申请,并可以责令其停业整顿、吊销有关诊疗科目,直至吊销《医疗机构执业许可证》	/
		未取得《医疗机构执业许可证》发布医疗广告的	按非法行医处罚	/
	省级	医疗机构篡改《医疗广告审查证明》内容发布医疗广告的	应当撤销《医疗广告审查证明》,并在一年内不受理该医疗机构的广告审查申请	应当自作出行政处理决定之日起 5 个工作日内通知同级工商行政管理机关,工商行政管理机关应当依法予以查处
工商行政管理机关		对违反本办法规定发布广告的	依据《广告法》及其他法律法规有规定的,予以处罚	医疗广告内容涉嫌虚假的,工商行政管理机关可根据需要会同卫生行政部门、中医药管理部门作出认定
			没有具体规定的,对负有责任的广告主、广告经营者、广告发布者,处以一万元以下罚款	
			有违法所得的,处以违法所得三倍以下但不超过三万元的罚款	

延伸阅读:

1. 李明伟. 中国广告的罪与罚——以首例虚假医疗广告案为例[J]. 法治研究, 2008 (2): 17-19.

2. 高辉,赵强,刘瑞杰. 违法医疗广告监督管理现状及对策[J]. 中国公共卫生管理, 2014(5):726-727.

3. 程碧茜. 虚假医疗广告的治理困境与法律规制[J]. 江西社会科学, 2015(11): 183-187.

4. 吴瑛. 政府在医疗广告监管中的角色及对策分析[J]. 中国卫生法制, 2014(6): 46-48.

5. 周贝贝,顾加栋. 医疗广告政府监管职责的大众认知及诉求研究[J]. 国外医学卫生经济分册, 2017(2): 85-90.

第三章　医疗器械广告法规

根据《医疗器械监督管理条例》的定义，医疗器械是指单独或者组合使用于人体的仪器、设备、器具、体外诊断试剂及校准物、材料以及类似或者相关的物品，包括所需的计算机软件。其效用主要通过物理等方式获得，不是通过药理学、免疫学或者代谢的方式获得，或者虽然有这些方式参与但是只起辅助作用。其目的是用于：第一，疾病的诊断、预防、监护、治疗或者缓解；第二，损伤的诊断、监护、治疗、缓解或者功能补偿；第三，生理结构或者生理过程的检验、替代、调节或者支持；第四，生命的支持或者维持；第五，妊娠控制；第六，通过对来自人体的样本进行检查，为医疗或者诊断目的提供信息。

与医疗相似，医疗器械是直接关系到人的生命健康的特殊产品，因此医疗器械广告一直是重点监管的广告类型。除了现行有效的两部专门规范医疗器械广告的规章（即《医疗器械广告审查办法》《医疗器械广告审查发布标准》）以外，本章所涉及的法律法规主要有《广告法》《医疗器械监督管理条例》以及《广播电视广告播出管理办法》。基于这几部法规，本章从医疗器械广告审查程序规范、医疗器械广告内容规范和医疗器械广告发布规范三个方面，来归纳整理医疗器械广告法规的主要内容。

表 3-1　医疗器械广告相关法规一览表

序　号	名　　称	颁布机构	颁布日期	施行日期	有效性
1	《广告管理暂行条例》	国务院	1982-02-06	1982-05-01	失效
	《广告管理条例》		1987-10-26	1987-12-01	有效
2	《广告管理条例施行细则》	国家工商行政管理局	1988-01-09	1988-01-09	修订
			1998-12-03	1998-12-03	修订
			2000-12-01	2000-12-01	修订
			2004-11-30	2005-01-01	修订
			2011-12-12	2012-01-01	废止 （2016-04-29）
3	《广告法》	全国人民代表大会常务委员会	1994-10-27	1995-02-01	修订
			2015-04-24	2015-09-01	有效

续 表

序 号	名 称	颁布机构	颁布日期	施行日期	有效性
4	《医疗器械广告审查办法》	国家工商行政管理局、国家医药管理局	1995-03-08	1995-03-08	修订
		卫生部、国家工商行政管理总局、国家食品药品监督管理局	2009-05-20	2009-05-20	有效
5	《医疗器械广告审查标准》	国家工商行政管理局	1995-03-03	1995-03-03	失效
	《医疗器械广告审查发布标准》	国家工商行政管理总局、国家食品药品监督管理局、卫生部	2010-05-20	2010-05-20	修订
	《医疗器械广告审查发布标准》	国家工商行政管理总局、卫生部、国家食品药品监督管理总局	2015-07-09	2015-09-01	有效
6	《广播电视广告播放管理暂行办法》	国家广播电影电视总局	2003-09-15	2004-01-01	失效（2010-01-01）
	《广播电视广告播出管理办法》		2009-09-08	2010-01-01	有效
7	《医疗器械监督管理条例》	国务院	2000-01-04	2000-04-01	修订
			2014-02-12	2014-06-01	有效

第一节 医疗器械广告审查程序规范

一、医疗器械广告审查类型

1.总体要求

《广告法》（2015 年版）规定："发布医疗、药品、医疗器械、农药、兽药和保健食品广告，以及法律、行政法规规定应当进行审查的其他广告，应当在发布前由有关部门（以下称广告审查机关）对广告内容进行审查；未经审查，不得发布。"

《医疗器械广告审查办法》也规定："通过一定媒介和形式发布的广告含有医疗器械

名称、产品适用范围、性能结构及组成、作用机理等内容的,应当按照本办法进行审查。"

2.免除审查类型

《医疗器械广告审查办法》对特殊类型作出了免除广告审查的规定,即"仅宣传医疗器械产品名称的广告无需审查,但在宣传时应当标注医疗器械注册证号"。

3.不予审查(及发布)类型

有些医疗器械被禁止做广告,因此实际上被排除在广告审查之外。

《医疗器械广告审查发布标准》第三条规定,"(一)食品药品监督管理部门依法明令禁止生产、销售和使用的医疗器械产品,(二)医疗机构研制的在医疗机构内部使用的医疗器械","不得发布广告"。

《广告法》(2015年版)第十五条也规定:"麻醉药品、精神药品、医疗用毒性药品、放射性药品等特殊药品,药品类易制毒化学品,以及戒毒治疗的药品、医疗器械和治疗方法,不得做广告。"

二、医疗器械广告审查申请

1.审查机关及其分工

《医疗器械广告审查办法》明确规定,"省、自治区、直辖市药品监督管理部门是医疗器械广告审查机关,负责本行政区域内医疗器械广告审查工作",而"国家食品药品监督管理局对医疗器械广告审查机关的医疗器械广告审查工作进行指导和监督,对医疗器械广告审查机关违反本办法的行为,依法予以处理"。

2.申请人及归属地

《医疗器械广告审查办法》规定:"医疗器械广告批准文号的申请人必须是具有合法资格的医疗器械生产企业或者医疗器械经营企业。医疗器械经营企业作为申请人的,必须征得医疗器械生产企业的同意。申请人可以委托代办人代办医疗器械广告批准文号的申办事宜。代办人应当熟悉国家有关广告管理的相关法律、法规及规定。"

同时,"申请医疗器械广告批准文号,应当向医疗器械生产企业所在地的医疗器械广告审查机关提出。申请进口医疗器械广告批准文号,应当向《医疗器械注册登记表》中列明的代理人所在地的医疗器械广告审查机关提出;如果该产品的境外医疗器械生产企业在境内设有组织机构的,则向该组织机构所在地的医疗器械广告审查机关提出"。

3.申请应提交的材料

《医疗器械广告审查办法》第八条规定："申请医疗器械广告批准文号,应当填写《医疗器械广告审查表》,并附与发布内容相一致的样稿(样片、样带)和医疗器械广告电子文件,同时提交以下真实、合法、有效的证明文件:

"(一)申请人的《营业执照》复印件;

"(二)申请人的《医疗器械生产企业许可证》或者《医疗器械经营企业许可证》复印件;

"(三)申请人是医疗器械经营企业的,应当提交医疗器械生产企业同意其作为申请人的证明文件原件;

"(四)代办人代为申办医疗器械广告批准文号的,应当提交申请人的委托书原件和代办人营业执照复印件等主体资格证明文件;

"(五)医疗器械产品注册证书(含《医疗器械注册证》、《医疗器械注册登记表》等)的复印件;

"(六)申请进口医疗器械广告批准文号的,应当提供《医疗器械注册登记表》中列明的代理人或者境外医疗器械生产企业在境内设立的组织机构的主体资格证明文件复印件;

"(七)广告中涉及医疗器械注册商标、专利、认证等内容的,应当提交相关有效证明文件的复印件及其他确认广告内容真实性的证明文件。

"提供本条规定的证明文件的复印件,需证件持有人签章确认。"

补充资料 3.1

医疗器械广告申请系统

根据 2009 年 5 月 19 日浙江省食品药品监督管理局公布的《浙江省医疗器械广告申办须知》,要求事先登录国家食品药品监督管理局网站(www. sfda. gov. cn/xzml. htm),下载安装国家食品药品监督管理局"广告审查申请系统",并通过该系统软件制作《医疗器械广告审查表》及电子文档。

该系统设置了四个模块,即广告信息录入模块、广告申请保存及管理模块、广告数据导出模块和打印广告申请表模块。[①]

---

① 广告审批系统企业端软件[DB/OL]. (2008-12-30)[2017-04-09]. http://www.sda.gov.cn/WS01/CL0130/34978.html.

三、医疗器械广告审查流程

1.审查依据

根据《医疗器械广告审查办法》第三条,"申请审查的医疗器械广告",必须"符合""(一)《广告法》;(二)《医疗器械监督管理条例》;(三)《医疗器械广告审查发布标准》;(四)国家有关广告管理的其他规定","方可予以通过审查"。

2.审查程序

其一,受理。《医疗器械广告审查办法》第十条规定:"医疗器械广告审查机关收到医疗器械广告批准文号申请后,对申请材料齐全并符合法定要求的,发给《医疗器械广告受理通知书》;申请材料不齐全或者不符合法定要求的,应当当场或者在5个工作日内一次告知申请人需要补正的全部内容;逾期不告知的,自收到申请材料之日起即为受理。"

其二,审查。《医疗器械广告审查办法》第十一条规定:"医疗器械广告审查机关应当自受理之日起20个工作日内,依法对广告内容进行审查。对审查合格的医疗器械广告,发给医疗器械广告批准文号;对审查不合格的医疗器械广告,应当作出不予核发医疗器械广告批准文号的决定,书面通知申请人并说明理由,同时告知申请人享有依法申请行政复议或者提起行政诉讼的权利。"

3.不予受理的情形

根据《医疗器械广告审查办法》第九条的规定,"医疗器械广告审查机关不予受理该企业该品种医疗器械广告的申请"的情形有:

(1)篡改经批准的医疗器械广告内容进行虚假宣传的,由药品监督管理部门责令立即停止该医疗器械广告的发布,撤销该企业该品种的医疗器械广告批准文号,1年内不受理该企业该品种的广告审批申请;

(2)对提供虚假材料申请医疗器械广告审批,被医疗器械广告审查机关发现的,1年内不受理该企业该品种的广告审批申请;

(3)对提供虚假材料申请医疗器械广告审批,取得医疗器械广告批准文号的,医疗器械广告审查机关在发现后应当撤销该医疗器械广告批准文号,并在3年内不受理该企业该品种的广告审批申请;

(4)撤销医疗器械广告批准文号行政程序正在执行中的。

4. 公示

《医疗器械广告审查办法》第十一条规定:"对批准的医疗器械广告,药品监督管理部门应当通过政府网站向社会予以公布。"《广告法》(2015年版)第四十七条也规定:"广告审查机关应当及时向社会公布批准的广告。"

补充资料 3.2

广告公示

根据相关法律法规要求,国家食品药品监督管理总局在其官网专门设置了信息公示板块,其中广告公示涉及药品广告、医疗器械广告、保健食品广告等。[1] 以中美天津史克制药有限公司的新康泰克通气鼻贴为例,其广告基本信息如下:

图 3-1　新康泰克通气鼻贴广告基本信息

---

[1]　医疗器械广告公示[EB/OL]. (2016-07-21)[2017-04-09]. http://app1. sfda. gov. cn/data-search/face3/base. jsp? tableId = 40&tableName = TABLE40&title = 医疗器械广告 &bcId = 118715921041148586105734040583.

点击"广告发布内容",可以查看并下载详细内容,如下:

图 3-2　新康泰克通气鼻贴广告发布内容

5.抄送及备案

《广告法》(2015 年版)第四十七条规定:"广告审查机关应当依照法律、行政法规规定作出审查决定,并应当将审查批准文件抄送同级工商行政管理部门。"

《医疗器械广告审查办法》第十一条还规定:"对批准的医疗器械广告,医疗器械广告审查机关应当报国家食品药品监督管理局备案。国家食品药品监督管理局对备案中存在问题的医疗器械广告,应当责成医疗器械广告审查机关予以纠正。"

另外,对于在原审地获得了医疗器械广告批准文号,需异地(省、自治区、直辖市)发布的医疗器械广告,要求在发布地省、自治区、直辖市药品监督管理部门进行备案(详见补充资料 3.3)。

补充资料 3.3

医疗器械广告备案电子申请

为了进一步提高办事效率和服务质量,浙江省食品药品监督管理局 2016 年 5 月 19 日发布《医疗器械注册登记事项变更等 5 个事项实行"证照网上申请、快递送达"的公告》,开展"第二类医疗器械注册登记事项变更""医疗器械临床试验管理备案""药品广告备案""医疗器械广告备案""保健食品广告备案"等 5 个试点事项,仅需提交电子申请,不再提交纸质申请资料。

附件:医疗器械广告备案办事指南

一、办理事项名称:医疗器械广告备案。

二、设定的法律依据:《浙江省广告管理条例》(浙江省人民代表大会常务委员会公告第 77 号)。

三、办理条件:备案广告需通过原审地审查批准,并已取得相应广告批准文号。

四、申请材料要求:

(一)经当地省、自治区、直辖市药品监督管理部门批准并核发医疗器械广告文号的《医疗器械广告审查表》完整清晰的扫描件;

(二)批准的医疗器械产品注册备案证扫描件、医疗器械注册备案登记表扫描件(注册证批准日期为 2014 年 10 月 1 日前的需提交)、医疗器械注册变更文件扫描件(如有);

(三)原审批广告内容的电子化文本;

(四)授权委托书和经办人身份证复印件扫描件各 1 份;

(五)广告承诺书扫描件。

申请材料应逐份加盖经办单位公章,要求签字的需签字;承诺书必须加盖药品批准文号持有单位公章;将签字、加盖公章后的材料以 PDF 格式上传。

五、办理程序:

(一)申请。申请人在浙江省政务服务网上填写并提交《浙江省医疗器械广告备案申请表》和其他申请材料电子文件。

(二)受理。省局受理大厅进行资料形式审查,符合规定的,予以受理;不符合规定的,告知补正。

(三)复核。稽查局依照《医疗器械广告审查办法》等有关规定,对申报资料进行审查。符合规定的,予以备案,网上出具医疗器械广告备案凭证供申请人自行下载;不符合规定的,不予备案,网上出具不予备案电子告知书。

六、申请方式:浙江政务服务网(www.zjzwfw.gov.cn)—部门窗口—省食品药品监管局—其他行政权力—药品、医疗器械和保健食品广告备案—网上申请。

七、结果查询方式:省局政务网首页(www.zjfda.gov.cn)—公众服务版—数据查询—医疗器械广告备案查询。

八、办理时限:受理至备案决定作出 10 个工作日。

九、办理收费依据及标准:不收费。

十、办理实施机关及责任处室(电话):浙江省食品药品监督管理局稽查局。联系人:俞永进。联系电话:0571-81393629。

十一、投诉机关:浙江省食品药品监督管理局直属机关纪委,0571-88903370。

6.重新申请及复审

《医疗器械广告审查办法》第十三条要求："经批准的医疗器械广告,在发布时不得更改广告内容。医疗器械广告内容需要改动的,应当重新申请医疗器械广告批准文号。"

根据《医疗器械广告审查办法》第十五条的规定,对于已经批准的医疗器械广告,有下列情形之一的,原审批的医疗器械广告审查机关应当进行复审："(一)国家食品药品监督管理局认为医疗器械广告审查机关批准的医疗器械广告内容不符合规定的;(二)省级以上广告监督管理机关提出复审建议的;(三)医疗器械广告审查机关认为应当复审的其他情形。"复审期间,该医疗器械广告可以继续发布;经复审,认为医疗器械广告不符合法定条件的,医疗器械广告审查机关应当予以纠正,收回《医疗器械广告审查表》,该医疗器械广告批准文号作废。

四、医疗器械广告批准文号

1.有效期

《医疗器械广告审查办法》第十二条规定："医疗器械广告批准文号有效期为 1 年。"第十三条规定："经批准的医疗器械广告,在发布时不得更改广告内容。医疗器械广告内容需要改动的,应当重新申请医疗器械广告批准文号。"

2.保存备查

《医疗器械广告审查办法》第十四条规定："医疗器械广告申请人自行发布医疗器械广告的,应当将《医疗器械广告审查表》原件保存 2 年备查。广告发布者、广告经营者受广告申请人委托代理、发布医疗器械广告的,应当查验《医疗器械广告审查表》原件,按照审查批准的内容发布,并将该《医疗器械广告审查表》复印件保存 2 年备查。"

3.编号

根据《医疗器械广告审查办法》第二十七条的规定："医疗器械广告批准文号为'X 医械广审(视)第 0000000000 号'、'X 医械广审(声)第 0000000000 号'、'X 医械广审(文)第 0000000000 号'。其中'X'为各省、自治区、直辖市的简称;"0"由 10 位数字组成,前 6 位代表审查的年月,后 4 位代表广告批准的序号。'视'、'声'、'文'代表用于广告媒介形式的分类代号。"

例如,浙江省 2016 年 9 月批准的第 1360 件《医疗器械广告批准文号》,其编号应为：浙医械广审（视或声或文）第 2016091360 号。

第二节　医疗器械广告内容规范

与医疗广告法规相比，医疗器械广告法规有关内容的规范更加复杂。为了便于理解，编者将其归纳为两大类，即强制载明规范和禁止性规范。

一、医疗器械广告强制载明规范

强制载明规范特指那些要求在广告中必须注明的事项或内容。医疗器械广告的强制载明规范主要涉及忠告语、名称及广告批准文号等内容。

1.忠告语

根据《医疗器械广告审查发布标准》的规定，医疗器械产品注册证明文件中有禁忌内容、注意事项的，应在广告中标明"禁忌内容或注意事项详见说明书"。

同时，推荐给个人使用的医疗器械产品广告，必须显著标明"请仔细阅读产品说明书或在医务人员的指导下购买和使用"。

2.名称及广告批准文号

《医疗器械广告审查发布标准》第六条规定："医疗器械广告中必须标明经批准的医疗器械名称、医疗器械生产企业名称、医疗器械注册证号、医疗器械广告批准文号。"当然，"经审批的医疗器械广告在广播电台发布时，可以不播出医疗器械广告批准文号"。另外，"仅出现医疗器械产品名称的，不受前款限制，但应标明医疗器械注册证号"。

至于医疗器械的名称，《医疗器械广告审查发布标准》第七条规定："医疗器械广告中不得以任何非医疗器械产品名称代替医疗器械产品名称进行宣传。"

二、医疗器械广告禁止性规范

医疗器械广告的禁止性规范主要涉及四类，即适用范围与功效禁止、合理使用禁止、形象（或名义）禁止以及特殊内容禁止。[①]

---

①　需要指出的是，这种归类方法并不完全科学，更不是严格意义的法律范畴，只是为了便于初学者的理解和识记。鉴于篇幅有限，下文中有类似的情况，不再一一注明。

1.适用范围及功效禁止

《医疗器械广告审查发布标准》第十条规定:

"医疗器械广告中有关适用范围和功效等内容的宣传应当科学准确,不得出现下列情形:

"(一)含有表示功效的断言或者保证的;

"(二)说明有效率和治愈率的;

"(三)与其他医疗器械产品、药品或其他治疗方法的功效和安全性对比;

"(四)在向个人推荐使用的医疗器械广告中,利用消费者缺乏医疗器械专业、技术知识和经验的弱点,使用超出产品注册证明文件以外的专业化术语或不科学的用语描述该产品的特征或作用机理;

"(五)含有无法证实其科学性的所谓'研究发现'、'实验或数据证明'等方面的内容;

"(六)违反科学规律,明示或暗示包治百病、适应所有症状的;

"(七)含有'安全'、'无毒副作用'、'无效退款'、'无依赖'、'保险公司承保'等承诺性用语,含有'唯一'、'精确'、'最新技术'、'最先进科学'、'国家级产品'、'填补国内空白'等绝对化或排他性的用语;

"(八)声称或暗示该医疗器械为正常生活或治疗病症所必须等内容的;

"(九)含有明示或暗示该医疗器械能应付现代紧张生活或升学、考试的需要,能帮助改善或提高成绩,能使精力旺盛、增强竞争力、能增高、能益智等内容。"

《广告法》(2015年版)第十六条也规定,"医疗、药品、医疗器械广告不得含有""表示功效、安全性的断言或者保证""说明治愈率或者有效率"以及"与其他药品、医疗器械的功效和安全性或者其他医疗机构比较"等内容。

另外,《医疗器械广告审查发布标准》第四条规定:"医疗器械广告中有关产品名称、适用范围、性能结构及组成、作用机理等内容应当以食品药品监督管理部门批准的产品注册证明文件为准。"

2.合理使用禁止

《医疗器械广告审查发布标准》第十一条对涉及合理使用医疗器械的内容作出了禁止性规定:

"医疗器械广告应当宣传和引导合理使用医疗器械,不得直接或间接怂恿公众购买使用,不得含有以下内容。

"(一)含有不科学的表述或者通过渲染、夸大某种健康状况或者疾病所导致的危

害,引起公众对所处健康状况或所患疾病产生担忧和恐惧,或使公众误解不使用该产品会患某种疾病或加重病情的;

"(二)含有'家庭必备'或者类似内容的;

"(三)含有评比、排序、推荐、指定、选用、获奖等综合性评价内容的;

"(四)含有表述该产品处于'热销'、'抢购'、'试用'等的内容。"

3.形象(或名义)禁止

《医疗器械广告审查发布标准》对医疗器械广告可能利用的一些形象(或名义)等内容也作出了具体规定。

第十二条规定:"医疗器械广告中不得含有利用医药科研单位、学术机构、医疗机构或者专家、医生、患者的名义和形象作证明的内容。医疗器械广告中不得含有军队单位或者军队人员的名义、形象。不得利用军队装备、设施从事医疗器械广告宣传。"

第十五条规定:"医疗器械广告不得以儿童为诉求对象,不得以儿童的名义介绍医疗器械。"

如前所述,《医疗器械广告审查发布标准》规定,医疗器械广告"不得利用广告代言人作推荐、证明",同时《广告法》(2015年版)第十六条也要求,"医疗、药品、医疗器械广告不得含有""利用广告代言人作推荐、证明"的内容。

另外,《广播电视广告播出管理办法》第三十七条规定:"制作和播出药品、医疗器械、医疗和健康资讯类广告需要聘请医学专家作为嘉宾的,播出机构应当核验嘉宾的医师执业证书、工作证、职称证明等相关证明文件,并在广告中据实提示,不得聘请无有关专业资质的人员担当嘉宾。"

4.特殊内容禁止

除了上述三类之外,医疗器械广告还有一些特殊的内容禁止性规定,具体包括三个子类别:

其一,禁止出现表现性器官的内容。《医疗器械广告审查发布标准》第九条规定:"医疗器械广告中涉及改善和增强性功能内容的,必须与经批准的医疗器械注册证明文件中的适用范围完全一致,不得出现表现性器官的内容。"

其二,禁止含有医疗机构或诊疗信息。《医疗器械广告审查发布标准》第十四条规定:"医疗器械广告中不得含有医疗机构的名称、地址、联系办法、诊疗项目、诊疗方法以及有关义诊、医疗(热线)咨询、开设特约门诊等医疗服务的内容。"

其三,禁止含有涉及公共事件等的内容。《医疗器械广告审查发布标准》第十三条规定:"医疗器械广告不得含有涉及公共信息、公共事件或其他与公共利益相关联的内容,如各类疾病信息、经济社会发展成果或医疗科学以外的科技成果。"

第三节 医疗器械广告发布规范

医疗器械广告的发布规范,主要涉及医疗器械广告发布时的媒介禁止规范和广告可识别性规范。

一、医疗器械广告的媒介禁止性规范

1.媒介类型禁止

《广告法》(2015年版)第四十条规定:"在针对未成年人的大众传播媒介上不得发布医疗、药品、保健食品、医疗器械、化妆品、酒类、美容广告,以及不利于未成年人身心健康的网络游戏广告。"《医疗器械广告审查发布标准》第十五条也规定:"医疗器械广告不得在未成年人出版物和频道、节目、栏目上发布。"

《广播电视广告播出管理办法》第九条则禁止广播电视播出包括"治疗恶性肿瘤、肝病、性病或者提高性功能的药品、食品、医疗器械、医疗广告"。

2.版面或时段禁止

《医疗器械广告审查发布标准》第九条规定,报纸头版、期刊封面不得发布涉及改善和增强性功能内容的医疗器械广告;同时,电视台、广播电台不得在7:00—22:00发布上述医疗器械广告。

另外,根据《广播电视广告播出管理办法》第二十四条,广播电视播出商业广告应当尊重公众生活习惯。在6:30—7:30、11:30—12:30以及18:30—20:00的公众用餐时间,不得播出治疗皮肤病、痔疮、脚气、妇科、生殖泌尿系统等疾病的药品、医疗器械、医疗和妇女卫生用品广告。

二、医疗器械广告的可识别性规范

广告识别性规范,是指为了消费者可以识别广告,相关法律法规所作的规定和要求。对于医疗器械广告而言,广告识别性规范主要有两类,即通用性规定和特殊性规定。

1.通用性规定

通用性规定是所有广告的共同要求。《广告法》(2015年版)第十四条的规定:"广告应当具有可识别性,能够使消费者辨明其为广告。大众传播媒介不得以新闻报道形式变相发布广告。通过大众传播媒介发布的广告应当显著标明'广告',与其他非广告信息相区别,不得使消费者产生误解。"①

2.特殊性规定

特殊性规定是考虑到医疗器械广告的特殊性,有针对性地制定的有关广告可识别性的规定。

《广告法》(2015年版)第十九条规定:"广播电台、电视台、报刊音像出版单位、互联网信息服务提供者不得以介绍健康、养生知识等形式变相发布医疗、药品、医疗器械、保健食品广告。"《医疗器械广告审查发布标准》第十五条也要求:"禁止利用新闻报道形式、医疗资讯服务类专题节(栏)目或以介绍健康、养生知识等形式发布或变相发布医疗器械广告。"

《关于做好养生类节目制作播出工作的通知》(国家新闻出版广电总局,2014年9月29日发布)规定,"养生类节目应以介绍疾病预防、控制、治疗以及养生保健等科学知识为主要内容","严禁出现""直接或间接宣传药品、保健品、食品、医疗器械或医疗机构等产品或服务的变相发布广告的行为"。②

《关于进一步加强医疗养生类节目和医药广告播出管理的通知》(国家新闻出版广电总局,2016年8月24日发布)进一步规定,"严禁医疗养生类节目以介绍医疗、健康、养生知识等形式直接或间接发布广告、推销商品和服务","严格限制医药广告播出的时长和方式,医疗、药品、医疗器械、保健品、食品、化妆品、美容等企业、产品或服务的广告,不得以任何节目形态变相发布,不得以电视购物短片广告形式播出,且单条广告时长不得超过一分钟"。③

另外,如前所述,"医疗器械广告中必须标明经批准的医疗器械名称、医疗器械生产企业名称、医疗器械注册证号、医疗器械广告批准文号"。根据《医疗器械广告审查发布标准》的规定,上述"规定必须在医疗器械广告中出现的内容,其字体和颜色必须清晰可见、易于辨认。上述内容在电视、互联网、显示屏等媒体发布时,出现时间不得少于5秒"。

补充资料 3.4

医疗器械广告违法处罚

编者根据《医疗器械广告审查办法》和《医疗器械广告审查发布标准》的相关规定,

---

① 鉴于广告可识别性是对所有广告的共同要求,下文中部分章节将不予以重复。特此说明。
② 参见第十章补充资料10.1。
③ 参见第十章补充资料10.2。

将医疗器械广告违法处罚方式①列表如下。

表3-2 医疗器械广告违法处罚方式

执法机关	违法情节	处罚措施	备 注
医疗器械广告审查机关(省、自治区、直辖市食品药品监督管理部门)	医疗器械广告申请人的《医疗器械生产企业许可证》《医疗器械经营企业许可证》被吊销的;医疗器械产品注册证书被撤销、吊销、注销的;药品监督管理部门责令终止生产、销售和使用的医疗器械;其他法律、法规规定的应当注销行政许可的	注销医疗器械广告批准文号	对审查批准的医疗器械广告发布情况进行监测检查。填写《违法医疗器械广告移送通知书》,连同违法医疗器械广告等样件,移送同级广告监督管理机关查处;属于异地发布篡改经批准的医疗器械广告内容的,应当向原审地的医疗器械广告审查机关提出撤销医疗器械广告批准文号的建议
	篡改经批准的医疗器械广告内容进行虚假宣传的	责令立即停止该医疗器械广告的发布,撤销该企业该品种的医疗器械广告批准文号,1年内不受理该企业该品种的广告审批申请	
	向个人推荐使用的医疗器械广告中含有任意扩大医疗器械适用范围、绝对化夸大医疗器械疗效等严重欺骗和误导消费者内容的	采取行政强制措施,在违法发布广告的企业消除不良影响前,暂停该医疗器械产品在辖区内的销售	
		违法发布广告的企业如果申请解除行政强制措施,必须在相应的媒体上发布《更正启事》,且连续刊播不得少于3天;同时向作出行政强制措施决定的药品监督管理部门提供如下材料:(一)发布《更正启事》的媒体原件或光盘;(二)违法发布医疗器械广告企业的整改报告;(三)解除行政强制措施的申请。在收到违法发布医疗器械广告企业提交的材料后,在15个工作日内作出是否解除行政强制措施的决定	
	提供虚假材料申请医疗器械广告审批,被医疗器械广告审查机关发现的	1年内不受理该企业该品种的广告审批申请	
	提供虚假材料申请医疗器械广告审批,取得医疗器械广告批准文号的	撤销该医疗器械广告批准文号,并在3年内不受理该企业该品种的广告审批申请	

---

① 此表暂未涉及《广告法》(2015年版)有关违法广告的处罚规定。

执法机关	违法情节	处罚措施	备注
广告监督管理机关（县级以上工商行政管理部门）	经审查批准发布的医疗器械广告以及发布的医疗器械广告与审查批准的内容不一致的	依据《广告法》第四十三条①规定予以处罚	对审查批准的医疗器械广告发布情况进行监测检查。填写《违法医疗器械广告移送通知书》，连同违法医疗器械广告等样件，移送同级广告监督管理机关查处；属于异地发布篡改经批准的医疗器械广告内容的，应当向原审地的医疗器械广告审查机关提出撤销医疗器械广告批准文号的建议
	构成虚假广告或者引人误解的虚假宣传的	依照《广告法》或者《中华人民共和国反不正当竞争法》有关规定予以处罚	
	违反《医疗器械广告审查发布标准》第三条②、第四条③的	依照《广告法》第四十一条④处罚	
	违反《医疗器械广告审查发布标准》其他条款的	《广告法》《反不正当竞争法》有规定的，依照《广告法》处罚	
		《广告法》《反不正当竞争法》没有具体规定的，对负有责任的广告主、广告经营者、广告发布者，处以一万元以下罚款；有违法所得的，处以违法所得三倍以下但不超过三万元的罚款	

延伸阅读：

1. 蔡远广,颜红. 浅议新医疗器械广告审查办法及其发布标准[J]. 今日药学,

①④ 《广告法》(1995 年版)的第四十一条已与第四十三条合并,并调整为了新《广告法》(2015 年版)第五十八条。详见后续《广告法》专题。

② 第三条 下列产品不得发布广告:(一)食品药品监督管理部门依法明令禁止生产、销售和使用的医疗器械产品;(二)医疗机构研制的在医疗机构内部使用的医疗器械。

③ 第四条 医疗器械广告中有关产品名称、适用范围、性能结构及组成、作用机理等内容应当以食品药品监督管理部门批准的产品注册证明文件为准。

2010，20(2)：55-56.

2. 王晨. 新旧法规交替期的医疗器械监管思考[J]. 首都医药，2014，21(13)：51-52.

3. 张晓慧. 完善我国医疗器械广告法律规制的建议[J]. 赤峰学院学报(自然科学版)，2014，30(9)：73-74.

4. 佚名. 新《广告法》下药品和医疗器械违法广告行为的法律分析[EB/OL](2016-05-13)[2017-04-08]. http://www.fzmlvshi.com/article/196345.html.

5. 陈蕾，郝擎，杜庆鹏，等. 我国医疗器械广告审查的研究与探讨[J]. 中国医疗器械杂志，2017(3)：224-227.

第四章　药品广告法规

根据《中华人民共和国药品管理法》(以下简称《药品管理法》)的定义,药品是指用于预防、治疗、诊断人的疾病,有目的地调节人的生理机能并规定有适应症或者功能主治、用法和用量的物质,包括中药材、中药饮片、中成药、化学原料药及其制剂、抗生素、生化药品、放射性药品、血清、疫苗、血液制品和诊断药品等。

鉴于药品的特殊性,我国实行处方药与非处方药分类管理制度。《中华人民共和国药品管理法实施条例》(以下简称《药品管理法实施条例》)第三十七条规定:"国家对药品实行处方药与非处方药分类管理制度。"同时,该条例规定,处方药是指凭执业医师和执业助理医师处方方可购买、调配和使用的药品;非处方药则是指由国务院药品监督管理部门公布的,不需要凭执业医师和执业助理医师处方,消费者可以自行判断、购买和使用的药品。

鉴于药品与医疗和医疗器械的紧密关联,药品广告管理与医疗广告和医疗器械广告具有高度的相似性。但是,由于广告审批权的归属不同,药品广告的管理与医疗广告存在一定的区别,而与医疗器械广告更为接近。

除《广告法》《药品管理法》以及《药品管理法实施条例》以外,专门规范药品广告的法规主要有两部规章,即《药品广告审查发布标准》《药品广告审查办法》。基于此两部规章,并结合其他相关法律法规,本章从程序规范、内容规范和发布规范三个方面,梳理药品广告法规的主要内容。

表 4-1　药品广告相关法规一览表

序　号	名　称	颁布机构	颁布日期	施行日期	有效性
1	《广告管理暂行条例》	国务院	1982-02-06	1982-05-01	失效
	《广告管理条例》		1987-10-26	1987-12-01	有效
2	《广告管理条例施行细则》	国家工商行政管理局	1988-01-09	1988-01-09	修订
			1998-12-03	1998-12-03	修订
			2000-12-01	2000-12-01	修订
			2004-11-30	2005-01-01	修订
			2011-12-12	2012-01-01	废止 (2016-04-29)

续　表

序　号	名　称	颁布机构	颁布日期	施行日期	有效性
3	《广告法》	全国人民代表大会常务委员会	1994-10-27	1995-02-01	修订
			2015-04-24	2015-09-01	有效
4	《药品广告审查标准》	国家工商行政管理局	1995-03-28	1995-03-28	废止（2017-05-01）
	《药品广告审查发布标准》	国家工商行政管理总局、国家食品药品监督管理局	2007-03-13	2007-05-01	修订
5	《药品广告审查办法》	国家食品药品监督管理局、国家工商行政管理总局	2007-03-13	2007-05-01	有效
6	《中华人民共和国药品管理法》	全国人民代表大会常务委员会	1984-09-20	1985-07-01	修订
			2001-02-28	2001-12-01	修订
			2013-12-28	2013-12-28	修订
			2015-04-24	2015-04-24	有效
7	《中华人民共和国药品管理法实施条例》	国务院	2002-08-04	2002-09-15	有效（部分条款被修改）
	《国务院关于修改部分行政法规的决定》		2016-02-06	2016-02-06	对《中华人民共和国药品管理法实施条例》部分条款进行修改
8	《处方药与非处方药分类管理办法（试行）》	国家药品监督管理局	1999-06-18	2000-01-01	有效
9	《关于公布非处方药专有标识及管理规定的通知》	国家药品监督管理局	1999-11-19	1999-11-19	有效

第一节　药品广告审查程序规范

　　《广告法》（2015年版）规定："发布医疗、药品、医疗器械、农药、兽药和保健食品广告，以及法律、行政法规规定应当进行审查的其他广告，应当在发布前由有关部门（以下称广告审查机关）对广告内容进行审查；未经审查，不得发布。"《药品广告审查办法》第二条也规定："凡利用各种媒介或者形式发布的广告含有药品名称、药品适应症（功能主治）或者与药品有关的其他内容的，为药品广告，应当按照本办法进行审查。"

同时,该条款对特殊类型作出了免除广告审查的规定,即"非处方药仅宣传药品名称(含药品通用名称和药品商品名称)的,或者处方药在指定的医学药学专业刊物上仅宣传药品名称(含药品通用名称和药品商品名称)的,无需审查"。

另外,《广告法》(2015年版)第十五条规定:"麻醉药品、精神药品、医疗用毒性药品、放射性药品等特殊药品,药品类易制毒化学品,以及戒毒治疗的药品、医疗器械和治疗方法,不得作广告。"《药品广告审查发布标准》第三条的规定更加详细,"(一)麻醉药品、精神药品、医疗用毒性药品、放射性药品;(二)医疗机构配制的制剂;(三)军队特需药品;(四)国家食品药品监督管理总局依法明令停止或者禁止生产、销售和使用的药品;(五)批准试生产的药品","不得发布广告"。也就是说,这些药品类别被事实性地排除在广告审批之外。

一、药品广告审查申请

1.审查机关及分工

《药品广告审查办法》第四条规定:"省、自治区、直辖市药品监督管理部门是药品广告审查机关,负责本行政区域内药品广告的审查工作。"第五条规定:"国家食品药品监督管理局对药品广告审查机关的药品广告审查工作进行指导和监督,对药品广告审查机关违反本办法的行为,依法予以处理。"

2.申请人及其归属

《药品广告审查办法》要求,"药品广告批准文号的申请人必须是具有合法资格的药品生产企业或者药品经营企业。药品经营企业作为申请人的,必须征得药品生产企业的同意"。同时,"申请人可以委托代办人代办药品广告批准文号的申办事宜"。

对于申请人的归属地,《药品广告审查办法》也作出了明确的规定。"申请药品广告批准文号,应当向药品生产企业所在地的药品广告审查机关提出。申请进口药品广告批准文号,应当向进口药品代理机构所在地的药品广告审查机关提出。"

3.申请应提交的材料

《药品广告审查办法》规定:

"申请药品广告批准文号,应当提交《药品广告审查表》,并附与发布内容相一致的样稿(样片、样带)和药品广告申请的电子文件,同时提交以下真实、合法、有效的证明文件:

"(一)申请人的《营业执照》复印件;

"(二)申请人的《药品生产许可证》或者《药品经营许可证》复印件;

"(三)申请人是药品经营企业的,应当提交药品生产企业同意其作为申请人的证明文件原件;

"(四)代办人代为申办药品广告批准文号的,应当提交申请人的委托书原件和代办人的营业执照复印件等主体资格证明文件;

"(五)药品批准证明文件(含《进口药品注册证》、《医药产品注册证》)复印件、批准的说明书复印件和实际使用的标签及说明书;

"(六)非处方药品广告需提交非处方药品审核登记证书复印件或相关证明文件的复印件;

"(七)申请进口药品广告批准文号的,应当提供进口药品代理机构的相关资格证明文件的复印件;

"(八)广告中涉及药品商品名称、注册商标、专利等内容的,应当提交相关有效证明文件的复印件以及其他确认广告内容真实性的证明文件。

提供本条规定的证明文件的复印件,需加盖证件持有单位的印章。"

二、药品广告审查流程

1. 审查依据

根据《药品广告审查办法》,申请审查的药品广告必须符合"(一)《广告法》;(二)《药品管理法》;(三)《药品管理法实施条例》;(四)《药品广告审查发布标准》;(五)国家有关广告管理的其他规定",方可予以通过审查。

2. 审查程序

其一,受理。《药品广告审查办法》第十条规定:"药品广告审查机关收到药品广告批准文号申请后,对申请材料齐全并符合法定要求的,发给《药品广告受理通知书》;申请材料不齐全或者不符合法定要求的,应当当场或者在5个工作日内一次告知申请人需要补正的全部内容;逾期不告知的,自收到申请材料之日起即为受理。"

其二,审查。《药品广告审查办法》第十一条规定:"药品广告审查机关应当自受理之日起10个工作日内,对申请人提交的证明文件的真实性、合法性、有效性进行审查,并依法对广告内容进行审查。对审查合格的药品广告,发给药品广告批准文号;对审查不合格的药品广告,应当作出不予核发药品广告批准文号的决定,书面通知申请人并说明理由,同时告知申请人享有依法申请行政复议或者提起行政诉讼的权利。"

3. 不予受理的情形

《药品广告审查办法》第九条规定,"药品广告审查机关不予受理该企业该品种药品广告的申请"的情形有：

（1）篡改经批准的药品广告内容进行虚假宣传的，由药品监督管理部门责令立即停止该药品广告的发布，撤销该品种药品广告批准文号，1年内不受理该品种的广告审批申请；

（2）对提供虚假材料申请药品广告审批，被药品广告审查机关在受理审查中发现的，1年内不受理该企业该品种的广告审批申请；

（3）对提供虚假材料申请药品广告审批，取得药品广告批准文号的，药品广告审查机关在发现后应当撤销该药品广告批准文号，并3年内不受理该企业该品种的广告审批申请；

（4）撤销药品广告批准文号行政程序正在执行中的。

4.公示

根据《药品广告审查办法》第十一条，"对批准的药品广告，药品监督管理部门应当及时向社会予以公布"。

补充资料 4.1

药品广告公示

各省、自治区、直辖市食品药品监督管理局在自己的网站上设立了相关信息公示及检索系统，并与国家食品药品监督管理总局网站数据相互链接。以浙江省为例，浙江省食品药品监督管理局在其官网专门开设了"数据查询"栏目，网址为 http：//www.zjfda. gov.cn/sjcx/，可以查询已经通过该局审批或备案的药品广告、保健食品广告、医疗器械广告。如，正大青春宝药业有限公司提交的青春宝（非处方药）电视广告，批准文号为：浙药广审（视）第2013120093号。其电视脚本如下：

图 4-1　青春宝(非处方药)电视广告脚本

5. 备案

药品广告的备案,涉及两种类型:其一是报送备案。《药品广告审查办法》第十一条规定:"对批准的药品广告,药品广告审查机关应当报国家食品药品监督管理局备案,并将批准的《药品广告审查表》送同级广告监督管理机关备案。国家食品药品监督管理局对备案中存在问题的药品广告,应当责成药品广告审查机关予以纠正。"

其二是异地备案。《药品广告审查办法》第十二条规定:"在药品生产企业所在地和进口药品代理机构所在地以外的省、自治区、直辖市发布药品广告的(以下简称异地发布药品广告),在发布前应当到发布地药品广告审查机关办理备案。"第十三条详细规定了异地发布药品广告备案应当提交的材料,包括"(一)《药品广告审查表》复印件;(二)批准的药品说明书复印件;(三)电视广告和广播广告需提交与通过审查的内容相一致的录音带、光盘或者其他介质载体。提供本条规定的材料的复印件,需加盖证件持有单位印章"。

第十四条规定:"对按照本办法第十二条、第十三条规定提出的异地发布药品广告备案申请,药品广告审查机关在受理备案申请后 5 个工作日内应当给予备案,在《药品广告审查表》上签注'已备案',加盖药品广告审查专用章,并送同级广告监督管理机关备查。

"备案地药品广告审查机关认为药品广告不符合有关规定的,应当填写《药品广告备案意见书》,交原审批的药品广告审查机关进行复核,并抄报国家食品药品监督管理局。

"原审批的药品广告审查机关应当在收到《药品广告备案意见书》后的 5 个工作日内,将意见告知备案地药品广告审查机关。原审批的药品广告审查机关与备案地药品广告审查机关意见无法达成一致的,可提请国家食品药品监督管理局裁定。"

补充资料 4.2

浦东新区暂停药品广告异地备案

2016 年 5 月 5 日,中国政府网公布《国务院关于在上海市浦东新区暂时调整有关行政法规和国务院文件规定的行政审批等事项的决定》(国发〔2016〕24 号)。通知称,根据《国务院关于上海市开展"证照分离"改革试点总体方案的批复》(国函〔2015〕222 号),国务院决定,即日起至 2018 年 12 月 21 日,在上海市浦东新区暂时调整《中华人民共和国药品管理法实施条例》等 11 部行政法规和国务院文件规定的行政审批等事项。

其中,该决定在浦东暂停实施《中华人民共和国药品管理法实施条例》中有关"药品广告异地备案"的规定。这意味着,外地药企在浦东新区发布药品广告,不再需要向上海备案,由浦东加强事中事后监管。在此之前,在药品生产企业所在地和进口药品代理机构所在地以外的省、自治区、直辖市发布药品广告的,发布广告的企业应当在发布前向发布地省、自治区、直辖市人民政府药品监督管理部门备案。

该决定称,国务院有关部门、上海市人民政府要根据上述调整,及时对本部门、本市制定的规章和规范性文件作相应调整,建立与试点工作相适应的管理制度。同时,国务院将根据"证照分离"改革试点工作的实施情况,适时对本决定的内容进行调整。①

6. 复审

《药品广告审查办法》第十八条规定,对于"已经批准的药品广告","原审批的药品广告审查机关应当向申请人发出《药品广告复审通知书》,进行复审。复审期间,该药品广告可以继续发布",其具体情况包括:"(一)国家食品药品监督管理局认为药品广告审查机关批准的药品广告内容不符合规定的;(二)省级以上广告监督管理机关提出复审建议的;(三)药品广告审查机关认为应当复审的其他情形。""经复审,认为与法定条件不符的,收回《药品广告审查表》,原药品广告批准文号作废。"

---

① 国务院决定浦东暂停多项法规 外地药企发布广告无需备案[EB/OL]. (2016-05-05)[2017-04-09]. http://www.legaldaily.com.cn/index/content/2016-05/05/content_6614916.htm.

三、药品广告批准文号

1.有效期

《药品广告审查办法》第十五条规定："药品广告批准文号有效期为 1 年,到期作废。"该办法第十六条要求:"经批准的药品广告,在发布时不得更改广告内容。药品广告内容需要改动的,应当重新申请药品广告批准文号。"

2.保存备查

《药品广告审查办法》第十七条规定:"广告申请人自行发布药品广告的,应当将《药品广告审查表》原件保存 2 年备查。广告发布者、广告经营者受广告申请人委托代理、发布药品广告的,应当查验《药品广告审查表》原件,按照审查批准的内容发布,并将该《药品广告审查表》复印件保存 2 年备查。"

3.编号

《药品广告审查办法》第三十条规定:"药品广告批准文号为'X 药广审（视）第 0000000000 号'、'X 药广审（声）第 0000000000 号'、'X 药广审（文）第 0000000000 号'。其中'X'为各省、自治区、直辖市的简称。'0'为由 10 位数字组成,前 6 位代表审查年月,后 4 位代表广告批准序号。'视'、'声'、'文'代表用于广告媒介形式的分类代号。"

补充资料 4.3

药品广告批准文号及案例

例如,山东省 2016 年 3 月批准的第 111 件《药品广告批准文号》,其编号应为:鲁药广审（文）第 2016030111 号。根据国家食品药品监督管理总局网站公布的信息①,鲁药广审（文）第 2016030111 号相关信息如下:

---

① http://app1. sfda. gov. cn/datasearch/face3/base. jsp? tableId ＝ 39＆tableName ＝ TA-BLE39＆title＝％D2％A9％C6％B7％B9％E3％B8％E6＆bcId＝1187159145579417261148197 42460, 2016-07-22。

表 4-2　鲁药广审(文)第 2016030111 号相关信息

药品广告批准文号	鲁药广审(文)第 2016030111 号
单位名称	山东京卫制药有限公司
地　址	山东省泰安高新技术产业开发区创业大街中段
邮政编码	271000
通用名称	盐酸特比萘芬喷雾剂
商品名称	达克宁
商标名称	
处方分类	非处方药
广告类别	文
时　长	秒
广告有效期	2016-03-17 至 2017-03-16
广告发布内容	请点击查看详细内容
批准文号	国药准字 H20113280

点击查看详细内容,其广告样稿如下:

图 4-2　广告样稿

第二节　药品广告内容规范^①

与医疗器械广告法规相似,药品广告法规中有关内容的规范相对繁杂。为了便于理解,编者将其归纳为两大类,即强制载明规范和禁止性规范。

一、药品广告的强制载明规范

1. 忠告语及专用标识

根据《药品广告审查发布标准》的规定,处方药广告应当显著标明"本广告仅供医学药学专业人士阅读",非处方药广告应当显著标明"请按药品说明书或者在药师指导下购买和使用"。

《广告法》(2015 年版)第十六条也规定:"药品广告的内容不得与国务院药品监督管理部门批准的说明书不一致,并应当显著标明禁忌、不良反应。处方药广告应当显著标明'本广告仅供医学药学专业人士阅读',非处方药广告应当显著标明'请按药品说明书或者在药师指导下购买和使用'。"

同时,《药品广告审查发布标准》要求,"非处方药广告必须同时标明非处方药专有标识(OTC)"。

补充资料 4.4

非处方药专有标识管理规定

1999 年 11 月 19 日,为保障人民用药安全有效,保护消费者权益,方便药品执法监督,规范药品市场秩序,根据《处方药与非处方药分类管理办法(试行)》,国家药品监督管理局从我国的基本国情出发,制定并颁布非处方药专有标识和《非处方药专有标识管理规定(暂行)》,要求遵照执行。

附:《非处方药专有标识管理规定(暂行)》全文

为规范非处方药药品的管理,根据《处方药与非处方药分类管理办法(试行)》,规定如下:

一、非处方药专有标识是用于已列入《国家非处方药目录》,并通过药品监督管理部

---

① 本节只梳理针对药品广告内容的相关规范,而暂不涉及有关广告内容的通用性规范。后者将在第十四章中专门讨论。

门审核登记的非处方药药品标签、使用说明书、内包装、外包装的专有标识,也可用作经营非处方药药品的企业指南性标志。

二、国家药品监督管理局负责制定、公布非处方药专有标识及其管理规定。

三、非处方药药品自药品监督管理部门核发《非处方药药品审核登记证书》之日起,可以使用非处方药专有标识。

非处方药药品自药品监督管理部门核发《非处方药药品审核登记证书》之日起12个月后,其药品标签、使用说明书、内包装、外包装上必须印有非处方药专有标识。未印有非处方药专有标识的非处方药药品一律不准出厂。

四、经营非处方药药品的企业自2000年1月1日起可以使用非处方药专有标识。经营非处方药药品的企业在使用非处方药专有标识时,必须按照国家药品监督管理局公布的坐标比例和色标要求使用。

五、非处方药专有标识图案分为红色和绿色,红色专有标识用于甲类非处方药药品,绿色专有标识用于乙类非处方药药品和用作指南性标志。

六、使用非处方药专有标识时,药品的使用说明书和大包装可以单色印刷,标签和其他包装必须按照国家药品监督管理局公布的色标要求印刷。单色印刷时,非处方药专有标识下方必须标示"甲类"或"乙类"字样。

非处方药专有标识应与药品标签、使用说明书、内包装、外包装一体化印刷,其大小可根据实际需要设定,但必须醒目、清晰,并按照国家药品监督管理局公布的坐标比例使用。

非处方药药品标签、使用说明书和每个销售基本单元包装印有中文药品通用名称(商品名称)的一面(侧),其右上角是非处方药专有标识的固定位置。

七、违反本规定,按《药品管理法》及相关法律规定进行处罚。

八、本规定由国家药品监督管理局负责解释。

2.名称及广告批准文号

《药品广告审查发布标准》除了要求药品广告中必须标明忠告语以外,还规定药品广告中必须标明药品的通用名称、药品广告批准文号、药品生产批准文号。同时,药品广告必须标明药品生产企业或者药品经营企业名称,不得单独出现"咨询热线""咨询电话"等内容。

但是,以非处方药商品名称为各种活动冠名的,可以只发布药品商品名称;药品广告中不得以产品注册商标代替药品名称进行宣传,但经批准作为药品商品名称使用的文字型注册商标除外;已经审查批准的药品广告在广播电台发布时,可不播出药品广告批准文号。

二、药品广告的禁止性规范

药品广告内容的禁止性规范不仅数量多，而且较为琐碎。为了便于理解和识记，编者将其归纳为四类，即功能疗效禁止、合理使用禁止、形象（或名义）禁止以及特殊内容禁止。

1.功能疗效禁止

《药品广告审查发布标准》第六条明确规定："药品广告内容涉及药品适应症或者功能主治、药理作用等内容的宣传，应当以国务院食品药品监督管理部门批准的说明书为准，不得进行扩大或者恶意隐瞒的宣传，不得含有说明书以外的理论、观点等内容。"第十一条要求："非处方药广告不得利用公众对于医药学知识的缺乏，使用公众难以理解和容易引起混淆的医学、药学术语，造成公众对药品功效与安全性的误解。"

同时，第十条还明确规定："药品广告中有关药品功能疗效的宣传应当科学准确，不得出现下列情形：

"（一）含有不科学地表示功效的断言或者保证的；

"（二）说明治愈率或者有效率的；

"（三）与其他药品的功效和安全性进行比较的；

"（四）违反科学规律，明示或者暗示包治百病、适应所有症状的；

"（五）含有'安全无毒副作用'、'毒副作用小'等内容的；含有明示或者暗示中成药为'天然'药品，因而安全性有保证等内容的；

"（六）含有明示或者暗示该药品为正常生活和治疗病症所必需等内容的；

"（七）含有明示或暗示服用该药能应付现代紧张生活和升学、考试等需要，能够帮助提高成绩、使精力旺盛、增强竞争力、增高、益智等内容的；

"（八）其他不科学的用语或者表示，如'最新技术'、'最高科学'、'最先进制法'等。"

《广告法》（2015年版）第十六条也规定，医疗、药品、医疗器械广告不得含有"表示功效、安全性的断言或者保证""说明治愈率或者有效率""与其他药品、医疗器械的功效和安全性或者其他医疗机构比较"等内容。

2.合理使用禁止

根据《药品广告审查发布标准》第十二条的规定："药品广告应当宣传和引导合理用药，不得直接或者间接怂恿任意、过量地购买和使用药品，不得含有以下内容：

"（一）含有不科学的表述或者使用不恰当的表现形式，引起公众对所处健康状况和所患疾病产生不必要的担忧和恐惧，或者使公众误解不使用该药品会患某种疾病或加重病情的；

"(二)含有免费治疗、免费赠送、有奖销售、以药品作为礼品或者奖品等促销药品内容的；

"(三)含有'家庭必备'或者类似内容的；

"(四)含有'无效退款'、'保险公司保险'等保证内容的；

"(五)含有评比、排序、推荐、指定、选用、获奖等综合性评价内容的。"

3. 形象（或名义）禁止

《药品广告审查发布标准》对药品广告可能出现的一些形象（或名义）等内容也作出了具体规定。其第十三条规定，药品广告不得含有利用医药科研单位、学术机构、医疗机构或者专家、医生、患者的名义和形象作证明的内容；不得使用国家机关和国家机关工作人员的名义；不得含有军队单位或者军队人员的名义、形象，不得利用军队装备、设施从事药品广告宣传。

《广告法》(2015年版)第十六条规定，医疗、药品、医疗器械广告不得含有"利用广告代言人作推荐、证明"的内容。

另外，《广播电视广告播出管理办法》第三十七条规定："制作和播出药品、医疗器械、医疗和健康资讯类广告需要聘请医学专家作为嘉宾的，播出机构应当核验嘉宾的医师执业证书、工作证、职称证明等相关证明文件，并在广告中据实提示，不得聘请无有关专业资质的人员担当嘉宾。"

4. 特殊内容禁止

除了上述三类之外，药品广告还有一些特殊的内容禁止项目，具体包括三个子类别：

其一，禁止含有医疗机构或诊疗信息。《药品广告审查发布标准》第十六条规定："药品广告不得含有医疗机构的名称、地址、联系办法、诊疗项目、诊疗方法以及有关义诊、医疗(热线)咨询、开设特约门诊等医疗服务的内容。"

其二，禁止含有涉及公共信息、公共事件或其他与公共利益相关联的内容。《药品广告审查发布标准》第十四条要求，"药品广告不得含有涉及公共信息、公共事件或其他与公共利益相关联的内容，如各类疾病信息、经济社会发展成果或医药科学以外的科技成果"。

其三，禁止隐匿企业名称、单独出现"咨询热线""咨询电话"等内容。《药品广告审查发布标准》第七条规定："药品广告必须标明药品生产企业或者药品经营企业名称，不得单独出现'咨询热线'、'咨询电话'等内容。"

第三节　药品广告发布规范

药品广告的发布规范,主要涉及药品广告发布时的媒体禁止及限制规范和广告的可识别性规范。

一、药品广告的媒体禁止及限制规范

1.媒体类型禁止及限制

为了保护未成年人,《药品广告审查发布标准》第十五条规定:"药品广告不得在未成年人出版物和广播电视频道、节目、栏目上发布。药品广告不得以儿童为诉求对象,不得以儿童名义介绍药品。"

同时,在处方药和非处方药分类管理的基础上,我国对处方药广告的发布实行较为严格的媒体类型禁止和限制。《药品广告审查发布标准》第四条规定:"处方药可以在卫生部和国家食品药品监督管理局共同指定的医学、药学专业刊物①上发布广告,但不得在大众传播媒介发布广告或者以其他方式进行以公众为对象的广告宣传。不得以赠送医学、药学专业刊物等形式向公众发布处方药广告。"

《广告法》(2015年版)第十五条也明确规定,除了"麻醉药品、精神药品、医疗用毒性药品、放射性药品等特殊药品,药品类易制毒化学品,以及戒毒治疗的药品、医疗器械和治疗方法,不得作广告"外,"处方药,只能在国务院卫生行政部门和国务院药品监督管理部门共同指定的医学、药学专业刊物上作广告"。

《药品广告审查发布标准》第五条规定对药品广告的变相形式和冠名活动也做了限制,即"处方药名称与该药品的商标、生产企业字号相同的,不得使用该商标、企业字号在医学、药学专业刊物以外的媒介变相发布广告。不得以处方药名称或者以处方药名称注册的商标以及企业字号为各种活动冠名"。

2.媒体时段禁止

《药品广告审查发布标准》第九条规定,"药品广告中涉及改善和增强性功能内容的",除了"必须与经批准的药品说明书中的适应症或者功能主治完全一致"之外,还要求"电视台、广播电台不得在7:00—22:00发布"。

---

① 详见补充资料4.5。

补充资料4.5

可发布处方药广告的医学、药学专业刊物

自2002年3月29日公布第一批42份可以发布处方药广告的医学、药学专业刊物的名单以来,国家食品药品监督管理局和卫生部陆续发布了近30批名单。截止到编者检索之日,可发布处方药广告的医学、药学专业刊物共有563份[①],详见如下:

1.《中华传染病杂志》
2.《中华创伤杂志》
3.《中华儿科杂志》
4.《中华耳鼻咽喉科杂志》
5.《中华放射学杂志》
6.《中华放射医学与防护杂志》
7.《中华放射肿瘤学杂志》
8.《中华风湿病学杂志》
9.《中华妇产科杂志》
10.《中华肝胆外科杂志》
11.《中华肝脏病杂志》
12.《中华骨科杂志》
13.《中华航海医学与高压氧医学杂志》
14.《中华航空航天医学杂志》
15.《中华核医学杂志》
16.《中华急诊医学杂志》
17.《中华结核和呼吸杂志》
18.《中华精神科杂志》
19.《中华口腔医学杂志》
20.《中华劳动卫生职业病杂志》
21.《中华老年医学杂志》
22.《中华理疗杂志》
23.《中华流行病杂志》

24.《中华麻醉学杂志》
25.《中华泌尿外科杂志》
26.《中华内分泌代谢杂志》
27.《中华内科杂志》
28.《中华皮肤科杂志》
29.《中华普通外科杂志》
30.《中华器官移植杂志》
31.《中华烧伤杂志》
32.《中华神经科杂志》
33.《中华神经外科杂志》
34.《中华肾脏病杂志》
35.《中华实验和临床病毒学杂志》
36.《中华实验外科杂志》
37.《中华手外科杂志》
38.《安徽医药》
39.《安徽中医临床杂志》
40.《安徽医学》
41.《白求恩医科大学学报》
42.《白血病·淋巴瘤》
43.《北华大学学报》
44.《北京医学》
45.《北京中医》
46.《北京中医药大学学报》

---

① http://app1. sfda. gov. cn/datasearch/face3/base. jsp? tableId = 9&tableName = TA-BLE9&title=％BF％C9％B7％A2％B2％BC％B4％A6％B7％BD％D2％A9％B9％E3％B8％E6％B5％C4％D2％BD％D1％A7％D2％A9％D1％A7％D7％A8％D2％B5％BF％AF％CE％EF％C3％FB％B5％A5&bcId=118714841105038909139693024320,2016-07-24。

47.《滨州医学院学报》

48.《现代临床医学》

49.《创伤外科杂志》

50.《当代护士》

51.《当代医学》

52.《德国医学》

53.《第二军医大学学报》

54.《儿科药学》

55.《肝胆外科杂志》

56.《肝胆胰外科杂志》

57.《肝脏》

58.《高血压杂志》

59.《广东药学》

60.《广东医学》

61.《广西中医药》

62.《广州中医药大学学报》

63.《贵州医药》

64.《国际内科双语杂志》

65.《国际医药卫生导报》

66.《国外医学儿科学分册》

67.《国外医学耳鼻咽喉科学分册》

68.《国外医学放射医学核医学分册》

69.《国外医学分子生物学分册》

70.《国外医学妇产科学分册》

71.《国外医学妇幼保健分册》

72.《国外医学骨科学分册》

73.《国外医学呼吸系统分册》

74.《国外医学护理学分册》

75.《国外医学计划生育分册》

76.《国外医学寄生虫病分册》

77.《国外医学精神病学分册》

78.《国外医学口腔医学分册》

79.《国外医学老年医学分册》

80.《国外医学临床放射学分册》

81.《国外医学临床生物化学与检验学分册》

82.《国外医学流行病学传染病学分册》

83.《国外医学麻醉学与复苏分册》

84.《国外医学免疫学分册》

85.《国外医学内分泌学分册》

86.《国外医学内科学分册》

87.《中国普通外科杂志》

88.《中国全科医学》

89.《糖尿病之友》

90.《天津药学》

91.《天津医药》

92.《天津中医》

93.《天津中医学院学报》

94.《听力学及言语疾病杂志》

95.《外科理论与实践》

96.《微循环学杂志》

97.《维吾尔医药》

98.《卫生经济研究》

99.《卫生研究》

100.《胃肠病学》

101.《西北药学杂志》

102.《现代妇产科进展》

103.《现代护理》

104.《现代康复》

105.《现代神经疾病杂志》

106.《现代实用医学》

107.《现代医药卫生》

108.《现代预防医学》

109.《口腔医学》

110.《口腔医学纵横》

111.《辽宁药物与临床》

112.《辽宁中医杂志》

113.《临床儿科杂志》

114.《临床耳鼻咽喉科杂志》

115.《临床放射学杂志》

116.《临床肺科杂志》

117.《临床肝胆病杂志》

118.《临床骨科杂志》

119.《临床荟萃》

120.《临床精神医学杂志》

121.《临床口腔医学杂志》

122.《临床泌尿外科杂志》

123.《临床内科杂志》

124.《临床皮肤科杂志》

125.《临床神经病学杂志》

126.《临床外科杂志》

127.《临床误诊误治》

128.《临床消化病杂志》

129.《临床心血管病杂志》

130.《临床血液学杂志》

131.《临床眼科杂志》

132.《临床与实验病理学杂志》

133.《岭南现代临床外科》

134.《美国医学会眼科杂志(中文版)》

135.《美国医学会杂志(中文版)》

136.《内蒙古中医药》

137.《南京医科大学学报》

138.《脑与神经疾病杂志》

139.《宁夏医学杂志》

140.《皮肤病与性病》

141.《人参研究》

142.《山东生物医学工程》

143.《山东医大基础医学院学报》

144.《山东医科大学学报》

145.《山东医药》

146.《山东医药工业》

147.《山东中医杂志》

148.《山西临床医药》

149.《山西医科大学学报》

150.《山西医药杂志》

151.《山西中医》

152.《山西中医学院学报》

153.《伤残医学杂志》

154.《上海护理》

155.《上海医学》

156.《上海医药》

157.《神经疾病与精神卫生》

158.《沈阳药科大学学报》

159.《生物医学工程与临床》

160.《时珍国医国药》

161.《实用癌症杂志》

162.《实用儿科临床杂志》

163.《实用妇产科杂志》

164.《实用骨科杂志》

165.《实用护理杂志》

166.《实用老年医学》

167.《实用临床医学》

168.《实用乡村医学杂志》

169.《实用医学影像杂志》

170.《实用医学杂志》

171.《实用预防医学》

172.《实用中医药杂志》

173.《实用肿瘤杂志》

174.《世界华人消化杂志》

175.《世界科学技术(中药现代化)》

176.《世界医学杂志》

177.《首都医药》

178.《四川医学》

179.《现代诊断与治疗》

180.《中国烧伤创疡杂志》

181.《中国老年保健医学》

182.《药品评价》

183.《实用糖尿病杂志》

184.《医学信息》

185.《中国病案》

186.《循证医学》

187.《中国性科学》

188.《中国药物警戒》

189.《中国脑血管病杂志》

190.《医学研究通讯》

191.《医药产业资讯》

192.《中国急救复苏与灾害医学杂志》

193.《中国医药生物技术》

194.《中国医药》

195.《药物不良反应杂志》

196.《药物分析杂志》

197.《药物流行病学杂志》

198.《药物生物技术》

199.《药学服务与研究》

200.《药学进展》

201.《药学实践杂志》

202.《药学学报》

203.《医师进修杂志》

204.《医学理论与实践》

205.《医学文选》

206.《医学与哲学》

207.《医药导报》

208.《医药经济报》

209.《医药世界》

210.《医药新知杂志》

211.《胰腺病学》

212.《疑难病杂志》

213.《英国医学杂志(中文版)》

214.《预防医学文献信息》

215.《云南医药》

216.《云南中医中药杂志》

217.《浙江创伤外科》

218.《浙江大学学报(医学版)》

219.《浙江临床医学》

220.《浙江实用医学》

221.《浙江医学》

222.《浙江中西医结合杂志》

223.《浙江中医杂志》

224.《针灸临床杂志》

225.《中草药》

226.《中成药》

227.《中风与神经疾病杂志》

228.《中国初级卫生保健》

229.《中国处方药》

230.《中国当代儿科杂志》

231.《中国地方病学杂志》

232.《中国动脉硬化杂志》

233.《中国耳鼻咽喉颅底外科杂志》

234.《中国防痨杂志》

235.《中国辐射卫生》

236.《中国妇幼保健》

237.《中国肛肠病杂志》

238.《中国工业医学杂志》

239.《中国骨伤》

240.《中国海洋药物杂志》

241.《中国航天医药杂志》

242.《中国基层医药》

243.《中国激光医学杂志》

244.《中国急救医学》

245.《中国健康教育》

246.《中国健康月刊》

247.《中国矫形外科杂志》

248.《中国介入心脏病学杂志》

249.《中国康复理论与实践》

250.《中国康复医学杂志》

251.《中国抗感染化疗杂志》

252.《中国抗生素杂志》

253.《中国老年学杂志》

254.《中国疗养医学》

255.《中国临床心理学杂志》

256.《中国临床药理学与治疗学》

257.《中国临床药理学杂志》

258.《中国临床药学杂志》

259.《中国临床医生》

260.《中国临床医学影像杂志》

261.《中国临床医学杂志》

262.《中国临床营养杂志》

263.《中国麻风皮肤病杂志》

264.《中国美容医学》

265.《中国免疫学杂志》

266.《中国民政医学杂志》

267.《中国民族医药杂志》

268.《中国内镜杂志》

269.《四川中医》

270.《现代中西医结合杂志》

271.《中国社区医师》

272.《中国神经精神疾病杂志》

273.《中国神经科学杂志》

274.《中国神经免疫学和神经病学杂志》

275.《中国生化药物杂志》

276.《中国生物制品学杂志》

277.《中国生育健康杂志》

278.《中国实验血液学杂志》

279.《中国实用儿科杂志》

280.《中国实用妇科与产科杂志》

281.《中国实用内科杂志》

282.《中国实用外科杂志》

283.《中国糖尿病杂志》

284.《中国天然药物》

285.《中国危重病急救医学》

286.《中国微侵袭神经外科杂志》

287.《中国卫生》

288.《中国卫生经济》

289.《中国卫生人才》

290.《中国误诊学杂志》

291.《中国现代手术学杂志》

292.《中国现代应用药学》

293.《中国现代医学杂志》

294.《中国乡村医药》

295.《中国心脏起搏与心电生理杂志》

296.《中国新药与临床杂志》

297.《中国新药杂志》

298.《中国行为医学科学》

299.《中国性病艾滋病防治》

300.《中国胸心血管外科临床杂志》

301.《中国学校卫生》

302.《中国血液净化》

303.《中国循环杂志》

304.《中国药店》

305.《中国药房》

306.《中国药科大学学报》

307.《中国药理学通报》

308.《中国药品标准》

309.《中国药品监督管理年鉴》

310.《中国药师》

311.《中国药事》

312.《中国药物化学杂志》

313.《中国药物滥用防治杂志》

314.《中国药物依赖性杂志》

315.《中国药学文摘》

316.《中国药学杂志》

317.《中国药业》

318.《中国冶金工业医学杂志》

319.《中国医刊》

320.《中国医师杂志》

321.《中国医学计算机成像杂志》

322.《中国医学科学院学报》

323.《中国医学论坛报》

324.《中国医学文摘:儿科学》

325.《中国医学文摘:耳鼻喉科学》

326.《中国医学文摘:护理学》

327.《中国医学文摘:基础医学》

328.《中国医学文摘:口腔医学》

329.《中国医学文摘:内科学》

330.《中国医学文摘:卫生学》

331.《中国医学文摘:眼科学》

332.《中国医学文摘:中医》

333.《中国医药报》

334.《中国医药导刊》

335.《中国医药工业杂志》

336.《中国医药学报》

337.《中国医药指南》

338.《中国医院》

339.《中国医院管理》

340.《中国医院统计》

341.《中国医院药学杂志》

342.《中国中西医结合耳鼻咽喉科杂志》

343.《中国中西医结合肾病杂志》

344.《中国中西医结合外科杂志》

345.《中国中西医结合消化杂志》

346.《中国中西医结合杂志》

347.《中国中西医结合杂志(英文版)》

348.《中国中药杂志》

349.《中国中医基础医学杂志》

350.《中国中医急症》

351.《中国中医眼科杂志》

352.《中国中医药报》

353.《中国中医药信息杂志》

354.《中国肿瘤临床》

355.《中国肿瘤生物治疗杂志》

356.《糖尿病天地》

357.《南京中医药大学学报》

358.《食品与药品》

359.《国外医学:脑血管疾病分册》

360.《国外医学:皮肤性病学分册》

361.《国外医学情报》

362.《国外医学:神经病学神经外科学分册》

363.《国外医学:生理病理科学与临床分册》

364.《国外医学:外科学》

365.《国外医学:微生物学》

366.《国外医学:卫生学》

367.《国外医学:物理医学与康复》

368.《国外医学:消化系统疾病》

369.《国外医学:心血管疾病》

370.《国外医学:眼科学》

371.《国外医学:药学》

372.《国外医学:医学教育》

373.《医院管理论坛》

374.《国外医学遗传学》

375.《国外医学:预防诊断治疗用生物制品》

376.《国外医学:中医中药》

377.《国外医学肿瘤学》

378.《国外医药:合成药、生化药、制剂》

379.《国外医药:抗生素》

380.《国外医药:植物药》

381.《海峡药学》

382.《航空航天医药》

383.《河北医科大学学报》

384.《河北医药》

385.《河北中医》

386.《河南医药信息》

387.《河南诊断与治疗杂志》

388.《河南中医》

389.《黑龙江医学》

390.《黑龙江医药》

391.《湖北中医》

392.《湖南中医药导报》

393.《湖南中医杂志》

394.《护理研究》

395.《华西口腔医学杂志》

396.《华西药学杂志》

397.《华中医学杂志》

398.《淮海医药》

399.《基层中药杂志》

400.《吉林医学》

401.《吉林中医药》

402.《疾病控制杂志》

403.《健康报》

404.《江苏药学与临床研究》

405.《江苏医药》

406.《江苏中医药》

407.《江西中医药》

408.《结核与肺部疾病杂志(中文版)》

409.《解放军护理杂志》

410.《解放军药学学报》

411.《介入放射学杂志》

412.《井冈山医专学报》

413.《颈腰痛杂志》

414.《中国药物经济学杂志》

415.《中国现代医生》

416.《中国医药导报》

417.《世界中西医结合杂志》

418.《中国脊柱脊髓杂志》

419.《世界临床医学》

420.《世界中医药》

421.《中华全科医师杂志》

422.《药学与临床研究》

423.《中国肺癌杂志》

424.《中国民族民间医药》

425.《中国卒中杂志》

426.《中华健康管理学杂志》

427.《中国男科学杂志》

428.《中国医学创新》

429.《中国当代医药》

430.《中国心血管杂志》

431.《中外医疗》

432.《中国心理卫生杂志》

433.《麻醉与镇痛(中文版)》

434.《癌症进展》

435.《中国骨与关节外科》

436.《中国临床神经科》

437.《中国循证儿科杂志》

438.《肝博士》

439.《肿瘤学杂志》

440.《亚洲男性学杂志》

441.《内科理论与实践》

442.《诊断学理论与实践》

443.《上海精神医学》

444.《中华糖尿病杂志》

445.《中国综合临床》

446.《中华病理学杂志》

447.《中华超声影像学杂志》

448.《中国现代应用药学》

449.《消化外科》

450.《小儿急救医学》

451.《心电学杂志》

452.《心脑血管病防治》

453.《新疆医药保健》

454.《新乡医学院学报》

455.《新医学》

456.《新中医》

457.《延边医学》

458.《眼科新进展》

459.《眼科研究》

460.《眼视光学杂志》

461.《眼外伤职业眼病杂志》

462.《中华外科杂志》

463.《中华微生物和免疫学杂志》

464.《中华围产医学杂志》

465.《中华胃肠外科杂志》

466.《中华物理医学与康复杂志》

467.《中华显微外科杂志》

468.《中华消化内镜杂志》

469.《中华消化杂志》

470.《中华小儿外科杂志》

471.《中华心律失常学杂志》

472.《中华心血管病杂志》

473.《中华胸心血管外科杂志》

474.《中华血液学杂志》

475.《中华眼底病杂志》

476.《中华眼科杂志》

477.《中华医史杂志》

478.《中华医学检验杂志》

479.《中华医学科研管理杂志》

480.《中华医学美容杂志》

481.《中华医学信息导报》

482.《中华医学遗传学杂志》

483.《中华医学杂志》

484.《中华医学杂志(英文版)》

485.《中华医院管理杂志》

486.《中华预防医学杂志》

487.《中华整形外科杂志》

488.《中华肿瘤杂志》

489.《中山医科大学学报》

490.《中文科技资料目录:中草药》

491.《中西医结合肝病杂志》

492.《中药材》

493.《中药新药与临床药理》

494.《中医教育》

495.《中医外治杂志》

496.《中医研究》

497.《中药研究与信息》

498.《中医药信息》

499.《中医药学报》

500.《中医药学刊》

501.《中西医结合心脑血管病杂志》

502.《中医杂志》

503.《中医正骨》

504.《肿瘤》

505.《肿瘤防治研究》

506.《肿瘤防治杂志》

507.《肿瘤研究与临床》

508.《重庆医学》

509.《卒中与神经疾病》

510.《中国医院用药评价与分析》

511.《临床药物治疗杂志》

512.《中西医结合学报》

513.《临床小儿外科杂志》

514.《实用肝脏病杂志》

515.《医院院长论坛——首都医科大学学报(社会科学版)》

516.《医药导报(报纸)》

517.《现代医院报》

518.《中南药学》

519.《医学临床研究》

520.《脊柱外科杂志》

521.《解放军医学杂志》

522.《人民军医》

523.《临床护理杂志》

524.《中国临床保健杂志》

525.《中国地方病防治杂志》

526.《中国执业药师》

527.《中国心血管病研究》

528.《中国卫生产业》

529.《海南医学》

530.《国家执业医师资格考试临床医师应试指导(2004版)》

531.《中国药品监管》

532.《实用中西医结合临床》

533.《抗感染学》

534.《中国热带医学》

535.《实用手外科杂志》

536.《全科医学临床与教育》

537.《北方药学》

538.《中国中西医结合急救杂志》

539.《糖尿病新世界》

540.《中国药物应用与监测》

541.《中华消化外科杂志》

542.《中华临床感染病杂志》

543.《中华老年心血管病杂志》

544.《中华临床免疫和变态反应杂志》

545.《中华骨质疏松和骨矿盐疾病杂志》

546.《中国执业药师》

547.《临床麻醉学杂志》

548.《中国癌症杂志》

549.《肿瘤防治研究》

550.《现代泌尿生殖肿瘤杂志》

551.《现代肿瘤医学》

552.《中华老年心脑血管病杂志》

553.《中国药物应用与监测》

554.《中国医药科学》

555.《中国医疗保险》

556.《中国卫生资源》

557.《环境与职业医学》

558.《现代泌尿外科杂志》

559.《国际泌尿系统杂志》

560.《中国卫生标准管理》

561.《中国继续医学教育》

562.《中国健康心理学杂志》

563.《中华创伤骨科杂志》

二、药品广告的可识别性规范

与医疗器械广告相类似,药品广告的识别性规范主要有两类,即通用性规定和特殊性规定。

1.通用性规定

通用性规定,是所有广告的共同要求。《广告法》(2015 年版)第十四条规定:"广告应当具有可识别性,能够使消费者辨明其为广告。大众传播媒介不得以新闻报道形式变相发布广告。通过大众传播媒介发布的广告应当显著标明'广告',与其他非广告信息相区别,不得使消费者产生误解。"

2.特殊性规定

特殊性规定,是考虑到药品广告的特殊性,有针对性地制定的有关广告可识别性的规定。

《广告法》(2015 年版)第十九条规定:"广播电台、电视台、报刊音像出版单位、互联网信息服务提供者不得以介绍健康、养生知识等形式变相发布医疗、药品、医疗器械、保健食品广告。"

另外,如前所述,"药品广告中必须标明药品的通用名称、忠告语、药品广告批准文号、药品生产批准文号;以非处方药商品名称为各种活动冠名的,可以只发布药品商品名称。药品广告必须标明药品生产企业或者药品经营企业名称,不得单独出现'咨询热线'、'咨询电话'等内容。非处方药广告必须同时标明非处方药专用标识(OTC)"。根据《药品广告审查发布标准》,上述"规定必须在药品广告中出现的内容,其字体和颜色必须清晰可见、易于辨认。上述内容在电视、电影、互联网、显示屏等媒体发布时,出现时间不得少于 5 秒"。

补充资料 4.6

药品广告违法处罚

编者根据《药品广告审查办法》和《药品广告审查发布标准》的相关规定,将药品广告违法处罚方式[①]列表如下。

---

① 此表暂未涉及《广告法》(2015 年版)有关违法广告的处罚规定。

表 4-3　药品广告违法处罚方式

处罚机构	主要违法情节	处罚措施	备注
药品广告审查机关(省、自治区、直辖市食品药品监督管理部门)	1.《药品生产许可证》《药品经营许可证》被吊销的; 2.药品批准证明文件被撤销、注销的; 3.国家食品药品监督管理局或者省、自治区、直辖市药品监督管理部门责令停止生产、销售和使用的药品	注销药品广告批准文号	
	篡改经批准的药品广告内容进行虚假宣传的	责令立即停止该药品广告的发布,撤销该品种药品广告批准文号,1年内不受理该品种的广告审批申请	
	对任意扩大产品适应症(功能主治)范围、绝对化夸大药品疗效、严重欺骗和误导消费者的违法广告	1.应当采取行政强制措施,暂停该药品在辖区内的销售,同时责令违法发布药品广告的企业在当地相应的媒体发布《更正启事》; 2.违法发布药品广告的企业按要求发布《更正启事》后,应当在15个工作日内作出解除行政强制措施的决定; 3.需要进行药品检验的,应当自检验报告书发出之日起15日内,作出是否解除行政强制措施的决定	
	对提供虚假材料申请药品广告审批,被药品广告审查机关在受理审查中发现的	1年内不受理该企业该品种的广告审批申请	
	对提供虚假材料申请药品广告审批,取得药品广告批准文号的	在发现后应当撤销该药品广告批准文号,并3年内不受理该企业该品种的广告审批申请	
	异地发布药品广告未向发布地药品广告审查机关备案的	发布地药品广告审查机关发现后,应当责令限期办理备案手续,逾期不改正的,停止该药品品种在发布地的广告发布活动	
	对未经审查批准发布的药品广告,或者发布的药品广告与审查批准的内容不一致的	应当依据《广告法》第四十三条①规定予以处罚	
		构成虚假广告或者引人误解的虚假宣传的,广告监督管理机关依据《广告法》第三十七条②、《反不正当竞争法》第二十四条规定予以处罚	

---

　　① 《广告法》(1995年版)的第四十一条已与第四十三条合并,并调整为《广告法》(2015年版)的第五十八条。详见第十四章。

　　② 《广告法》(1995年版)的第三十七条已调整为《广告法》(2015年版)的第五十七条。详见第十四章。

续　表

处罚机构	主要违法情节	处罚措施	备　注
广告监督管理机关（县级以上工商行政管理部门）	违反《药品广告审查发布标准》规定发布的广告,构成虚假广告或者引人误解的虚假宣传的	依照《广告法》第三十七条、《反不正当竞争法》第二十四条处罚	
	违反《药品广告审查发布标准》第四条①、第五条②规定发布药品广告的	依照《广告法》第三十九条⑤处罚	
	违反《药品广告审查发布标准》第三条③、第六条④等规定发布药品广告的	依照《广告法》第四十一条⑧处罚	
	违反《药品广告审查发布标准》其他规定发布广告	《广告法》有规定的,依照《广告法》处罚	
		《广告法》没有具体规定的,对负有责任的广告主、广告经营者、广告发布者,处以一万元以下罚款;有违法所得的,处以违法所得三倍以下但不超过三万元的罚款	

延伸阅读：

1. 史立臣. 药品植入广告成监管盲区［EB/OL］.（2016-10-22）［2017-10-09］. http://blog. sina. com. cn/s/blog_49daafc30102xaja. html.

2. 刘双舟. 对影视剧药品植入式广告法律规制的思考［EB/OL］.（2017-01-25）

---

①⑧　处方药可以在卫生部和国家食品药品监督管理局共同指定的医学、药学专业刊物上发布广告,但不得在大众传播媒介发布广告或者以其他方式进行以公众为对象的广告宣传。不得以赠送医学、药学专业刊物等形式向公众发布处方药广告。

②　处方药名称与该药品的商标、生产企业字号相同的,不得使用该商标、企业字号在医学、药学专业刊物以外的媒介变相发布广告。不得以处方药名称或者以处方药名称注册的商标以及企业字号为各种活动冠名。

③　下列药品不得发布广告:(一)麻醉药品、精神药品、医疗用毒性药品、放射性药品;(二)医疗机构配制的制剂;(三)军队特需药品;(四)国家食品药品监督管理局依法明令停止或者禁止生产、销售和使用的药品;(五)批准试生产的药品。

④　药品广告内容涉及药品适应症或者功能主治、药理作用等内容的宣传,应当以国务院食品药品监督管理部门批准的说明书为准,不得进行扩大或者恶意隐瞒的宣传,不得含有说明书以外的理论、观点等内容。

⑤　《广告法》(1995年版)的第三十九条已与第四十条、第四十一条合并,并调整为《广告法》(2015年版)的第五十七条。详见第十四章。

[2017-10-09]. http://www.cssn.cn/fx/fx_rdty/201701/t20170131_3400523.shtml.

3. 任瑜,褚淑贞. 互联网药品广告的创新监管模式探讨[J]. 现代经济信息,2016(24):131.

4. 林丽鹏. 真专家代言药品广告也违法,灰色链条上的主体要受何种惩罚[EB/OL]. (2017-06-26)[2017-09-09]. http://health.people.com.cn/n1/2017/0626/c14739-29362135.html,2017-06-26.

5. 袁飞. 厘清药品虚假广告法律责任[EB/OL]. (2017-06-19)[2017-10-09]. http://www.sohu.com/a/150030610_708049.

6. 王博林. 我国药品广告监管的法律现状及思考[J]. 时代农机,2017,44(3):114—116.

第五章　食品广告法规

从法律意义上说,食品是指各种供人食用或者饮用的成品和原料以及按照传统既是食品又是中药材的物品,但是不包括以治疗为目的的物品。[①]

近年来,伴随着食品安全事件的频发,食品安全日益成为全社会共同关注的重大问题。事实上,改革开放以来,我国颁布了十余部与食品广告相关的法律法规,建立了较为完整的食品广告监管框架,并一度建立了食品广告全面审查制度。

但是,在我国加入世界贸易组织之后,我国政府大规模清理和规范行政许可,最终食品广告中只保留了保健食品广告需要经过行政审查的内容。基于此,有关食品广告法律法规经历了一次较大规模的调整,最终形成了《食品广告发布暂行规定(修正)》《保健食品广告审查暂行规定》《食品广告监管制度》三部最重要的部门规章。在此,编者以上述三部部门规章为基础,结合《广告法》《中华人民共和国食品安全法》(以下简称《食品安全法》)等,对食品广告法规尤其是保健食品广告的法律规范进行梳理。

表 5-1　食品广告相关法规一览表

序号	名称	颁布机构	颁布日期	施行日期	有效性
1	《广告管理暂行条例》	国务院	1982-02-06	1982-05-01	失效
	《广告管理条例》		1987-10-26	1987-12-01	有效
2	《广告管理条例施行细则》	国家工商行政管理局	1988-01-09	1988-01-09	修订
			1998-12-03	1998-12-03	修订
			2000-12-01	2000-12-01	修订
			2004-11-30	2005-01-01	修订
			2011-12-12	2012-01-01	废止 (2016-04-29)
3	《食品广告管理办法》	国家工商行政管理局、卫生部	1993-08-30	1993-10-01	失效 (2004-08-31)

[①] 《中华人民共和国食品安全法》第一百五十条。

续　表

序　号	名　称	颁布机构	颁布日期	施行日期	有效性
4	《广告法》	全国人民代表大会常务委员会	1994-10-27	1995-02-01	修订
			2015-04-24	2015-09-01	有效
5	《食品广告发布暂行规定》	国家工商行政管理局	1996-12-30	1996-12-30	修订
			1998-12-03	1998-12-03	修订
			2015-07-09	2015-09-01	有效
6	《对确需保留的行政审批项目设定行政许可的决定》	国务院	2004-06-29	2004-06-29	有效
7	《保健食品广告审查暂行规定》	国家食品药品监督管理局	2005-05-24	2005-07-01	有效
8	《食品广告监管制度》	国家工商行政管理总局	2009-08-28	2009-08-28	有效
9	《中华人民共和国食品安全法》	全国人民代表大会常务委员会	2009-02-28	2009-06-01	修订
			2015-04-24	2015-10-01	有效

第一节　食品广告的基本制度与规范

一、食品广告审查制度的沿革

广告审查特指政府相关部门在广告发布前对广告开展的行政性审查，是广告行政管理的重要手段，也是重要的广告管理制度。改革开放以来，食品广告审查制度经历了较大的调整，呈现出从出证到全面审查，再到部分审查的演变过程。

1. 出证

日常生活中使用的"广告出证"概念，实际上有三种含义。其一是行政性审查，其二是技术性出证，其三是行业协会的认证。在此，广告出证特指"技术出证"（Issue Certificate），不包括广告的行政性审查和行业协会的认证。① 即，广告出证就是根据相关法律法规和规章规定，由相关部门提供相关技术性证明文件。

根据我国第一部全国性广告管理法规，即由国务院颁布、于 1982 年 5 月 1 日施行

---

① 陈柳裕，唐明良. 广告监管中的法与理[M]. 北京:社会科学文献出版社,2009:176.

的《广告管理暂行条例》，"广告刊户申请刊登、播放、设置、张贴食品类商品广告时，应当出具卫生机关的证明"。也就是说，食品广告在发布时，需提交卫生机关提供的相关证明文件。无疑，这一规定确定了食品广告的出证制度。

此后，取代上述《广告管理暂行条例》的《广告管理条例》于1987年12月1日施行，规定申请刊播、设置、张贴"其他各类广告，需要提交证明的应当提交政府有关部门或者其授权单位的证明"。可见，《广告管理条例》沿用了食品广告的出证制度。只不过，在该条文中食品并没有被单独列出，而是隐藏在其他各类广告之中。

2. 全面审查

与上述《广告管理条例》相配套的《广告管理条例实施细则》，由国家工商行政管理局颁布。该细则第十四条明确规定："食品广告，应当提交所在地（市）级以上食品卫生监督机构批准的《食品广告审批表》。"这一条文实际上改变了食品广告出证制度，确立了食品广告的行政性审查制度，即由食品卫生监督机构对所有的食品广告进行行政性审查。

1993年10月1日施行的《食品广告管理办法》（2004年8月31日失效）规定："申请发布食品广告，必须持有食品卫生监督机构出具的《食品广告证明》；未有该证明的，不得发布广告。"虽然该办法使用了"食品广告证明"的表述，但其第八条第一款指出："食品卫生监督机构在出具《食品广告证明》时，应当查验证明材料，审查广告内容，在15日内作出决定。"可见，食品广告证明文件所涉及的审查，并不是该办法声称的"专业技术内容的出证"，而是对食品广告内容的行政性审查。

值得一提的是，这种行政性审查制度是由国家工商行政管理总局颁布的部门规章设立的，其法理依据明显不足。而且，即使是1995年2月1日施行的《广告法》，也并没有相关条文支持这一制度。但是，这一制度依然延续了15年之久。

3. 重点类型审查

2001年12月11日，我国正式成为世界贸易组织成员。以此为起点，为了深化行政管理体制改革，促进政府职能转变，完善市场经济体制，我国政府启动了行政审批制度改革工作，分阶段、分步骤地清理不符合WTO精神与要求的行政审批项目。

2004年6月29日，国务院发布《对确需保留的行政审批项目设定行政许可的决定》，明确规定保留并设定500项行政许可，其中第357项"保健食品广告审查由地（市）级以上地方人民政府食品药品监管部门"的规定，意味着我国食品广告管理制度的重大调整：

其一，行政性审查范围的缩减，即从原有所有食品广告均需进行行政性审查，缩减至仅有保健食品广告需要经过行政性审查,其他食品广告均无须进行行政性审查。

其二,行政性审查机构的调整,即从原来的卫生行政管理部门,调整为食品药品监督管理部门。[①] 2005 年 5 月 24 日,国家食品药品监督管理局发布《保健食品广告审查暂行规定》,明确规定:"国家食品药品监督管理局指导和监督保健食品广告审查工作。省、自治区、直辖市(食品)药品监督管理部门负责本辖区内保健食品广告的审查。县级以上(食品)药品监督管理部门应当对辖区内审查批准的保健食品广告发布情况进行监测。"

其三,恢复食品广告的出证制度,将其作为食品广告管理的基础性制度。2004 年 11 月 30 日,国家工商行政管理总局发布《广告管理条例施行细则》的修订版,取消了上述食品广告审查的条文,同时恢复了出证制度,即"广告客户申请刊播、设置、张贴广告,应当提交各类证明的原件或有效复制件"。

根据《食品广告发布暂行规定(修正)》,食品可以分为四种类型:普通食品、保健食品、新资源食品和特殊营养食品。[②] 广告主发布不同类型的食品广告,应当具有或者提供下列真实、合法、有效的证明文件:

"(一)营业执照;

"(二)卫生许可证;

"(三)保健食品广告,应当具有或者提供国务院卫生行政部门核发的《保健食品批准证书》、《进口保健食品批准证书》;

"(四)新资源食品广告,应当具有或者提供国务院卫生行政部门的新资源食品试生产卫生审查批准文件或者新资源食品卫生审查批准文件;

"(五)特殊营养食品广告,应当具有或者提供省级卫生行政部门核发的准许生产

[①] 1998 年以前,我国负责食品广告审查的是卫生行政部门。1998 年,根据《国务院关于机构设置的通知》,组建国务院直属机构——国家药品监督管理局(SDA)。2003 年,根据《国务院机构改革方案》,在国家药品监督管理局的基础上,国家食品药品监督管理局(SFDA)正式挂牌成立,除原职能处,还负责食品、保健品、化妆品的监督管理。2008 年,根据《国务院机构改革方案》,国家食品药品监督管理局由卫生部管理。2013 年 3 月 22 日,国家食品药品监督管理局更名为"国家食品药品监督管理总局"(CFDA),成为国务院综合监督管理药品、医疗器械、化妆品、保健食品和餐饮环节食品安全的正部级直属机构。

[②] 根据《食品广告发布暂行规定(修订)》的定义,保健食品是指具有特定保健功能,适宜于特定人群,具有调节机体功能,不以治疗疾病为目的的食品。新资源食品是指以在我国新研制、新发现、新引进的无食用习惯或者仅在个别地区有食用习惯的,符合食品基本要求的物品生产的食品。特殊营养食品是指通过改变食品的天然营养素的成分和含量比例,以适应某些特殊人群营养需要的食品。另外,《保健食品注册管理办法(试行)》对保健食品的界定略有变化。根据该办法第二条的规定,保健食品是指声称具有特定保健功能或者以补充维生素、矿物质为目的的食品。即适宜于特定人群食用,具有调节机体功能,不以治疗疾病为目的,并且对人体不产生任何急性、亚急性或者慢性危害的食品。

的批准文件;

"(六)进口食品广告,应当具有或者提供输出国(地区)批准生产的证明文件,口岸进口食品卫生监督检验机构签发的卫生证书,中文标签;

"(七)关于广告内容真实性的其他证明文件。"

表 5-2 食品广告的主要类型及其发布时应提交的证明文件

序号	类型	法律界定	证明文件
1	所有食品广告	/	营业执照
2			卫生许可证
3	保健食品广告	指具有特定保健功能,适宜于特定人群,具有调节机体功能,不以治疗疾病为目的的食品	国务院卫生行政部门核发的《保健食品批准证书》《进口保健食品批准证书》
4	新资源食品广告	指以在我国新研制、新发现、新引进的无食用习惯或者仅在个别地区有食用习惯的,符合食品基本要求的物品生产的食品	国务院卫生行政部门的新资源食品试生产卫生审查批准文件或者新资源食品卫生审查批准文件
5	特殊营养食品广告	指通过改变食品的天然营养素的成分和含量比例,以适应某些特殊人群营养需要的食品	省级卫生行政部门核发的准许生产的批准文件
6	进口食品广告	/	输出国(地区)批准生产的证明文件,口岸进口食品卫生监督检验机构签发的卫生证书,中文标签
7	所有食品广告	/	关于广告内容真实性的其他证明文件

至此,食品广告管理的出证制度与审查制度正式分离开来,并各归其位。所有食品广告均需要提供相关技术性证明文件,而唯独保健食品作为重点监管类型,必须经过法定的广告发布前审查。"双轨制"成为我国食品广告监管最为突出的特征。

补充资料 5.1

炒作"非转基因"卖点违反广告法①

近日,农业部向国家工商总局发函,商请要求加强对涉及转基因广告的管理。10 月

---

① 金煜. 农业部:炒作"非转基因"卖点违反广告法[EB/OL]. (2014-10-15)[2017-04-09]. http://js. people. cn/n/2014/1015/c360305-22613321. html.

9 日,央视广告部门官微称禁止对非转基因广告使用"更健康、更安全"等误导性广告词。

前日,农业部新闻发言人毕美家对媒体称,把"非转基因"作为卖点炒作的行为违反了广告法等相关法规。

无转基因作物品种广告禁用"非转基因"

10 月 9 日,央视广告经营管理中心官微发布消息称,将对涉及转基因、非转基因的产品广告加强审查,其中,在我国和全球均无转基因品种商业化种植的作物如水稻、花生及其加工品的广告,禁止使用非转基因广告词;对已有转基因品种商业化种植的大豆、油菜等产品及其加工品广告,除按规定收取证明材料外,禁止使用非转基因效果的词语,如更健康、更安全等误导性广告词。

该官微称,此举是因为农业部向国家工商总局发了《农业部办公厅关于商请对涉及转基因广告加强管理的函》,国家工商总局将加强对非转基因广告的监督审查工作。

记者获悉,农业部近期的确向国家工商总局发函,商请加强对涉转基因产品广告的管理,但该函为内部公文,并未公开。

"非转基因"为卖点加剧了公众恐慌

前日,农业部总经济师、新闻发言人毕美家对媒体表示,有的企业利用部分消费者对转基因技术的认知欠缺和焦虑心理,把"非转基因"作为卖点加以炒作的做法实是商业包装,不仅违反了广告法等相关法规,导致行业竞争的无序,还加剧了公众对于转基因技术的恐慌情绪。

毕美家称,转基因和非转基因商战的背后,是企业的利益之争,与转基因食品安全性并无本质关联。

说法:应改进"非转基因"标示制度

专家表示,当前市面上多数粮油企业曾涉转基因诱导性广告。

国家转基因生物安全委员会委员、中国农科院生物技术研究所原所长黄大昉表示,目前存在用"非转基因"作为卖点进行炒作和虚假宣传的产品,主要集中在粮油广告上。

黄大昉称,有一些产品,比如花生油,本身和转基因作物没有任何关系,因为全球都没有转基因花生,这种情况下依然打着"非转基因"的广告,就形成了不正当竞争,"这样的广告应取缔"。

常年关注涉转基因广告不正当竞争的京悦律师事务所合伙人王少华表示,央视此举针对两类广告,一类是和转基因作物没有任何关系的产品如花生油、葵花籽油等,此类产品广告中使用"非转基因"一词就会对其他企业造成不正当竞争。

王少华介绍,另一类则是原料中有转基因,也存在非转基因作物的产品,这种情况下使用了"更健康、更安全"等误导性词语,也形成了虚假宣传。

王少华称,据其观察,目前市场上大多品牌的粮油企业,都曾或还在进行涉转基因的诱导性广告。而这些诱导性广告违反了广告法和不正当竞争法。

此外,黄大昉表示,国家目前对大豆等主要作物实施"零容忍"原则,即只有百分之百无转基因成分才能标示为"非转基因"。

黄大昉称,目前国际上标示制度都存在很多争议和讨论,我国也应进一步改进标示制度。

二、食品广告基本规范

虽然除了保健食品外,其他食品广告无须经过行政性审查,但是相关法律法规依然面向所有食品类型,规定了食品广告必须遵循的基本规范。归纳起来,主要有几个方面。

1.基本原则

《食品广告发布暂行规定(修订)》第三条规定:"食品广告必须真实、合法、科学、准确,符合社会主义精神文明建设的要求,不得欺骗和误导消费者。"

《食品安全法》第七十三条也规定,"食品广告的内容应当真实合法,不得含有虚假内容","食品生产经营者对食品广告内容的真实性、合法性负责"。

对此,《广告法》(2015年版)有类似的规定,其第三条指出:"广告应当真实、合法,以健康的表现形式表达广告内容,符合社会主义精神文明建设和弘扬中华民族优秀传统文化的要求。"同时,第四条强调:"广告不得含有虚假或者引人误解的内容,不得欺骗、误导消费者。广告主应当对广告内容的真实性负责。"

这些既是食品广告应该遵循的基本原则,也是所有广告必须遵守的基本规范。

2.类型禁止

在此,类型禁止主要是指禁止特定类型食品发布广告,禁止不同类型食品在广告中相互混淆,以及禁止食品广告中出现与其他类型产品(主要是指药品)相混淆的用语。

其一,特定类型食品禁止发布广告。《食品广告发布暂行规定(修订)》第四条规定:"《食品卫生法》禁止生产经营的以及违反国家食品卫生有关规定生产经营的食品不得发布广告。"

其二,禁止不同类型食品在广告中相互混淆。如前所述,《食品广告发布暂行规定(修订)》将食品分成四种类型,即普通食品、保健食品、新资源食品和特殊营养食品。对于这些不同类型的食品,《食品广告发布暂行规定(修订)》作出了严格禁止其相互混淆的规定。该规定第十三条指出:"普通食品、新资源食品、特殊营养食品广告不得宣传保健功能,也不得借助宣传某些成分的作用明示或者暗示其保健作用。"第十四条强调:"普通食品广告不得宣传该食品含有新资源食品中的成分或者特殊营养成分。"

其三,禁止食品广告中出现与其他类型产品(主要是指药品)相混淆的用语。《食品广告发布暂行规定(修订)》第七条规定:"食品广告不得出现与药品相混淆的用语,不得直接或者间接地宣传治疗作用,也不得借助宣传某些成分的作用明示或者暗示该食品的治疗作用。"《食品安全法》第七十三条也特别强调食品广告"不得涉及疾病预防、治疗功能"。

3.内容禁止

除了上述类型禁止以外,相关法律法规还针对食品广告的内容作出了一些禁止性的规定,包括:

其一,禁止绝对化的语言或表示。《食品广告发布暂行规定(修订)》第六条规定:"食品广告不得含有'最新科学'、'最新技术'、'最先进加工工艺'等绝对化的语言或者表示。"

其二,禁止使用特定的形象或名义。《食品广告发布暂行规定(修订)》第八条规定:"食品广告不得明示或者暗示可以替代母乳,不得使用哺乳妇女和婴儿的形象。"第九条规定:"广告中不得使用医疗机构、医生的名义或者形象。食品广告中涉及特定功效的,不得利用专家、消费者的名义或者形象做证明。"

其三,禁止组织和机构推荐食品。《食品安全法》第七十三条明确规定:"县级以上人民政府食品药品监督管理部门和其他有关部门以及食品检验机构、食品行业协会不得以广告或者其他形式向消费者推荐食品。消费者组织不得以收取费用或者其他牟取利益的方式向消费者推荐食品。"

补充资料 5.2

食品广告监管制度

为了进一步强化食品广告监管,确保《食品安全法》对广告管理的各项规定得到有效落实,2009 年 8 月 28 日,国家工商行政管理总局颁布《食品广告监管制度》,重申建立健全以下重要制度:

一、食品广告审查制度。按照总局《关于广告审查员管理工作若干问题的指导意见(试行)》,指导广告发布者、广告经营者落实食品广告的审查责任。

1.会同有关部门指导媒体单位履行广告发布审查的法定责任和义务,加强对媒体单位落实食品广告发布审查制度的监督检查。

2.对广告审查人员开展食品广告法律、法规培训,指导广告发布者、广告经营者建立和完善食品广告承接登记、相关证明文件审验、广告内容核实审查、客户档案管理等工作制度。

3.对由于广告审查措施不健全、不落实而造成发布涉及重大食品安全事件的违法广告媒体,建议有关部门追究媒体单位主管领导和有关责任人的相应责任。

二、食品广告监测制度。按照总局《关于规范和加强广告监测工作的指导意见(试行)》,加强食品广告的监测预警和动态监管。

1.食品广告监测的重点是食品广告发布量大、传播范围广、社会影响力大的媒体,并根据实际情况和监管需要,对重点区域、部分媒体、个案广告实施跟踪监测。

2.坚持集中监测与日常监测相结合,广告监管机关与广告审查机关、媒体主管部门监测相结合,扩大食品广告监测覆盖面,实现监测信息共享。

3.加强对监测数据的分析研究,及时将监测发现的食品广告中影响和危害食品安全的苗头性、倾向性问题,通报当地政府和有关部门。

三、违法食品广告公告制度。按照总局等十一个部门联合制定的《违法广告公告制度》,加大对虚假违法食品广告的公告力度。

1.对监测发现、投诉举报、依法查处的严重虚假违法食品广告案件,向社会公告。

2.根据违法食品广告发布的动态及趋势,定期或不定期进行公告提示,提醒消费者识别虚假违法食品广告。

3.通过部门联合公告、广告监管机关公告等多种方式,采取虚假违法食品广告典型案例曝光、违法食品广告提示、违法食品广告案例点评、涉嫌严重违法食品广告监测通报等多种形式,加大公告频次和曝光力度。

四、食品广告暂停发布制度。对食品安全事件涉及的广告,以及需立案调查的涉嫌虚假违法食品广告,迅速果断处置。有下列情形之一的,可暂停有关食品广告的发布:

1.涉嫌不符合食品安全规定的食品所涉及的广告。

2.上级交办、有关部门转办、监测发现、群众举报需立案查处的涉嫌虚假违法食品广告。

五、食品广告案件查办移送通报制度。按照总局《关于加强广告执法办案协调工作的指导意见(试行)》,针对违法食品广告在多个地区、多种媒体发布或者违法广告活动涉及不同区域多个主体的情况,建立食品广告案件查办、移送、通报工作制度。

1.省级工商行政管理机关负责本辖区内食品广告案件查处的组织、指导、协调和督办工作,对同一广告主在本辖区内多个地区不同媒体发布的违法食品广告,应及时交办广告发布者所在地工商行政管理机关依法查处。

2.省级以下工商行政管理机关依法查处广告发布者后,发现查处异地广告主、广告经营者确有困难的,应将有关案件和相关案情移送、通报广告主、广告经营者所在地工商行政管理机关依法查处。

3.省级以下工商行政管理机关发现广告主、广告经营者在其他地区不同媒体发布违法广告的,应通报广告发布者所在地工商行政管理机关予以查处,并将有关情况报告省级工商行政管理机关。对广告发布者属于外省工商行政管理机关管辖的,由本省省级工商行政管理机关通知有管辖权的外省省级工商行政管理机关予以处理。

六、食品广告案件查办落实情况报告制度。按照总局《广告案件查办落实情况报告制度》,加强食品广告案件的督办和监督检查。

1.明确职责分工,落实办案责任,及时查办上级机关交办、其他地方工商行政管理机关或者有关部门移送、通报以及监测发现、群众投诉举报的本辖区内的违法广告主、广告经营者、广告发布者,并在规定期限内将处理情况上报上级机关,通知其他相关地方工商行政管理机关或者有关部门。对跨省移送或者通报的违法食品广告案件,省级工商行政管理机关可提请总局督办。

2.建立健全广告案件的督办和监督检查工作机制,提高查办效率,落实监督职责。对推诿不办、压案不查以及行政处罚畸轻畸重、执法不到位等不规范执法行为,依照总局有关规定追究相关责任人的行政执法过错责任。

3.总局交办、转办的食品广告案件,各地工商行政管理机关应在规定期限以书面形式向总局报告,总局定期或者不定期通报各地广告案件查办落实的情况。

七、食品广告市场退出制度。按照总局《停止广告主、广告经营者、广告发布者广告业务实施意见》,加强对食品广告活动主体的监督管理,落实食品广告市场退出机制。

1.对因发布虚假违法食品广告,造成损害社会公共利益以及造成人身伤害或者财产损失等严重后果的,暂停或者停止相关食品生产者、经营者部分食品或者全部食品的广告发布业务。

2.对多次发布虚假违法食品广告,食品广告违法率居高不下的媒体单位,暂停其食品广告发布业务,直至取消广告发布资格。

八、行业自律管理制度。按照总局《关于深入贯彻落实科学发展观支持和促进广告协会拓展职能增强服务能力完善行业管理的意见》,指导广告行业组织建立和完善自律管理机制。

1.支持和指导广告行业组织切实担负起实施行业自律的重要职责,协助政府部门加强食品广告监管,完善行政执法与行业自律相结合的广告市场监管机制。

2.指导广告行业组织围绕规范食品广告市场秩序,建立健全各项自律性管理制度,开展行业自律和相关法律咨询服务,规范食品广告发布活动。

3.支持广告行业组织依据自律规则,对实施违法食品广告活动、损害消费者合法权益、扰乱食品广告市场秩序的行为,采取劝诫、通报批评、公开谴责等自律措施,加强行业自我管理,提高行业公信力。

第二节 保健食品广告审查程序规范

所谓保健食品,是指声称具有特定保健功能或者以补充维生素、矿物质为目的的食品,即适宜于特定人群食用,具有调节机体功能,不以治疗疾病为目的,并且对人体不产生任何急性、亚急性或者慢性危害的食品。[①] 考虑到保健食品的特殊性,虽然大多数食品广告已不再需要经过行政性审查,但保健食品的广告审查仍然保留了下来,成为保健食品广告管理中最重要的制度。

一、保健食品广告审批申请

1.审查机关及分工

《保健食品广告审查暂行规定》第二条规定,"国家食品药品监督管理局指导和监督保健食品广告审查工作","省、自治区、直辖市(食品)药品监督管理部门负责本辖区内保健食品广告的审查","县级以上(食品)药品监督管理部门应当对辖区内审查批准的保健食品广告发布情况进行监测"。

2.申请人及其归属

《保健食品广告审查暂行规定》第三条规定:"发布保健食品广告的申请人必须是保健食品批准证明文件的持有者或者其委托的公民、法人和其他组织。申请人可以自行或者委托其他法人、经济组织或公民作为保健食品广告的代办人。"

该规定第四条要求,"国产保健食品广告的发布申请,应当向保健食品批准证明文件持有者所在地的省、自治区、直辖市(食品)药品监督管理部门提出","进口保健食品广告的发布申请,应当由该产品境外生产企业驻中国境内办事机构或者该企业委托的代理机构向其所在地省、自治区、直辖市(食品)药品监督管理部门提出"。

---

① 此定义援引自《保健食品注册管理办法(试行)》。《食品广告发布暂行规定(修订)》的定义则是"保健食品是指具有特定保健功能,适宜于特定人群,具有调节机体功能,不以治疗疾病为目的的食品"。但是,自2005年7月之后,我国批准的保健食品主要分为两类:一是具有特定的保健功能的保健食品(与《食品广告发布暂行规定(修订)》的定义一致),二是补充维生素、矿物质的营养素补充剂类。

补充资料 5.3

保健食品功能及其调整

根据国家食品药品监督管理总局公布的信息[①]，保健食品的功能范围目前仅限于以下27 项(见表5-3)。

表 5-3　保健食品的功能范围

序　号	功　能	序　号	功　能
1	增强免疫力	15	减肥
2	辅助降血脂	16	改善生长发育
3	辅助降血糖	17	增加骨密度
4	抗氧化	18	改善营养性贫血
5	辅助改善记忆	19	对化学性肝损伤的辅助保护作用
6	缓解视疲劳	20	祛痤疮
7	促进排铅	21	祛黄褐斑
8	清咽	22	改善皮肤水分
9	辅助降血压	23	改善皮肤油分
10	改善睡眠	24	调节肠道菌群
11	促进泌乳	25	促进消化
12	缓解体力疲劳	26	通便
13	提高缺氧耐受力	27	对胃黏膜损伤有辅助保护功能
14	对辐射危害有辅助保护功能	\	\

国家食品药品监管总局于 2011 年 8 月、2012 年 6 月,分别就《保健食品功能范围调整方案(征求意见稿)》向社会征求意见。该方案拟将现有 27 项功能取消 4 项,涉及胃肠道功能的 4 项合并为 1 项、涉及改善面部皮肤代谢功能的 3 项合并为 1 项,予以保留,最后确定为 18 项功能。但截至目前,该方案尚未正式实施。(详见表5-4、表5-5、表5-6)

表 5-4　建议保留的保健食品功能

原名称	修改后的名称
增强免疫力	有助于增强免疫力

[①]　保健食品的功能范围 [EB/OL]. (2016-08-03)［2017-04-09］. http://www.sda.gov.cn/WS01/CL1163/.

续　表

原名称	修改后的名称
辅助降血脂	有助于降低血脂
辅助降血糖	有助于降低血糖
改善睡眠	有助于改善睡眠
抗氧化	抗氧化（与之前一致）
缓解体力疲劳	有助于缓解运动疲劳
减肥	有助于减少体内脂肪
增加骨密度	有助于增加骨密度
改善营养性贫血	有助于改善缺铁性贫血
辅助改善记忆	有助于改善记忆
清咽	清咽（与之前一致）
提高缺氧耐受力	有助于提高缺氧耐受力
对化学性肝损伤有辅助保护	有助于降低酒精性肝损伤危害
促进排铅	有助于排铅
促进泌乳	有助于泌乳
缓解视疲劳	有助于缓解视疲劳

表 5-5　建议合并的保健食品功能

原名称	合并后的名称	合并的原因
通便	有助于改善胃肠功能	原四项功能均属于胃肠功能范畴，为避免功能划分过细，便于规范管理，将其合并为一项功能，同时在适宜人群上有所区别，以体现针对性
调节肠道菌群		
促进消化		
对胃黏膜损伤有辅助保护		
祛痤疮	有助于促进面部皮肤健康	原三项功能均属于改善面部皮肤代谢、减少有毒有害物质或色素蓄积范畴，为避免功能划分过细，便于规范管理，将其合并为一项功能，同时在适宜人群上有所区分，以体现针对性
祛黄褐斑		
改善皮肤水分		

表 5-6　建议取消的保健食品功能

原名称	建议取消的理由
改善生长发育	1. 鼓励以合理、平衡的膳食来保证少年儿童的生长发育,不宜采用保健食品进行干预 2. 适宜人群主要是少年儿童,以少年儿童为试验对象存在较高风险,因此目前不主张对少年儿童开展人体试食试验,现行评价标准和方法有局限性 3. 影响少年儿童生长发育的因素过多;终点判断困难 4. 部分生产企业为达到效果往往加入激素类物质,损害少年儿童身体健康 5. 美国等一些国家严格限制此类功能。一是所有含能量和营养素的食物都具有维持和改善少年儿童生长发育的作用;二是少年儿童的正常生长发育具有客观规律性,不宜以保健食品进行干预;三是促进少年儿童时期的生长发育并不能确保成年后的健康
对辐射危害有辅助保护	1. 评价方法有局限性,功能定位不准确。辐射有两种:一种是电离辐射,一种是电磁辐射。目前市场需求的主要是对电磁辐射有保护作用的产品,而该功能评价方法针对的却是电离辐射,其动物试验造模条件是采用一次性射线 1-8GY 照射,观察血液系统白细胞变化、骨髓内容改变、DNA 损伤等;针对电磁辐射,如看电视,使用计算机、手机等带来的辐射,目前尚无合适的动物造模、试验方法和观察指标,缺乏评价方法 2. 由于该类产品主要宣传对电磁辐射的保护作用,易误导消费者
辅助降血压	1. 高血压是引起急性心脑血管疾病的重要危险因素,保健食品设置辅助降血压功能风险较大,消费者如果对该类产品认识不够清楚,使用方法不当,很容易产生危险 2. 功能定位不够准确,主要针对疾病范畴,与保健食品功能设置原则有一定差距,应采用临床治疗为宜。按照我国临床高血压的诊断标准,收缩压 140mg/Hg 以上或舒张压 90mg/Hg 以上,即可诊断为高血压。该功能保健食品的适宜人群针对的也是高血压患者,即适宜人群属于病人范畴,这部分人群应当到医院就诊并接受治疗。因此,该功能不宜作为保健功能
改善皮肤油分	1. 评价方法单一,科学性不足,指标判断困难 2. 功能定位不够准确,改善皮肤油分属美容范畴,与保健食品功能设置原则有一定差距 3. 社会需求少(无产品申报)

3. 申请所需提交的材料

申请发布保健食品广告,应当提交以下文件和资料:

(1)《保健食品广告审查表》;

(2)与发布内容一致的样稿(样片、样带)和电子化文件;

(3)保健食品批准证明文件复印件;

(4)保健食品生产企业的卫生许可证复印件;

（5）申请人和广告代办人的营业执照或主体资格证明文件、身份证明文件复印件；如有委托关系，应提交相关的委托书原件；

（6）保健食品的质量标准、说明书、标签和实际使用的包装；

（7）保健食品广告出现商标、专利等内容的，必须提交相关证明文件的复印件；

（8）其他用以确认广告内容真实性的有关文件；

（9）宣称申请材料实质内容真实性的声明。（提交本条规定的复印件，需加盖申请人的签章。）

补充资料5.4

保健食品命名规定

第一条　为保证保健食品命名科学、规范，维护消费者合法权益，根据《中华人民共和国食品安全法》《中华人民共和国食品安全法实施条例》和《保健食品注册管理办法（试行）》等有关法律法规、规章规范，制定本规定。

第二条　本规定适用于在中华人民共和国境内申请注册的保健食品。

第三条　保健食品命名基本原则：

（一）符合国家有关法律法规、规章规范的规定。

（二）反映产品的真实属性，简明、易懂，符合中文语言习惯。

（三）不得误导、欺骗消费者。

第四条　保健食品命名禁止使用下列内容：

（一）虚假、夸大或绝对化的词语。

（二）明示或暗示治疗作用的词语。

（三）人名、地名、汉语拼音。

（四）字母及数字，维生素及国家另有规定的含字母及数字的原料除外。

（五）除"R"之外的符号。

（六）消费者不易理解的词语及地方方言。

（七）庸俗或带有封建迷信色彩的词语。

（八）人体组织器官等词语，批准的功能名称中涉及人体组织器官等词语的除外。

（九）其他误导消费者的词语。

第五条　一个产品只能有一个名称，一般由品牌名、通用名、属性名组成，也可直接使用通用名和属性名命名。

第六条　品牌名一般使用文字型商标。品牌名使用注册商标的，在品牌名后加"牌"或在品牌名后右上角加"R"；使用非注册商标的，在品牌名后加"牌"。一个产品只能有一个品牌名。

第七条　保健食品的通用名应当客观、准确、科学、规范,字数应当合理,并符合下列要求:

(一)不得使用已经批准注册的药品名称,配方为单一原料并以原料名称命名的除外。不得使用与已经批准注册的药品名称音、形相似的名称。

(二)不得使用特定人群名称。

(三)声称具有特定保健功能的保健食品,其通用名中含有表述产品功能相关文字的,应严格按照规范的功能名称进行描述。声称两个及以上功能的产品,不得使用功能名称作为通用名。

(四)以产品所用原料命名的,应使用规范的原料名称,但不得以配方中的部分原料命名或擅自简写命名。

营养素补充剂类产品一般应以维生素或矿物质命名。配方由三种以上维生素或三种以上矿物质组成的产品方可以"多种维生素"或"多种矿物质"命名,不得以部分维生素或矿物质命名。

第八条　保健食品的属性名应当表明产品的类别或形态。以食品类别表述属性名的,按照食品属性命名;以形态表述属性名的,按照"片""胶囊""口服液"等命名。

第九条　同一申请人申报的不同产品不得使用相同的通用名和属性名,需要标注特定人群的除外。

需要标注特定人群的,应在属性名后加括号标注。

第十条　本规定由国家食品药品监督管理局负责解释。

第十一条　本规定自发布之日起施行。《保健食品命名规定(试行)》同时废止。此前发布的其他有关规定与本规定不符的,以本规定为准。

补充资料 5.5

保健食品命名指南

为指导保健食品命名,根据《保健食品命名规定》,制定本指南。

一、禁用语

有些用语是否能在保健食品名称中使用应根据其语言环境来确定。在保健食品名称中禁止表达的词意或使用的词语包括:

(一)虚假性词意。如产品中使用化学合成的原料或只使用部分天然产物成分的,表述为"天然"等字样,或名称中含有祖传、御制、秘制、宫廷、精制等溢美之词的。

(二)夸大性词意。如:宝、灵、精、强力、特效、全效、强效、奇效、高效、速效、神效等不切实际的用语。

(三)绝对化词意。如:最、第一、全面、全方位、特级、顶级、冠级、极致、超凡等。

（四）明示或暗示治疗作用的词语，如：处方、复方、药、医、治疗、消炎、抗炎、活血、祛瘀、止咳、解毒、各种疾病名称等。

（五）人名，包括医学名人，如：华佗、扁鹊、张仲景、李时珍等。

（六）地名，包括中华、中国、华夏等。

（七）与产品特性没有关联，消费者不易理解的词语，如：纳米、基因、太空等。

（八）庸俗或带有封建迷信色彩的词语，如：性、神、仙、神丹等。

（九）人体组织、器官、细胞等词语，如：脑、眼、心等。

（十）超范围声称产品功能，如补铁类营养素补充剂不能命名为补血或改善营养性贫血。

（十一）其他误导消费者的词语，如使用谐音字或形似字足以造成消费者误解的。

二、声称具有特定保健功能的保健食品，其通用名中含有表述产品功能相关文字的，应严格按照规范的功能名称进行描述。

三、以维生素及国家另有规定的原料命名的，可使用字母或数字，如可使用维生素 B_1、辅酶 Q_{10} 等命名。

四、以产品原料命名的，应使用规范的原料名称，如用西洋参单一原料配方的产品，可命名为 XX 牌西洋参含片，不得命名为 XX 牌花旗参含片，如果 XX 牌西洋参含片与药品通用名同名，可命名为 XX 牌西洋参保健含片。

五、两个以上原料组成的产品，不得以部分原料命名或擅自简写命名，可按国家规定的简写名称命名。

六、已获批准的产品，具有明确功效成分的，可以功效成分命名，功效成分与原料名相同的除外。

七、营养素补充剂类产品，含三种以上维生素或三种以上矿物质的，可以多种维生素或多种矿物质命名。如以三种维生素和碳酸钙、碳酸镁为原料的产品，可命名为 XX 牌多种维生素钙镁片，但不能命名为 XX 牌多种维生素矿物质片。

八、同一申请人申报的产品不得使用相同的通用名和属性名，如申报 A 牌钙片，不得申报 B 牌钙片或钙片。通用名和属性名相同、需要标注特定人群的，应在属性名后加括号标注，如同一申请人申报的适宜人群分别为儿童和中老年人的 XX 牌钙片，可命名为 XX 牌钙片（儿童型）和 XX 牌钙片（中老年型）；再如，可以与特定人群相关的 XX 牌钙片（有糖型）和 XX 牌钙片（无糖型）命名。

九、本指南是对保健食品名称的原则性要求，具体词语包括但不限于上述词语。

二、保健食品广告审查流程

1.受理

《保健食品广告审查暂行规定》第六条规定:"保健食品广告发布申请材料不齐全或者不符合法定要求的,省、自治区、直辖市(食品)药品监督管理部门应当当场或者在5个工作日内一次告知申请人需要补正的全部内容;逾期不告知的,自收到申请材料之日起即为受理。"

同时,"国务院有关部门明令禁止生产、销售的保健食品,其广告申请不予受理。国务院有关部门清理整顿已经取消的保健功能,该功能的产品广告申请不予受理"。

2.审查

《保健食品广告审查暂行规定》第十二条规定:"省、自治区、直辖市(食品)药品监督管理部门应当自受理之日起对申请人提交的申请材料以及广告内容进行审查,并在20个工作日内作出是否核发保健食品广告批准文号的决定。"

对审查不合格的保健食品广告申请,"应当将审查意见书面告知申请人,说明理由并告知其享有依法申请行政复议或者提起行政诉讼的权利"。

3.备案

《保健食品广告审查暂行规定》第十二条规定:"对审查合格的保健食品广告申请,发给保健食品广告批准文号,同时将《保健食品广告审查表》抄送同级广告监督机关备案。"

第十三条还规定:"省、自治区、直辖市(食品)药品监督管理部门应当将审查批准的《保健食品广告审查表》报国家食品药品监督管理局备案。国家食品药品监督管理局认为审查批准的保健食品广告与法定要求不符的,应当责令原审批地省、自治区、直辖市(食品)药品监督管理部门予以纠正。"

4.重审

《保健食品广告审查暂行规定》第十五条要求:"经审查批准的保健食品广告需要改变其内容的,应向原审批地省、自治区、直辖市(食品)药品监督管理部门申请重新审查。保健食品的说明书、质量标准等广告审查依据发生变化的,广告主应当立即停止发布,并向原审批地省、自治区、直辖市(食品)药品监督管理部门申请重新审查。"

5. 复审

《保健食品广告审查暂行规定》第十六条规定:"经审查批准的保健食品广告,有下列情形之一的,原审批地省、自治区、直辖市(食品)药品监督管理部门应当调回复审:

"(一)国家食品药品监督管理局认为原审批地省、自治区、直辖市(食品)药品监督管理部门批准的保健食品广告内容不符合法定要求的;

"(二)广告监督管理机关建议进行复审的。"

三、保健食品广告批准文号

1. 编号

《保健食品广告审查暂行规定》第二十六条规定:"保健食品广告批准文号为'X 食健广审(X1)第 X2 号'。其中'X'为各省、自治区、直辖市的简称;'X1'代表视、声、文;'X2'由十位数字组成,前六位代表审查的年月,后四位代表广告批准的序号。"

2. 有效期

《保健食品广告审查暂行规定》第十四条规定:"保健食品广告批准文号有效期为一年。保健食品广告批准文号有效期届满,申请人需要继续发布广告的,应当依照本规定向省、自治区、直辖市(食品)药品监督管理部门重新提出发布申请。"

补充资料 5.6

保健食品广告批准文号及案例

例如,海南省 2016 年 4 月批准的第 9 件《保健食品广告批准文号》,其编号应为:琼食健广审(文)第 2016040009 号。

根据国家食品药品监督管理总局网站公布的信息[1],该批准文号的备案信息如下:

表 5-7　琼食健广审(文)第 2016040009 号备案信息

企业名称	养生堂药业有限公司
食品名称	养生堂牌天然维生素 C 咀嚼片

---

[1] http://app1. sfda. gov. cn/datasearch/face3/base. jsp? tableId = 39&tableName = TA-BLE39&title=%D2%A9%C6%B7%B9%E3%B8%E6&bcId=1187159145579417261148191942460,2016-07-22。

续 表

食品批准文号	国食健字 G20080206
原广告批准文号	琼食健广审（文）第 2016040009 号
广告时长	/
广告类型	文
原广告批准文号有效期至	2017-04-10
备案日期	2016-04-28

点击查看详细内容，其广告样稿如下：

图 5-1 广告样稿

补充资料 5.7

中医食疗观

所谓中医食疗，是指在中医理论的指导下，通过食物或配合药物，以食借药力、药助食威，进行养生保健和防病治病的一门古老而新兴的学科。

据有关资料统计，在中医药典籍中，有效药食秘方验方达 30 万余个，被国际医学界誉为"人类药理学的原始资料"，它不仅成为中国传统文化的重要组成部分，而且作为生命科学的重要信息，为整个人类的文明作出了卓越的贡献。

《黄帝内经》是我国现存最早的医学经典。它总结了春秋战国以前的食疗经验，提出了"食药一体、食养药治"的食疗学理论，是中医食疗理论的奠基之作。所谓食药一体,是指药食同源、药食同功、药食同理。

孙思邈所著《千金要方》,共30卷,其中卷26专论"食治",是我国现存最早的食疗专篇。《千金要方》继承发挥了《黄帝内经》之论,采扁鹊、华佗、张仲景等诸家之言,提出"人体平和,惟需好将养,勿妄服药","夫为医者,当须先洞晓病源,知其所犯,以食治之,食疗不愈,然后命药"。显然,这位博览群书、精通方药而被后人尊称为"药王"的医家,早在1000多年前就突破《内经》"食养药治"的原则,提出"药治不如食治"的论点。

经过千年的历史沉淀,中医食疗理论已经演绎出具有中国特色的传统食疗文化,形成了广泛普及的食疗观。在国人的观念中,"食(品)"与药(品)、"食(品)"与"疗(效)"之间形成了无法割裂的紧密关联。

第三节　保健食品广告内容及形式规范[①]

一、保健食品广告强制载明规范

为了使保健食品与其他类型食品广告区分开来,相关法律法规规定保健食品广告必须载明的提示内容、忠告语以及标志,同时要求保健食品对其保健功能进行严格、明确的界定。

1.重要信息

《保健食品广告审查暂行规定》第十条明确要求:"保健食品广告必须标明保健食品产品名称、保健食品批准文号、保健食品广告批准文号、保健食品标识、保健食品不适宜人群。"

2.忠告语及标志

《广告法》第十八条规定,保健食品广告应当显著标明"本品不能代替药物"。《保健食品广告审查暂行规定》第十一条也有类似规定,即"保健食品广告中必须说明或者标明'本品不能代替药物'的忠告语"。同时,该条款还强调:"电视广告中保健食品标识[②]

---

① 本节只梳理针对保健食品广告内容及形式制定的相关规范,而暂不涉及有关广告内容及形式的通用性规范。后者将在第十四章中专门讨论。

② 笔者认为,此处应为"保健食品标志",而不是"保健食品标识"。根据《保健食品标识管理办法(征求意见稿)》的定义,保健食品标识是指用以表达产品和企业基本信息的文字、符号、数字、图案等总称,如说明书、标签、标志等;而保健食品标志是指统一的依附于产品并足以与其他食品相区分的符号。

099 / 第五章　食品广告法规

和忠告语必须始终出现。"

国家工商行政管理局、卫生部于 2010 年 10 月 31 日发布了《关于加强保健食品广告监督管理的通知》，对保健食品标志的使用做了更为详细的规定，即保健食品广告应有明显的保健食品标志（见图 5-2），应使消费者容易识别。在可视广告（如影视、报刊、印刷品、店堂、户外等广告）中，保健食品标志所占面积不得小于全部广告面积的 1/36；其中，报刊、印刷品广告中的保健食品标志，直径不得小于 1 厘米，影视、户外显示屏广告中的保健食品标志，须不间断地出现。在广播广告中，应以清晰的语音表明其为保健食品。

图 5-2　保健食品标志（颜色为天蓝色）

二、保健食品广告禁止性规范

为了引导消费者合理使用保健食品，相关法律法规对保健食品广告的形式与内容作出了一些禁止性的规定。

1. 形式禁止

《保健食品广告审查暂行规定》第九条规定："不得以新闻报道等形式发布保健食品广告。"事实上，所有广告均不得以新闻报道的形式发布。《广告法》（1995 年版）第十三条规定："大众传播媒介不得以新闻报道形式发布广告。"《广告法》（2015 年版）第十四条也沿用了之前的规定，强调"大众传播媒介不得以新闻报道形式变相发布广告"。

另外，《广告法》第十九条还规定："广播电台、电视台、报刊音像出版单位、互联网信息服务提供者不得以介绍健康、养生知识等形式变相发布医疗、药品、医疗器械、保健食品广告。"

2. 内容禁止

保健食品广告内容的禁止性规范较为繁杂。为了便于理解和识记，编者将其归纳为三类，即功效禁止、合理使用禁止和形象（或名义）禁止。

其一，功效禁止。

《保健食品广告审查暂行规定》第八条规定："保健食品广告中有关保健功能、产品功效成分/标志性成分及含量、适宜人群、食用量等的宣传，应当以国务院食品药品监督管理部门批准的说明书内容为准，不得任意改变。"

同时，该条款还规定，保健食品广告①不得"含有表示产品功效的断言或者保证"；②不得"含有使用该产品能够获得健康的表述"；③不得"通过渲染、夸大某种健康状况或者疾病，或者通过描述某种疾病容易导致的身体危害，使公众对自身健康产生担忧、恐惧，误解不使用广告宣传的保健食品会患某种疾病或者导致身体健康状况恶化"；④不得"用公众难以理解的专业化术语、神秘化语言、表示科技含量的语言等描述该产品的作用特征和机理"；⑤不得"含有无法证实的所谓'科学或研究发现''实验或数据证明'等方面的内容"。

其二，合理使用禁止。

《保健食品广告审查暂行规定》还规定，保健食品广告①不得"夸大保健食品功效或扩大适宜人群范围，明示或者暗示适合所有症状及所有人群"；②不得"含有与药品相混淆的用语，直接或者间接地宣传治疗作用，或者借助宣传某些成分的作用明示或者暗示该保健食品具有疾病治疗的作用"；③不得"与其他保健食品或者药品、医疗器械等产品进行对比，贬低其他产品"；④不得"利用封建迷信进行保健食品宣传"；⑤不得"宣称产品为祖传秘方"；⑥不得"含有无效退款、保险公司保险等内容"；⑦不得"含有'安全'、'无毒副作用'、'无依赖'等承诺"；⑧不得"含有最新技术、最高科学、最先进制法等绝对化的用语和表述"；⑨不得"声称或者暗示保健食品为正常生活或者治疗病症所必需"；⑩不得"含有有效率、治愈率、评比、获奖等综合评价内容"；⑪不得"直接或者间接怂恿任意、过量使用保健食品"。

其三，形象（或名义）禁止。

《保健食品广告审查暂行规定》还规定，不得"利用和出现国家机关及其事业单位、医疗机构、学术机构、行业组织的名义和形象，或者以专家、医务人员和消费者的名义和形象为产品功效作证明"。

《广告法》(2015年版)第十八条，除了规定保健食品不得含有"表示功效、安全性的断言或者保证"，"涉及疾病预防、治疗功能"，"声称或者暗示广告商品为保障健康所必需"，以及"与药品、其他保健食品进行比较"之外，特别强调不得"利用广告代言人推荐、证明"。

补充资料 5.8

食品广告违法处罚

编者根据《食品广告发布暂行规定》和《保健食品广告审查暂行规定》的相关规定，

将食品广告违法处罚方式①列表如下。

表 5-8　食品广告违法处罚方式

处罚机构	主要违法情节	处罚措施	备　注
保健食品广告审查机关（省、自治区、直辖市食品药品监督管理部门）	经审查批准的保健食品广告，但是： 1.保健食品批准证明文件被撤销的； 2.保健食品被国家有关部门责令停止生产、销售的； 3.广告复审不合格的	应当收回保健食品广告批准文号	（食品）药品监督管理部门发现有违法发布保健食品广告行为的，应当填写《违法保健食品广告移送通知书》，移送同级广告监督管理机关查处
	擅自变更或者篡改经审查批准的保健食品广告内容进行虚假宣传的	责令申请人改正，给予警告，情节严重的，收回该保健食品广告批准文号	
	申请人隐瞒有关情况或者提供虚假材料申请发布保健食品广告的	按照《行政许可法》第七十八条②的规定进行处理	
	申请人通过欺骗、贿赂等不正当手段取得保健食品广告批准文号的	按照《行政许可法》第七十九条③的规定处理	
广告监督管理机关（县级以上工商行政管理部门）	违反《食品广告发布暂行规定》发布广告	依照《广告法》有关条款处罚；《广告法》无具体处罚条款的，由广告监督管理机关责令停止发布，视其情节予以通报批评，处以违法所得额三倍以下的罚款，但最高不超过三万元，没有违法所得的，处以一万元以下的罚款	

延伸阅读：

1. 张忠民. 非转基因食品广告被叫停的法律剖析[J]. 社会科学家,2016(5)：115-119.

2. 张忠民. 论我国非转基因食品广告的法律规制[J]. 食品工业科技,2015,36(5)：32-34,38.

3. 张珊珊,岳丰. 名人代言虚假食品广告刑事责任研究[J]. 学习与实践,2016(2)：

---

① 此表暂未涉及《广告法》(2015年版)有关违法广告的处罚规定。

② 第七十八条　行政许可申请人隐瞒有关情况或者提供虚假材料申请行政许可的,行政机关不予受理或者不予行政许可,并给予警告;行政许可申请属于直接关系公共安全、人身健康、生命财产安全事项的,申请人在一年内不得再次申请该行政许可。

③ 第七十九条　被许可人以欺骗、贿赂等不正当手段取得行政许可的,行政机关应当依法给予行政处罚;取得的行政许可属于直接关系公共安全、人身健康、生命财产安全事项的,申请人在三年内不得再次申请该行政许可;构成犯罪的,依法追究刑事责任。

87-93.

4. 李志好,石宏伟,张永平. 儿童食品广告的安全问题及其对策研究[J]. 新闻研究导刊,2015,6(20):21-22.

5. 于洪凤. 保健食品广告营销的不当应用与建议研究[J]. 中国市场,2016(31):23-32.

6. 蔡国贤. 保健食品广告监督管理中若干问题的探讨[J]. 民营科技,2016(2):234-235.

7. 徐小娟,吕丹. 保健食品广告存在的问题及对策[J]. 青年记者,2016(9):41-42.

8. 张弛,杜庆鹏,白玉萍,等. 部分国家(地区)保健食品广告管理现状的比较[J]. 中国药事,2014(2):178-184.

9. 梁静,曾绍校,张宁宁. 中国海峡两岸保健食品监管比对分析[J]. 中国食物与营养,2015(1):5-8.

第六章　酒类广告法规

《酒类广告管理办法》①第二条明确规定："酒类广告，是指含有酒类商品名称、商标、包装、制酒企业名称等内容的广告。"这里所说的酒类，是指酒精度（乙醇含量）大于0.5%（体积分数）的含酒精饮料，包括发酵酒、蒸馏酒、配制酒、食用酒精以及其他含有酒精成分的饮品。经国家有关行政管理部门依法批准生产的药酒、保健食品酒类除外。②

鉴于酒类的特殊性，我国颁布了一些法律法规和规范性文件，有针对性地规范和限制酒类广告。在此，编者以《酒类广告管理办法》《广播电视广告播放管理办法》为基础，结合《广告法》等法律法规以及规范性文件，对酒类广告法律规范的主体内容进行梳理。

表 6-1　酒类广告相关法规一览表

序　号	名　称	颁布机构	颁布日期	施行日期	有效性
1	《广告管理暂行条例》	国务院	1982-02-06	1982-05-01	失效
	《广告管理条例》		1987-10-26	1987-12-01	有效
2	《广告管理条例施行细则》	国家工商行政管理局	1988-01-09	1988-01-09	修订
			1998-12-03	1998-12-03	修订
			2000-12-01	2000-12-01	修订
			2004-11-30	2005-01-01	修订
			2011-12-12	2012-01-01	废止（2016-04-29）
3	《广告法》	全国人民代表大会常务委员会	1994-10-27	1995-02-01	修订
			2015-04-24	2015-09-01	有效

---

① 虽然《酒类流通管理办法》已被 2016 年 11 月 16 日发布的《商务部关于废止部分规章的决定》废止，但该办法对酒类广告的界定依然具有参考意义。

② 本章所说的酒类，不包括药酒和保健食品酒。酒类广告须过发布前的行政性审查；而药酒和保健食品酒的管理分别参照药品和保健食品，因此在发布广告前必须经过行政性审查。

续　表

序　号	名　称	颁布机构	颁布日期	施行日期	有效性
4	《酒类广告管理办法》	国家工商行政管理局	1995-11-17	1996-01-01	修订
			2005-09-28	2005-09-28	有效
5	《广播电视广告播放管理暂行办法》	国家广播电影电视总局	2003-09-15	2004-01-01	失效（2010-01-01）
6	《广播电视广告播出管理办法》		2009-09-08	2010-01-01	有效

第一节　酒类广告限制性规范

鉴于过量饮酒的危害性，各国均对酒类广告制定了限制性规范，有些国家甚至全面禁止酒类广告。（见补充资料 6.1）我国也曾一度限制特定类型酒类广告，并至今保留着较为严苛的酒类广告发布数量，以及时间和版面的限制性规范。

一、酒类广告的类型限制及审批

我国曾一度禁止烈性酒广告发布，但后来规定"获得国家级、部级、省级各类奖的优质名酒"可以发布广告，同时以此为基础设置了酒类广告发布前的行政性审查。但在我国加入世界贸易组织过渡期结束之际，我国取消了酒类广告的类型限制和行政许可。

1. 烈性酒广告禁止的设立、放松及取消

国家工商行政管理局 1984 年 3 月 2 日发布《关于烟酒广告和代理国内广告业务收取手续费问题的通知》，声称"按照国际惯例，40 度以上（含 40 度）为烈性酒，世界许多国家已禁止做广告"，要求"根据我国情况，禁止 40 度以上（含 40 度）的烈性酒利用广播、电视、报纸、书刊、路牌、灯箱、霓虹灯、招贴等媒体做广告"。自此，我国禁止 40 度以上（含 40 度）的烈性酒广告。

1987 年 12 月 1 日实施的《广告管理条例》规定："获得国家级、部级、省级各类奖的优质名酒，经工商行政管理机关批准，可以做广告。"与《广告管理条例》配套的《广告管理条例施行细则》于 1988 年 1 月 9 日实施，该《细则》明确规定："广告客户申请为获得国家级、部级、省级各类奖的优质烈性酒做广告，须经省、自治区、直辖市或其授权的省辖市工商行政管理局批准。刊播 39 度以下（含 39 度）酒类的广告，必须标明酒的度

数。"这意味着，放松了此前设立的烈性酒广告禁止做广告的规定，为获得国家级、部级、省级各类奖的优质烈性酒开了"绿灯"。

1990 年 8 月 4 日，国家工商行政管理局发布《工商行政管理规章、规范性文件清理结果》，宣布废止上述《关于烟酒广告和代理国内广告业务收取手续费问题的通知》等文件。不过，烈性酒广告的类型限制制度一直保留了下来。《广告管理条例施行细则》经历了 1998 年 12 月 3 日、2000 年 12 月 1 日两次修订，有关烈性酒广告的类型限制条款始终保留，直到 2004 年 11 月 30 日第三次修订（2005 年 1 月 1 日实施）才删除了有关烈性酒广告的相关规定，烈性酒广告的类型限制制度才最终被取消。

虽然《广告管理条例》有关"获得国家级、部级、省级各类奖的优质名酒，经工商行政管理机关批准，可以做广告"的条文至今保留，但在我国加入世界贸易组织过渡期结束之后，该条文其实已经名存实亡了。

2.酒类广告审批的设立及取消

1987 年 12 月 1 日施行的《广告管理条例》第十条规定："获得国家级、部级、省级各类奖的优质名酒，经工商行政管理机关批准，可以做广告。"这一条文除了设置酒类广告的类型限制以外，更重要的是设定了酒类广告的行政许可，即上述优质名酒做广告必须经过工商行政管理机关的广告审批。

基于此，与《广告管理条例》配套的《广告管理条例施行细则》（包括 1998 年 12 月 3 日、2000 年 12 月 1 日两次修订）的三个版本均明确规定："广告客户申请为获得国家级、部级、省级各类奖的优质烈性酒做广告，须经省、自治区、直辖市或其授权的省辖市工商行政管理局批准。"

但是，2004 年 11 月 30 日修订、2005 年 1 月 1 日实施的《广告管理条例施行细则》删除了上述规定；同时，2004 年 6 月 29 日国务院发布《对确需保留的行政审批项目设定行政许可的规定》，明确规定保留并设定 500 项行政许可，并未保留"酒类广告审批"项目。这无疑意味着酒类广告发布的行政审批被取消。这正是《广告管理条例》有关"获得国家级、部级、省级各类奖的优质名酒，经工商行政管理机关批准，可以做广告"的条文至今保留却名存实亡的根本原因。

补充资料 6.1

各国对酒类广告的限制

大多数国家对酒类广告采取限制措施[①]

从全球来看,每年酒精造成230万人过早死亡,占全球死亡率的3.7%。过量饮酒,也必然会引起交通事故、自杀、犯罪、暴力等事件的直线上升。为了减少酒精危害,世界卫生组织建议,最有效的方法就是提高酒税和限制酒类广告。

当前,世界上大多数国家已对酒精广告采取了限制措施和宣传教育。在法国,酒类广告不能上电影、电视和电台,且必须以醒目字体标明"过量饮酒有害健康"和"请酌量消费"等字样。美国联邦通讯委员会规定,啤酒及温和性酒类的广告片中禁止出现"饮"的镜头;对用蒸馏法酿造而成的烈酒,禁止播放其广告。芬兰、瑞典、乌克兰、肯尼亚等国也纷纷出台法规限制酒类广告。

法国拒绝修改酒精类广告法[②]

2015年夏天,法国国会议员投票反对修改国家酒精类广告法律。该国法律禁止电视广告中出现超过1.2%的酒精含量的任何饮料,并禁止他们赞助体育行业和文化活动。

由法国参议员、前酿酒师Gérard César起草的修正案已写入更广泛的经济改革法案,其目的是刺激萎靡不振的法国经济。

反酗酒运动者对国会能"明智地"拒绝这一有关健康的经济问题的裁决比较满意。

法国葡萄酒旅游的法律支持者认为这对法国的经济越来越重要。波尔多的一位政治家Gilles Savary表示,政府误解了葡萄酒旅游对法国社会和经济影响。

该修正法案尚未完全被驳回,仍可以重新提交,反对人士称将会争取并呼吁总统弗朗索瓦·奥朗德。

南非内阁通过法案限制酒类广告[③]

南非内阁已经批准了限制酒类广告的法案,目前这一法案已经提交公众评议。

社会发展厅长德拉米尼(Bathabile Dlamini)9月20日表示:"这部法案的目的是减少酒类广告,让人们远离滥用酒类饮品的问题。南非人的酗酒习惯已经对个人、家庭、

---

① 酒类广告限制后,拿什么拯救市场?[EB/OL].(2018-11-14)[2017-04-09]. http://www.cnadtop.com/news/nationalNews/2008/11/14/b0d79f65-ffbe-4258-9eb1-fc35cbb98712_2.htm.

② 法国拒绝修改酒精类广告法[EB/OL].(2015-08-12)[2017-04-09]. http://www.yhj9.com/article-1555.html.

③ 南非内阁通过法案限制酒类广告[EB/OL].(2013-09-23)[2017-04-09]. http://www.nanfei8.com/news/caijingxinwen/2013-09-23/5424.html.

社会、经济乃至整个国家都造成了不良影响。"

这部名为《控制酒类饮品营销法案》的文件，将在 9 月 25 日，通过政府公告的形式向公众公开。

德拉米尼表示，政府有义务保证公民的健康；研究则显示，酒类广告对公民的健康程度明显带有副作用。

在过去 26 年、在 20 个国家进行的调查显示，禁止酒类广告并不能真正削减酒类的销量，"但是，酒类广告却能造成一些严重问题。比如，尽管酿酒公司信誓旦旦地表示，他们的酒类广告并非针对未成年人，但实际上未成年人却受到了来自酒类广告非常消极的影响"。

在起草这部法案的过程中，曾经参加"禁烟法案"起草的专家们献计献策，为防止酒精滥用和维持经济增长寻找最佳的均衡点。

8 月 26 日，南非工商联合会表示，限制酒类广告有可能给南非经济带来冲击；特别是传媒和体育领域，之前酒类商家都是他们最主要的赞助商，"此外，酗酒问题并不仅仅是因为人们的饮酒习惯，同时也和这个国家面临的贫困、失业问题息息相关。这意味着解决酗酒问题，不能简单地禁止酒类广告"。

芬兰议会立法限制酒类广告①

据芬兰《医学新闻》杂志 9 日报道，近年来芬兰公民酒的消费量大幅增加，因酗酒而丧失工作能力提前退休的人激增，酗酒致死者也不断增加。芬兰议会不得不立法限制酒类广告。

自 2000 年以来，芬兰全国酒类产品的消费量逐年大幅增加，特别是 2004 年 3 月芬兰政府大幅降低酒类商品尤其是烈性酒的价格以来，酒的销量急升，其中烈性酒销量增幅最大。2000 年，芬兰全国人均消费酒精 8.8 升，而 2006 年达到了 10.3 升，相当于人均每周饮烈性酒 1 瓶。

鉴于酗酒已成为令人担忧的社会现象，芬兰议会于今年 2 月 7 日通过了一项新的关于酒精产品的法规，要求从明年起酒精饮料生产厂家必须在酒瓶和酒精饮料包装上标明酒精会对消费者健康造成危害的警示。这一新法规还对酒精饮料广告进行严格限制，禁止每天早 7 时至晚 9 时播放有关酒精饮料的电视广告；而在影剧院内，只有在放映禁止 18 岁以下青少年和儿童观看的影片时，才能播放有关酒精饮料的广告。

---

① 芬兰议会立法限制酒类广告［EB/OL］. (2007-03-14)［2017-04-09］. http://www. a. com. cn/info/world/2007/0315/16449. html.

俄罗斯禁止各类刊物和互联网发布酒类广告①

俄罗斯克里姆林宫新闻局宣布,俄罗斯总统普京已签署关于禁止报刊媒体和互联网发布酒类广告的法令。自 2013 年 1 月 1 日起,俄罗斯报刊媒体和互联网将被严禁发布酒类广告。酗酒是俄罗斯社会面临的一个严重问题,俄罗斯政府此前曾多次推出禁酒令。

众所周知,俄罗斯人不仅爱喝酒,而且是嗜酒如命,酒已经成为俄罗斯人生活中的一种必需品。但是酒在给俄罗斯人带来快乐、消除烦恼的同时,也给这个国家和社会带来了一系列棘手的问题。据统计,俄罗斯人年均消费纯酒精达 18 升之多,全国每年因为酒精中毒而送命的人超过 4 万。酗酒不仅推高了俄罗斯的死亡率,而且国家的犯罪率也因此而飙升,尤其是青年一代更是深受其害。所以,酗酒已经成为备受俄罗斯政府和全社会关注的焦点。

21 日,俄罗斯总统普京再次签署了"禁酒令",对国家的《广告法》以及《关于酒精、酒类产品及含酒精产品的生产与流通国家调控联邦法》做了新的修订。23 日,新法律正式对外颁布。根据规定,从新法律正式颁布之日起,俄罗斯将禁止在互联网上刊登任何酒类广告。而此前,俄罗斯政府对于互联网上的酒类广告还没有相关的规定。另外,新法令还禁止各类刊物刊登任何酒类广告。但是,考虑到很多报刊和杂志社已经和商家签署了广告合同,俄罗斯政府决定给各报刊和杂志大约 5 个月的过渡期,禁止各类刊物酒类广告的禁令将从 2013 年 1 月 1 日起正式生效。而此前,俄罗斯政府只是禁止各类刊物和杂志在封面以及头版和最后一版刊登相关的酒类广告。

除了上述新规之外,俄罗斯政府近年来还通过了禁止在公共场所饮酒,禁止向未成年人销售酒精类饮料和把一贯被认为是软饮料的啤酒也列为酒类产品等诸多措施。可见,在应对酗酒问题上,俄罗斯政府的确是下了一番功夫。

中国全国人大常委会委员提议全面禁止酒类广告②

近日在审议《广告法》修订草案时,艾斯海提·克里木拜委员建议禁止酒类广告。

艾斯海提·克里木拜说,修订草案提出发布酒类广告的限制内容,这就意味着酒类广告还是可以出现在大众媒体上。其实,酒的危害很大。一是对人的身体健康危害太大,二是酒后犯罪行为多发。有些广告说"少喝一点对身体有好处",这其实是在怂恿人喝酒。所以,他建议禁止酒类广告。

---

① 俄罗斯禁止各类刊物和互联网发布酒类广告[EB/OL]. (2012-07-24)[2017-04-09]. http://news.163.com/12/0724/01/875390HB00014JB5.htm.

② 席锋宇. 酒类广告应当全面禁止[EB/OL]. (2015-01-20)[2017-04-09]. http://news.sina.com.cn/o/2015-01-20/063931419887.shtml.

二、酒类广告的媒体限制

酒类广告的限制性政策,除了类型限制外,还表现在媒体限制上,包括对酒类广告的发布媒体禁止,以及对酒类广告的发布数量和时段(版面)的限制性规范等。

1.媒体禁止

虽然我国并没有全面禁止酒类广告,却"严格控制"酒类广告。《广播电视广告播出管理暂行办法》明确表示,"广播电台、电视台应当严格按照国家有关规定控制酒类广告的播出";取而代之的《广播电视广告播出管理办法》也规定,"播出机构应当严格控制酒类商业广告"。事实上,30多年来,我国相关法律法规及规范性文件对酒类广告所表现出的总体倾向是严格控制。

2010年1月1日开始,我国开始对特定媒体全面禁止酒类广告。国家广播电影电视总局出台的《广播电视广告播出管理办法》要求:"不得在以未成年人为主要传播对象的频率、频道、节(栏)目中播出。"

2.数量和时段(版面)限制

虽然,除了以未成年人为主要对象的广播电视媒体以外,其他媒体并未全面禁止酒类广告,但是,设定了酒类广告发布数量和时段(版面)的限制。

1996年施行的《酒类广告管理办法》第九条明确规定:"大众传媒媒介发布酒类广告,不得违反下列规定:

"(一)电视:每套节目每日发布的酒类广告,在特殊时段(19:00—21:00)不超过2条,普通时段每日不超过10条;

"(二)广播:每套节目每小时发布的酒类广告,不得超过2条;

"(三)报纸、期刊:每期发布的酒类广告,不得超过2条,并不得在报纸第一版、期刊封面发布。"

以此为基础,2003年8月18日国家广播电影电视总局颁布了《广播电视广告播放管理暂行办法》。该办法要求,自2014年1月1日起,"每套电视节目每日播放的酒类广告不超过12条,其中19:00至21:00间不超过2条;每套广播节目每小时播放的酒类广告,不得超过2条"。

2009年8月27日,国家广播电影电视总局出台了《广播电视广告播出管理办法》,要求自2010年1月1日起,"广播电台每套节目每小时播出的烈性酒类商业广告,不得超过2条;电视台每套节目每日播出的烈性酒类商业广告不得超过12条,其中19:00至21:00之间不得超过2条"。

从酒类广告的发布数量限制，到烈性酒广告的发布数量限制，我国在广播电视领域对非烈性酒广告逐渐放松管制。

3. 特定类型放松限制

对于低度发酵酒广告，我国也实行了相对宽松的管理措施。

1999年12月30日，国家工商行政管理局发布《关于对低度发酵酒广告发布的规范意见》，回应国家轻工业局下发的《关于请取消低度发酵酒广告限制的函》（国轻行生〔1999〕153号），提出"为与我国酿酒行业产品结构调整的方针相适应，引导酒类消费向低度、营养、安全的方向转变"，"自2000年1月1日起，对低度发酵酒（葡萄酒、水果酒、黄酒等）的广告不再实行发布数量、时间、版面的限制"。

2016年5月31日，国家工商行政管理局发布《关于公布政策性文件清理结果的公告》，称"为贯彻落实国务院决策部署和李克强总理重要指示精神，根据《国务院办公厅关于做好行政法规部门规章和文件清理工作有关事项的通知》（国办函〔2016〕12号）的要求，工商总局对截至2015年底现行有效的511件政策性、规范性文件进行了全面清理，废止失效了一批不利于'稳增长、促改革、调结构、惠民生'的政策性文件。清理结果已经总局局务会议审议，废止失效238件，保留继续有效273件"，明确废止《关于对低度发酵酒广告发布的规范意见》。

总而言之，我国对酒类广告采取严格控制的基本态度，并至今对酒类广告发布的数量和时段（版面）进行限制，但从具体规范来看，对于非烈性酒广告则倾向于放松管制。

补充资料 6.2

央视公布限酒令　酒类广告播出将受限

日前，央视陆续公布"限酒令""限医令"。根据"限酒令"的要求，从2012年1月1日起，央视招标时段的白酒广告中将选定12家实力较强的白酒企业，这12家企业可以在招标时段播出商业广告，而这12家企业之外的白酒企业在招标时段则只能播出形象广告，形象广告片中不得出现"酒瓶""酒杯"等字样，而那些实力较强的企业则可以网开一面。

央视广告经营中心副主任何海明在接受媒体采访时表示，限制白酒广告是相关部门的指导意见，绝非央视进行"饥饿营销"。他同时确认，央视一套19:00—21:00之间将限播白酒广告2条。

同时，何海良称："目前央视20余个频道中有9个频道都没有播出酒类广告，包括中文国际频道的亚洲、欧洲、美洲版的3个频道、5个外语频道以及少儿频道等。酒类广告目前主要集中在一套、二套、新闻频道等几个频道播出。在2012年广告招标中，黄金时间的酒类广告原则上不超过 2 条,全天酒类产品广告不超过 12 条。"①

第二节　酒类广告内容及形式规范②

一、酒类广告证明文件

作为一项常规性的管理举措,"广告主自行或者委托他人设计、制作、发布酒类广告"时,"应当具有或者提供真实、合法、有效的""证明文件",以"确认广告内容真实性"。这些证明文件包括:

"(一)营业执照以及其他生产、经营资格的证明文件;

"(二)经国家规定或者认可的省辖市以上食品质量检验机构出具的该酒符合质量标准的检验证明;

"(三)发布境外生产的酒类商品广告,应当有进口食品卫生监督检验机构批准核发的卫生证书;

"(四)确认广告内容真实性的其他证明文件。"

根据《酒类广告管理办法》,"任何单位和个人不得伪造、变造上述文件发布广告",同时,"对内容不实或者证明文件不全的酒类广告,广告经营者不得经营,广告发布者不得发布"。

二、与酒类广告内容及形式有关的禁止性规范

有关酒类广告的禁止性规范,主要涉及合理使用禁止、促销禁止,以及禁止与医、药混淆三个方面。

1. 合理使用禁止

1996 年 1 月 1 日施行的《酒类广告管理办法》第七条,为酒类广告设置了禁止性规范:"酒类广告中不得出现以下内容:

"(一)鼓动、倡导、引诱人们饮酒或者宣传无节制饮酒;

---

① 刘玮. 央视广告经营负责人解读限酒令 九频道滴酒不沾[EB/OL]. (2011-10-26)[2017-04-09]. http://news. xinhuanet. com/newmedia/2011-10-26/c_122199371. htm.

② 本节只梳理针对酒类广告内容与形式制定的相关规范,而暂不涉及有关广告内容与形式的通用性规范。后者将在第十四章中专门讨论。

"（二）饮酒的动作；

"（三）未成年人的形象；

"（四）表现驾驶车、船、飞机等具有潜在危险的活动；

"（五）诸如可以'消除紧张和焦虑'、'增加体力'等不科学的明示或者暗示；

"（六）把个人、商业、社会、体育、性生活或者其他方面的成功归因于饮酒的明示或者暗示；

"（七）关于酒类商品的各种评优、评奖、评名牌、推荐等评比结果；

"（八）不符合社会主义精神文明建设的要求，违背社会良好风尚和不科学、不真实的其他内容。"

《广告法》（2015年版）第二十三条基本上沿用了上述规定，并进一步提炼为四个方面，即"酒类广告不得含有下列内容：（一）诱导、怂恿饮酒或者宣传无节制饮酒；（二）出现饮酒的动作；（三）表现驾驶车、船、飞机等活动；（四）明示或者暗示饮酒有消除紧张和焦虑、增加体力等功效"。

补充资料 6.3

韩国有关酒类明星代言广告的规定

韩国拟禁止24岁以下明星代言酒类[①]

据中国之声"全球华语广播网"报道，韩国国会最近通过了一个法案，禁止24岁以下的人做酒类广告的代言人。近年来，韩国青少年饮酒比例激增，高达16%，每年大学开学季都要发生在各种欢迎会上新生饮酒过度而死亡的事情。

韩国国会议员在调查这件事情的过程中发现，这些年，韩国酒类广告代言人越来越年轻，甚至不到20岁的也大有人在。作为酒类公司，他们希望借助年轻艺人的影响力来促进酒的销售。而青少年看到自己喜欢的艺人做广告，更是爱屋及乌，一旦有机会就会去喝。因此有国会议员认为，限制酒类广告模特的年龄会有助于减少这种效应。

韩国之所以会出现给酒广告做代言的人越来越年轻的现象，主要是考虑到他们在大众当中的影响力。比如2012年，当时韩国青少年偶像花滑明星金妍儿，她做了一个啤酒品牌的广告，使得这种啤酒销售量激增。另外，更有甚者，在韩国拥有更多大叔粉丝的少女歌手IU，她竟然代言了韩国的大叔们最喜欢的烧酒的广告，IU是1993年出生的，到今年才22岁，可她做烧酒广告，已有两三年。

据悉，韩国70%的酒品牌代言人都是10多岁和20岁左右的年轻艺人。近年，韩国

---

① 南黎明.因青少年饮酒激增 韩拟禁止24岁以下明星代言酒类[EB/OL].(2015-05-17)[2017-04-09].http://news.china.com.cn/live/2015-05/07/content_32609532.htm.

艺人的年龄越来越小,经纪公司培养艺人都是从小时候开始,甚至从小学生就开始培养了。比如说,美女演唱组合少女时代,她们很多就从小学开始从艺,那这些艺人出道时,基本上都只是高中生甚至初中生。演艺界平均年龄越来越低,艺术寿命也越来越短,这也是造成广告模特年龄越来越低的一个原因。

在韩国,按有关法律,青少年的年龄上限是 24 岁。政府期待着修正这条法律,以培养青少年健康的饮酒文化。按照韩国法律,未成年青少年是禁止饮酒的。韩国政府规定,凡是向未满 19 岁的青少年销售香烟和酒的商人,将受到法律的惩罚。

但上了大学的学生饮酒就相对自由了,尤其过了 19 岁,一聚会就喝酒,而且韩国男人都有这样一种意识,不管是男孩儿还是女孩儿都要喝点酒,将来在社会里,在生活当中,交际才会比较顺利。所以,在大学里,即使是师生聚会,或者是春游,教授们也会和学生们一起,把喝点酒看作一种更好的交流方式。

对于通过的新法案,普通的父母对韩国的新政策表示欢迎,因为此举可以更安全一些。但是酒业公司和广告公司坚决反对,他们认为这种规定会使广告业和酒业出现萎缩的现象。

韩国首尔禁止在超市张贴明星代言的酒类广告①

今后在韩国首尔市内的企业型超市(大型超级卖场)和便利店内,大家不会再见到一些艺人,如李孝利、泫雅、具荷拉、孝琳等代言的烧酒或啤酒的广告海报了。另外,收银台和出入口附近的柜台也被禁止陈列各种酒类商品。顾客只能在不显眼的角落里找到酒的影子。

首尔市在 19 日制定了“酒类接触最小化方案”,内容主要为限制企业型超市(大型超级卖场)和便利店内酒类的陈列和广告的张贴,并立即在首尔市内的 5500 家企业型超市和便利店实行了该方案。该方案的实施在于遏制青少年的饮酒和冲动性购买酒的频率。还将有超过 2 万家的便民超市从 5 月份开始实施该方案。

这是首次以禁止艺人形象出现的方式对广告进行限定。迄今为止,顾客在每家超市都能很容易地看见酒类广告,为了向青少年增强亲近感,女艺人和偶像明星占领了酒类广告市场,成为公众批判的对象。

在一些发达国家,很早以前就有规定,禁止运动明星等有名人士接拍酒类广告。

该方案内容还规定,在销售酒类商品时,销售人员必须要核对顾客的身份证,并要对酒类销售人员进行连续 2 次的有关教育培训,每次 30 分钟。职员替换得比较频繁的便利店需要对员工进行每周至少 1 次的教育培训。

---

① 韩国首尔禁止在超市张贴明星代言的酒类广告[EB/OL]. (2014-03-24)[2017-04-09]. http://www.a.com.cn/info/world/2014/0324/265379.html.

酒类广告和促销也被安上了框架,广告传单、捆绑销售等能够促进酒类消费的销售活动都被禁止了。

这次制定的方案里的各类事项并没有法律上的约束力。首尔市福祉健康室长姜宗必先生表示:"我们将会持续实行消费者监督制度,并会致力于相关法律的修订。"

2. 促销禁止

《酒类广告管理办法》第八条规定:"在各类临时性广告活动中,以及含有附带赠送礼品的广告中,不得将酒类商品作为奖品或者礼品出现。"

3. 禁止与医、药混淆

《酒类广告管理办法》第六条要求:"酒类广告应当符合卫生许可的事项,并不得使用医疗用语或者易与药品相混淆的用语。经卫生行政部门批准的有医疗作用的酒类商品,其广告依照《药品广告审查办法》和《药品广告审查标准》进行管理。"

《广告法》(1995年版)第十九条也针对酒类等广告做了上述规定,即"食品、酒类、化妆品广告的内容必须符合卫生许可的事项,并不得使用医疗用语或者易与药品相混淆的用语"。《广告法》(2015年版)第十七条则扩大了上述条款的适用范围,规定:"除医疗、药品、医疗器械广告外,禁止其他任何广告涉及疾病治疗功能,并不得使用医疗用语或者易使推销的商品与药品、医疗器械相混淆的用语。"至此,此条款成为通用性的规则,适用于除医疗、药品、医疗器械广告以外的所有广告。

另外,如前所述,本章所说的酒类,不包括药酒和保健食品酒。事实上,药酒和保健食品酒分别归属于药品和保健食品,因而必须遵守药品和保健食品的相关法律规范,在发布广告前必须经过行政性审查。

延伸阅读:

1. 邓文辉. 对酒类广告漠视社会责任的剖析[J]. 现代经济信息,2009(24):30-31.

2. 三条酒类广告禁令考量社会责任[EB/OL]. (2015-05-22)[2017-10-09]. http://www.chinajiuye.com/news/show-5962.html.

3. 谢旭阳. 酒类广告中出现自行车骑行画面违法吗? [EB/OL]. (2017-07-29)[2017-10-12]. http://blog.sina.com.cn/s/blog_471ca21d0102xyhr.html.

4. 我们是否应该为了青少年而禁掉酒类广告? [EB/OL]. (2017-01-12)[2017-10-29]. http://www.chinajiuye.com/news/show-10656.html,2017-01-12.

5. 澳大利亚研究:酒类包装广告可影响饮酒习惯[J]. 中国食品学报,2017

（4）:279.

6. 孙珊,周孝,周清杰. 我国白酒广告监管的社会效益研究——以机动车交通事故为例[J]. 财会月刊, 2017 (24):39-46.

第七章　烟草广告法规

根据《烟草广告管理暂行办法》，烟草广告是指烟草制品生产者或者经销者（以下简称烟草经营者）发布的，含有烟草企业名称、标识，烟草制品名称、商标、包装、装潢等内容的广告。

烟草是人类社会最矛盾、最特殊的商品。一方面，烟草是一些人所钟爱的消费品，也是政府税收重要的来源之一。以我国为例，我国对烟草行业实行"寓禁于征"的税收政策，行业税利一直是国家和地方财政收入的"蓄水池"。2015 年，烟草行业实现工商税利 11436 亿元，增长 8.73%；上缴税收和利润 10950 亿元，增长 20.2%；行业上缴税利占全国一般公共预算收入的 7.19%。同年，云南、湖南、贵州三省，烟草工商税利与地方财政收入的比值分别达到 50.18%、24.24% 和 19.27%。①

另一方面，吸烟有害健康日益成为社会共识，对烟草成为控制成为大势所趋。根据世界卫生组织公布的数据，烟草流行已经成为世界面临的最大公共卫生威胁之一，每年使大约 700 万人失去生命。② 中国疾病预防控制中心发布的《2015 中国成人烟草调查报告》也显示，我国每年超过 100 万人死于烟草导致的相关疾病。③ "到 2050 年中国每年因烟草相关疾病死亡的人数将超过 300 万。"④北京大学李玲教授以我国 2005 年的数据做过测算，吸烟导致疾病的直接成本和间接成本总和占当年国内生产总值的 1.15%—1.57%，基本抵消了烟草利税收益。⑤

烟草产品的特殊性决定了烟草广告管理的两难性，并直接导致了有关烟草广告持

---

① 霍晨，韩彦东，丁冬. 烟草税利对财政收入贡献的重要地位没有改变[EB/OL]. (2016-05-10)[2017-04-09]. http://www.eastobacco.com/zxbk/jryw/201605/t20160510_402156.html.

② 烟草实况报道（2018 年 3 月更新）[EB/OL]. (2018-03-01)[2017-04-09]. http://www.who.int/mediacentre/factsheets/fs339/zh/.

③ 我国每年有超 100 万人死于烟草导致的相关疾病[EB/OL]. (2016-01-27)[2017-04-09]. http://health.sohu.com/20160127/n436131234.shtml.

④ 烟草广告：全面禁止与广泛禁止之争[EB/OL]. (2014-09-01)[2017-04-09]. http://www.cnr.cn/360/jinzhiyancao/201409/t20140901_516357322_1.shtml.

⑤ 黄烨. 吸烟成本高达 2800 亿　卫生部反对烟草参评科技奖[EB/OL]. (2012-04-13)[2017-04-09]. http://health.dahe.cn/man/dt/201204/t20120413_347670.html, 2012-04-13.

续而激烈的争论,同时间接地表现为相关法律法规的内在矛盾。虽然有证据证明,全面禁止一切烟草广告、促销和赞助可使烟草消费平均减少约7％,有些国家的消费会出现高达16％的下降,但到目前为止,只有37个国家(占世界人口的15％)全面禁止一切形式的烟草广告、促销和赞助。[①]

改革开放以来,我国出台了一系列烟草广告法律法规,加强对烟草广告的管控。除《广告法》、《中华人民共和国烟草专卖法》(以下简称《烟草专卖法》)、《烟草广告管理暂行办法》等以外,我国还正式签署并通过人大常委会审议了《烟草控制框架公约》,向国际社会承诺了在我国广泛禁止烟草广告。在此,编者以上述法律法规为基础,梳理烟草广告法律规范的主体内容。

表 7-1　烟草广告相关法规一览表

序　号	名　称	颁布机构	颁布日期	施行日期	有效性
1	《广告管理暂行条例》	国务院	1982-02-06	1982-05-01	失效
	《广告管理条例》		1987-10-26	1987-12-01	有效
2	《广告管理条例施行细则》	国家工商行政管理局	1988-01-09	1988-01-09	修订
			1998-12-03	1998-12-03	修订
			2000-12-01	2000-12-01	修订
			2004-11-30	2005-01-01	修订
			2011-12-12	2012-01-01	废止 (2016-04-29)
3	《中华人民共和国烟草专卖法》	全国人大常委会	1991-06-29	1992-01-01	修订
			2009-08-27	2009-08-27	修订
			2013-12-28	2014-03-01	修订
			2015-04-24	2015-04-24	有效
4	《广告法》	全国人民代表大会常务委员会	1994-10-27	1995-02-01	修订
			2015-04-24	2015-09-01	有效
5	《烟草广告管理暂行办法》	国家工商行政管理局	1995-12-20	1995-12-20	修订
			1996-12-30	1996-12-30	废止(2016-04-29)

---

① 烟草实况报道(2018 年 3 月更新)[EB/OL]. (2018-03-01)[2018-04-09]. http://www.who.int/mediacentre/factsheets/fs339/zh/.

续 表

序 号	名 称	颁布机构	颁布日期	施行日期	有效性
6	《广播电视广告播放管理暂行办法》	国家广播电影电视总局	2003-09-15	2004-01-01	失效(2010-01-01)
7	《广播电视广告播放管理办法》		2009-09-08	2010-01-01	有效
8	《对确需保留的行政审批项目设定行政许可的决定》	国务院	2004-06-29	2004-06-29	有效
9	《关于批准世界卫生组织〈烟草控制框架公约〉的决定》	全国人大常委会	2005-08-28	2005-08-28	有效
10	《关于第六批取消和调整 行政审批项目的决定》	国务院	2012-09-23	2012-09-23	有效
11	《关于第二批取消152项中央指定地方实施行政审批事项的决定》	国务院	2016-02-19	2016-02-19	有效

第一节　烟草广告禁止性规范

在全球控烟的大背景下,我国逐渐加大了对烟草广告的管控,并对烟草广告作出了较为严格的禁止性规定。这些规定主要涉及烟草广告发布的媒介和场所禁止、烟草广告形式禁止以及烟草广告特殊对象禁止三个方面。

一、烟草广告发布的媒介和场所禁止

从历时性的角度来看,我国禁止烟草广告发布的媒介和场所是不断增加的,从最早的主要大众媒介,延伸到一些重要的公共场所,直至《广告法》(2015 年版)覆盖到了所有的大众媒介以及公共场所、公共交通工具、户外广告媒介。

1.主要大众媒介禁止

1987 年 12 月 1 日起实施的《广告管理条例》第十条规定:"禁止利用广播、电视、报刊为卷烟做广告。"

《烟草专卖法》第十八条沿用了上述规定,"禁止在广播电台、电视台、报刊播放、刊登烟草制品广告"。

2. 主要大众媒介及公共场所禁止

《烟草广告管理暂行办法》第三条扩大了禁止的范围,即"禁止利用广播、电影、电视、报纸、期刊发布烟草广告。禁止在各类等候室、影剧院、会议厅堂、体育比赛场馆等公共场所设置烟草广告"。

《广告法》(1995年版)第十八条与上述条文完全一致,即"禁止利用广播、电影、电视、报纸、期刊发布烟草广告。禁止在各类等候室、影剧院、会议厅堂、体育比赛场馆等公共场所设置烟草广告"。

3. 所有大众媒介、公共场所、公共交通工具以及户外广告禁止

《广告法》(2015年版)第二十二条第一款,进一步扩大了媒介和场所禁止的范围,规定:"禁止在大众传播媒介或者公共场所、公共交通工具、户外发布烟草广告。"

《中国烟草控制规划(2012—2015年)》提出:"广泛禁止烟草广告发布。禁止利用广播、电影、电视、报纸、期刊发布以及在各类等候室、影剧院、会议厅堂、体育比赛场馆等公共场所发布烟草广告。"同时,"进一步修订完善《广告法》和《烟草广告管理暂行办法》,将禁止发布烟草广告媒介和场所的范围扩大到互联网、图书、音像制品、博物馆、图书馆、文化馆等公共场所以及医院和学校的建筑控制地带、公共交通工具"。虽然该《规划》本质上并不是法律法规,却折射出了我国政府对烟草广告的总体态度。可以预见,为了兑现我国签署《烟草控制框架公约》时有关"广泛禁止所有的烟草广告、促销和赞助"的国际承诺,我国将进一步扩大烟草广告媒介和场所禁止的范围。

二、烟草广告形式禁止

尽管我国广泛禁止烟草广告,但并未全面禁止烟草广告。在相当长的一段时期内,我国默认或公开许可一些特定类型的烟草广告。当然,我国开始注意到相关法律法规存在的问题,进而对这些特定类型的烟草广告作出了禁止性规定。

1. 烟草同名广告

所谓烟草同名广告,在此特指其"商标名称及服务项目名称与烟草商标名称相同"的其他商品、服务的广告。

为了规避法律风险和伦理争议,烟草企业常常借用同名广告进行烟草品牌推广。通常的做法是,烟草企业用烟草品牌名称,另外注册一家经营非烟草业务的公司,然后以该公司的名义做广告,从而达到间接推广烟草品牌的目的。

从广告效果来看,同名广告当然应该算是烟草广告,至少应该属于变相烟草广告。但是,长期以来,这种同名广告公然出现在各大媒体上,被排除在变相烟草广告禁止的范畴之外。(详见补充资料7.1)

出现上述情况的根本原因,还在于《烟草广告管理暂行办法》为其提供了合法性依据。该办法第七条规定:"其他商品、服务的商标名称及服务项目名称与烟草制品商标名称相同的,该商品、服务的广告,必须以易于辨认的方式,明确表示商品名称、服务种类,并不得含有该商品、服务与烟草制品有关的表示。

"广告主发布前款规定的广告,应当提供下列证明文件:

"(一)由政府有关部门出具的该企业生产或者经营该商品、服务的资格证明文件;

"(二)该商品或者服务在我国取得的商标注册证;

"(三)该企业在我国境内实际从事该商品、服务的生产或者经营活动的证明;

"(四)广告管理法律、法规规定的其他证明文件。"

直到《广告法》(2015年版)出台,烟草同名广告才受到了一定程度的制约。该法第二十二条第二款要求:"禁止利用其他商品或者服务的广告、公益广告,宣传烟草制品名称、商标、包装、装潢以及类似内容。"2016年4月29日,《烟草广告管理暂行办法》被废止,烟草同名广告才失去了直接的法律依据。

补充资料7.1

变相烟草广告,认定有多难?[①]

2010年10月22日,北京市海淀区法院受理了中华女子学院法律系讲师朱晓飞对"北京市工商行政管理局(以下简称'北京市工商局')对中央电视台第10套节目播放烟草广告的行为不予查处"的起诉。

这是一起公益诉讼。朱晓飞介绍说,几乎每天晚上,中央电视台第10套节目都会打出"山高人为峰,红塔集团,努力打造世界领先品牌,云南红塔集团有限公司"字样,以及"山高人为峰,红塔集团"的画外音。朱晓飞认为,这则广告很明显属于法律法规禁止的烟草广告。

5月10日,朱晓飞向北京市工商局提出行政申请,要求其对中央电视台播放烟草广告的行为予以查处。24日,北京市工商局给朱晓飞的答复函称,该广告为红塔集团企业形象广告,并非烟草广告或者变相烟草广告。朱晓飞对此答复并不满意,向国家工商行政管理总局(以下简称"国家工商总局")申请行政复议。9月16日,国家工商总局作出

---

① 李炜. 变相烟草广告,认定有多难[EB/OL]. (2010-11-15)[2017-04-09]. http://newspaper.jcrb.com/html/2010-11/15/content_57950.htm.

维持北京市工商局行政复议的决定。朱晓飞向海淀区法院提起行政诉讼,请求法院撤销北京市工商局的决定。

争议焦点:是否烟草广告

北京市工商局认为:"云南红塔集团有限公司的经营范围为在国家法规、政策允许范围内进行投资、开发。"云南省工商行政管理局出具证明:"认定该广告画面内容及广告语不含烟草广告元素,且未用在烟草广告中宣传。"该广告不同于《烟草广告管理暂行办法》第二条规定的烟草广告,即烟草制品生产者或者经销者发布的,含有烟草企业名称、标识、烟草制品名称、商标、包装、装潢等内容的广告。该广告是红塔集团的企业形象广告,并非烟草广告或者变相烟草广告。

朱晓飞认为,被告和国家工商总局对该广告的认定是错误的。从内容看,该广告包含了众多明显的烟草广告元素,包含了"红塔集团"这一知名烟草公司的名称,并且在电视媒体上发布,属于烟草广告。从发布主体看,红塔集团通过经营范围属于非烟草企业的子公司宣传自身企业形象,从而达到非法宣传其企业烟草制品的目的,具有规避法律之嫌。另外,该广告从一开始就是为了产生烟草广告宣传的效果,且事实上也达到了烟草广告宣传的目的。依据广告法和《烟草广告管理暂行办法》的规定,北京市工商局应当履行查处职责。

烟草广告:认定难,难在哪

"其实,对于烟草广告,我国早有法律法规规定予以限制。"中国广告协会法律服务中心主任李方午说,我国的广告法及《烟草广告管理暂行办法》,都对烟草类广告作出了关于刊播媒体和场所的禁止性规定。2005年,我国还加入了世界卫生组织《烟草控制框架公约》,该公约已于2006年1月在我国正式生效。

"虽然有禁令,但烟草企业为了达到营销目的,会采取各种方法,尤其是变相烟草广告的方法打广告,这加大了有关部门对烟草广告的认定及查处难度。"朱晓飞的代理律师、北京市东方公益法律援助律师事务所黄金荣分析说,"仔细研究一些法律法规便会发现,其中一些规定存在缺陷,容易让烟草企业钻空子。"

据《2010年中国控制吸烟报告》,目前我国法律仅规定在5类媒体(指广播、电影、电视、报纸、期刊)和4类场所(指各类等候室、影剧院、会议厅堂、体育比赛场馆)禁止直接烟草广告,对户外广告没有限制;对间接广告没有明确定义,可操作性不强。

李方午告诉记者,目前有些广告在"打擦边球",如有些烟草企业设立了子公司,并以子公司的名义发布企业广告,从而给认定烟草广告带来一定的难度。一般来说,判断一个广告是不是烟草广告,可以从广告中出现的商标、包装、关键字、广告语等方面来判断。这其中只要有一项曾在烟草广告中使用过,该广告都可能被认定为烟草广告或变相烟草广告。

"烟草有危害,几乎人人都知道。既然如此,为何不从源头上禁止企业生产?"北京问天律师事务所律师张兴回答记者说,这在国际上也是一个无法根本解决的难题。因为目前,烟草还是某些地方政府的主要财政收入来源之一,要彻底禁烟,需要转变产业结构,而这需要一个长期的过程。眼下最重要的是,地方政府应当转变经济发展模式,逐步减少对烟草税收的依赖,进而减少烟草的种植面积。

李方午的看法是,对于烟草广告的控制程度究竟怎么样,还是要从我国的实际国情出发。当前,毕竟还有大量的农民靠种植烟草为生,烟草对我国的税收贡献是巨大的,国家禁烟要综合考虑各种因素包括经济因素、税收因素、健康因素以及国际因素。

禁止烟草广告,还需多方联手

朱晓飞认为,要想禁止烟草广告,首先要完善立法,对相关法律法规进行修改,在修改过程中充分考虑现实存在的问题,堵塞相关漏洞。其次,在执法层面,政府要避免受到企业利益的影响,力争作出公正的决定。与全民健康相比,经济利益只是暂时的。再次,仅仅依靠政府的力量是不够的,还要发动社会的力量如公益性组织等一起来禁止烟草广告。目前,许多变相的烟草广告都是通过网友的反映才浮出水面,这些都是政府监管没有发觉的。

张兴告诉记者,对于变相烟草广告的认定,应以公众对广告的感受为基准,就是广告产生的实际的社会效果、社会影响。是否认定为广告,应从受众的角度、从社会效应的角度来考虑,而不是仅考虑广告的存在形式。另外,有些关系还需要理顺。目前,我国的烟草买卖是由国家烟草专卖局管理的,但是烟草专卖局也是国家控烟的管理部门,这中间就可能存在利益冲突,建议把烟草专卖局的控烟职能交由其他部门管理。

李方午说,如果要进一步限制烟草企业投放广告,可以通过调查烟草广告发布资金来源的方式认定烟草广告——不管广告中用什么文化中心、运输公司或其他五花八门的名目,只要查出该笔资金的来源是烟草企业,这个广告就可以认定为烟草广告。

2. 与烟草有关的其他广告类型

除了烟草同名广告以外,《烟草广告管理暂行办法》第九条公开认可烟草经营者发布的其他类型广告或广告形式,具体包括:

"(一)社会公益广告;

"(二)迁址、换房、更名等启事广告;

"(三)招工、招聘、寻求合作、寻求服务等企业经营广告;

"(四)广播、电影、电视节目首尾处出现的鸣谢单位或者赞助单位名称;

"(五)报纸、期刊报花、栏目上标明的协办单位名称。"

只不过，"烟草经营者利用广播、电视、电影、报纸、期刊发布"上述"广告时，不得出现烟草制品名称、商标、包装、装潢。出现的企业名称与烟草商标名称相同时，不得以特殊设计的办法突出企业名称"。

虽然《烟草广告管理暂行办法》已被废止，但上述条文的基本精神却在《广告法》（2015 年版）中得以保留。该法第二十二条第三款规定："烟草制品生产者或者销售者发布的迁址、更名、招聘等启事中，不得含有烟草制品名称、商标、包装、装潢以及类似内容。"看来，《广告法》（2015 年版）表面上禁止了变相烟草广告，但又并未完全杜绝烟草生产者和销售者的迁址、更名、招聘等启事广告形式。也就是说，《广告法》（2015 年版）也并未完全杜绝变相烟草广告。而且，从操作的角度而言，《广告法》（2015 年版）的规定反倒较为粗略，不及《烟草广告管理暂行办法》那样具有较强的指导性。

如前所述，我国只是广泛禁止烟草广告，而并未全面禁止烟草广告。这在一定程度上回应了烟草企业进行广告推广和品牌营销的客观需求。因此，《广告法》（2015 年版）承继了《烟草广告管理暂行办法》的内在矛盾，一方面对烟草广告作出了较为苛刻的禁止性规定，另一方面又默认甚至公开承认一些特定类型烟草广告的存在。

三、烟草广告特殊对象禁止

为了保护未成年人，《广告法》（2015 年版）第二十二条第二款规定："禁止向未成年人发送任何形式的烟草广告。"

补充资料 7.2

烟草广告：全面禁止与广泛禁止之争①

围绕控烟话题，一边是不断出击的卫生系统出身的控烟人士，另一边是专司防守、偶尔反击的以国家烟草专卖局为代表的烟草系统，双方经历了旷日持久的攻防大战。

2014 年 7 月 9 日，世界卫生组织总干事陈冯富珍访华时，敦促中国马上采取更为严格的烟草控制政策，否则，"到 2050 年中国每年因烟草相关疾病死亡的人数将超过 300 万"。

此前的 6 月 9 日，53 位公共卫生和法律领域的专家以及控烟工作者向全国人大法工委递交了一封题为《为〈广告法〉修订稿中关于烟草广告条款致人大法工委函》的联名信。信中呼吁，《广告法》有关烟草广告的修订，必须以全面禁止所有的烟草广告、促销和赞助为基本原则——这是关系到中华民族和后代健康的原则。

而在 2014 年 4 月份，中国烟草学会就《广告法（修订草案）》（征求意见稿）召开了研

---

① 烟草广告：全面禁止与广泛禁止之争 [EB/OL].（2014-09-01）[2017-04-09]. http://www.cnr.cn/360/jinzhiyancao/201409/t20140901_516357322_1.shtml.

讨会。据烟草系统的官方媒体东方烟草网披露,会上,最高人民法院、北京德恒律师事务所的专家及部分烟草零售客户代表都指出,烟草企业作为合法的市场经济主体,依法享有广告推销的基本权利,如果全面禁止烟草广告,将严重损害烟草行业依法经营的权利。

控烟派吁禁一切烟草广告

2014年6月4日,中国政府网上出现一则消息:当天,国务院总理李克强召开常务会议,讨论通过了《广告法(修订草案)》(以下简称《草案》)。据称,这份《草案》经进一步修改后将提请全国人大常委会审议,新版《广告法》最快年内就能出台。

两天后,新探健康发展研究中心副主任吴宜群正在中国控制吸烟协会开会。来自卫计委的消息"火急火燎"地传来——《草案》最后一版的稿子出来了,内容不太理想,而且马上就要递交全国人大。

吴宜群心急起来。接连两天,这位10多年前从中国预防科学院副院长职位上退下来的"控烟老太太"忙着联系记者、发布微博话题,以求舆论关注烟草广告。

20世纪五六十年代,当科学家发现烟草危害人体健康之后,各国政府陆续禁止烟草广告。1987年,我国颁布《广告管理条例》,开始禁止利用广播、电视、报刊发布烟草广告。

直到2013年,《广告法》的修改才被列入十二届全国人大常委会立法规划和当年的立法计划预备项目。

"《广告法》20年才迎来一次修订,下次修法不知将是何时。而且,这是中国履行《烟草控制框架公约》(以下简称《公约》)以后第一次修订与控烟相关的国家级别的法律,我们特别希望这个法律能够修得完善一些,能够体现《公约》的基本精神。"吴宜群对时代周报记者说。

今年初,国务院法制办征求有关方面意见后,会同国家工商总局研究修改,最终形成了《草案》(征求意见稿)。该稿曾在2月21日—3月24日面向社会公开征求意见。

"目前,征求意见稿第20条通过列举法来确定禁止烟草广告的范围。但当代科技日新月异,采用列举法,永远不可能列举(完)所有烟草广告载体。譬如,目前大量存在的户外烟草广告以及500多万个烟草零售店的促销广告都不在禁止之列;而且,烟草业采用的卷烟品吸会、评选会、颁奖会、烟友俱乐部等花样翻新的广告、促销活动也未被《草案》禁止。"中国控制吸烟协会常务副会长兼秘书长许桂华说。

烟草业的反击

对于这些卫生及法律专家的建议,烟草界明言反对。

其实,自从中国加入《公约》,控烟派与烟草业就在烟草广告这一问题上存有立场分歧。

2006 年 8 月,经济科学出版社发行了《WHO〈烟草控制框架公约〉对案及对中国烟草影响对策研究》(以下简称《双对》)一书。作为《双对》资料翻译组成员,该书作者记录了一段有关《公约》的谈判往事:

2004 年 3 月最后一次谈判后,中国政府代表团承担了《公约》中文文本的审核工作。《双对》课题组所属的资料翻译组成员作为国家烟草专卖局参加政府间谈判的代表,积极参与了全部审校过程,并对原《公约》中文文本存在的一些术语翻译不恰当问题进行了修改。

然而,在 2014 年 4 月召开的一场研讨会上,中国烟草学会邀请的一位外交部专家却在还原我国参与《公约》谈判的情况时表示,当年正是因为考虑到"广泛禁止"与我国《广告法》关于烟草广告的规定基本一致,我国才接受了《公约》。该专家认为,《广告法》修订要根据《公约》确立的"广泛禁止"的立场,做好国内法与国际法之间的衔接。

由于立场不同,多年以来,控烟派与烟草业一直明争暗斗。"连续七八年,几乎每年'两会'都会有代表、委员提交议案、提案,从控烟的角度,建议修改现行《广告法》。"

吴宜群说:"议案、提案上交后,国家工商总局的回复挺好,承诺不仅要修,而且要参照《公约》的实施准则来修。"

然而实际情况是,2013 年下半年以来,《广告法》修订工作提速。"国家烟草专卖局下面设有法制科,这段时间,他们几乎三天两头往部委里跑,使出浑身解数,减少修法可能带来的不利影响。"一位不愿具名的医卫学者告诉时代周报记者。

控烟须打破"财税依赖"

在吴宜群看来,目前针对烟草广告的监管存在很多漏洞。比如,企业赞助教育、环保等公益事业本是好事,但烟草业赞助的学校都要标上"烟草希望学校""中南海希望小学"之类校名,还要张贴"烟草助你成长"等口号。"这是以赞助之名,行冠名促销之实。但我国现行法律和《广告法》修订草案都没有加以禁止。"她对此感到无奈。

据不完全统计,目前,全国现有以烟草或烟草品牌冠名的"希望小学"或"希望学校"不下百余所。

"国内外的经验都表明,如果只是部分禁止烟草广告,那么,烟草企业肯定会最大限度地涌向未被禁止的领域,而广告和促销对青少年的影响极大。"吴宜群说。

然而,烟草业却极力反对全面禁止烟草广告。在 2014 年 4 月中国烟草学会举办的《广告法》修订专题研讨会上,最高人民法院的一位专家甚至表示,全面禁止烟草广告与我国批准的《公约》不符,超出了我国在国际上的承诺。实行所谓的全面禁止,随意增加我国义务,将有损国家利益。

中投顾问食品行业研究员向健军向时代周报记者提供的一组数据,或许能够解释"国家利益"的含义。资料显示,实施全面烟草广告禁令的国家,烟草消费量降低近 9%,

而部分禁止烟草广告的国家中,消费量仅降低1%。

"由此可见,实施全面禁止烟草广告对降低烟草消费量的效用远远高于部分禁止。如果国内全面禁止烟草广告,对于烟草行业来说将是一个重大的打击。"向健军表示。

事实上,烟草系统过去一直扮演着"现金奶牛"的角色。譬如,2014年1月,上海税收部门首次公布纳税企业百强名单,其中,上海烟草集团2013年的纳税额达到647.3亿元,占第二产业税收的42.38%,位居工业纳税榜首,甚至超过了第2名至第10名的纳税总和。

此前,中国疾控中心控烟办发布的《中国烟草业经济和财政效益再评估》报告则指出,中央财政对烟草业的依赖性很大,烟草行业中央税收占中央税总额的8.32%。就全国平均而言,地方财政对烟草行业的依赖性较小,但由于烟草行业的地域集中性,某些地区,如云南、湖南、贵州等地,地方财政对烟草行业的依赖性极高。

"中国的控烟,根子上就是一点,高层领导是否下定决心,革除税收对烟草的依赖。"一位不愿具名的控烟人士对时代周报记者表示。

事实上,行动已经开始。2013年12月,中央办公厅、国务院办公厅印发《关于领导干部带头在公共场所禁烟有关事项的通知》。2014年全国"两会"期间,禁止会场吸烟,不接受烟草赞助和捐赠,不摆放烟具等规定被写入会议须知。

在许桂华看来,中央"禁烟令"是我国控烟进程中一个重大的里程碑事件,意义十分重大。而"两会"的控烟做法,对全国无烟单位、无烟办公场所的建设将起到积极推动作用。

某种程度上,中央"禁烟令"已对烟草市场尤其是高级烟草市场带来了一定的冲击。国家统计局的数据显示,2014年一季度,中国规模以上烟草制品业实现主营业务收入2709.3亿元,相比2013年同期增长4%;实现利润总额432.2亿元,同比减少0.1%。

"当前,全球都处于禁烟态势,国内学者呼吁全面禁止烟草广告以及中央'禁烟令'都是国内烟草业面临的重大挑战,故而,烟草企业的转型已经迫在眉睫。"向健军说。

第二节　烟草广告审批程序规范

烟草广告审批,特指烟草广告行政审批,是政府行政部门在烟草广告发布前对其进行的审查和批准,其本质是行政许可。虽然2016年2月烟草广告审批被取消,但鉴于该制度延续了近30年,对我国烟草广告管理产生了重大影响,编者依然将其单列一节,整理其设立依据、审批流程以及演变历程。

一、烟草广告审批设立依据

由于历史的原因,烟草广告审批的设立依据,主要来自两部部门规章。

1.《烟草广告管理暂行办法》

1996 年 12 月 30 日,国家工商行政管理局颁布实施《烟草广告管理暂行办法》。该办法第五条明确规定:

"在国家禁止范围以外的媒介或者场所发布烟草广告,必须经省级以上广告监督管理机关或者其授权的省辖市广告监督管理机关批准。

"烟草经营者或者其被委托人直接向商业、服务业的销售点和居民住所发送广告品,须经所在地县级以上广告监督管理机关批准。"

这一条款不仅成为设立烟草广告审批的法律依据,而且设定了烟草广告审批机关的职能分工。

2.《广告管理条例施行细则》

1998 年 12 月 3 日生效的《广告管理条例施行细则》第九条明确规定:"广告客户申请利用广播、电视、报刊以外的媒介为卷烟做广告,须经省、自治区、直辖市工商行政管理局或其授权的省辖市工商行政管理局批准。"

其后,《广告管理条例施行细则》两易其稿,但均沿用了第一稿中的规定,即 2000 年 12 月 1 日生效的《广告管理条例施行细则》第九条、2005 年 1 月 1 日生效的《广告管理条例施行细则》第八条均规定:"广告客户申请利用广播、电视、报刊以外的媒介为卷烟做广告,须经省、自治区、直辖市工商行政管理局或其授权的省辖市工商行政管理局批准。"

二、烟草广告审批流程

事实上,无论是《烟草广告管理暂行办法》,还是《广告管理条例施行细则》,都没有提供有关烟草广告审批流程的具体规范。但出于工作开展的需要,一些地方政府通过其官方网站,公开了烟草广告审批流程及要求。以此为基础,编者梳理出烟草广告审批的一般流程。[1]

---

　① 烟草广告审批[EB/OL]. (2015-06-29)[2017-04-09]. http://www.hunan.gov.cn/fw/frfw/slbg/qzspxk/fwzn_55688/201506/t20150629_1780729.html.

1. 办理条件

广告主发布烟草广告,应当具备下列条件:"(一)由政府有关部门出具的该企业生产或者经营该商品、服务的资格证明文件;(二)该商品或者服务在我国取得的商标注册证;(三)该企业在我国境内实际从事该商品、服务的生产或者经营活动的证明;(四)法律、法规规定的其他证明文件。"

2. 申请材料

申请烟草广告审批,应当提交以下材料:"(一)发布烟草广告申请书;(二)烟草公司和广告代理公司的营业执照复印件;(三)烟草广告代理发布的合同复印件;(四)烟草广告场地租赁合同复印件;(五)该商品在我国取得的商标注册证复印件;(六)公司法定代表人签署的《委托书》,应标明具体委托事项、被委托人的权限、委托期限;(七)被委托人的身份证复印件(由本人签字,并标注经核对与原件一致);(八)烟草广告样稿两份。以上各项未注明提交复印件的,应当提交原件;提交复印件的,应当注明'与原件一致'并加盖公章或法定代表人签字。"

3. 办理程序

办理程序可以分为 4 个阶段:(见图 7-1)

其一,受理。申请者提交的申请材料齐全、符合法定形式的,审批机关应当决定予以受理。申请材料齐全并符合法定形式,但申请材料需要核实的,应当决定予以受理,同时告知申请人需要核实的事项、理由及时间。申请材料存在可以当场更正的错误的,应当允许有权更正人当场予以更正,由更正人在更正处签名或者盖章、注明更正日期;经确认申请材料齐全,符合法定形式的,应当决定予以受理。申请材料不齐全或者不符合法定形式的,应当当场或者在 5 日内一次告知申请人需要补正的全部内容。告知时,将申请材料退回申请人并决定不予受理。

其二,审查。审查机关对申请人提交的申请材料进行审查。申请人提交的材料齐全、符合法定形式,行政机关能够当场作出决定的,应当当场作出书面决定。根据法定条件和程序,需要对申请材料的实质内容进行核实的,行政机关应当指派 2 名以上工作人员进行核查。

其三,决定。对申请材料进行审查后,除当场作出决定外,应当自受理之日起 3 个工作日内作出批准决定。不予批准的,作出不予批准的书面决定,并告知申请人享有依法申请行政复议或提起行政诉讼的权利。

其四,颁证。经批准的,由审批机关颁发《烟草广告批准文号》。

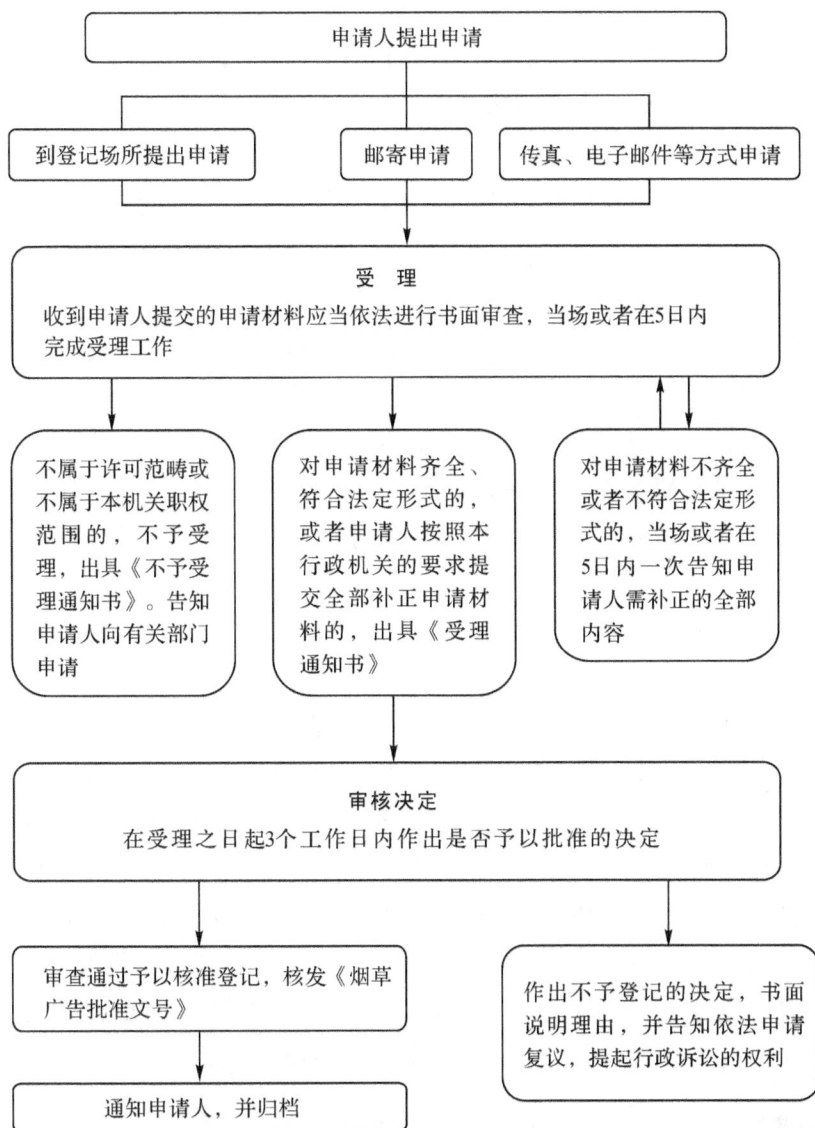

图 7-1 烟草广告审批流程图

三、烟草广告审批制度的变迁

自 1996 年设立以来,烟草广告审批经历了三次制度变迁,第一次予以保留,第二次进行调整,第三次则被取消。

1.保留

《对确需保留的行政审批项目设定行政许可的决定》由国务院于 2004 年 6 月 29 日

颁布,并于 2004 年 7 月 1 日正式实施。"依照《中华人民共和国行政许可法》和行政审批制度改革的有关规定,国务院对所属各部门的行政审批项目进行了全面清理。由法律、行政法规设定的行政许可项目,依法继续实施;对法律、行政法规以外的规范性文件设定,但确需保留且符合《中华人民共和国行政许可法》第十二条规定事项的行政审批项目,根据《中华人民共和国行政许可法》第十四条第二款的规定,现决定予以保留并设定行政许可,共 500 项。"

其中,"烟草广告审批"在"对确需保留的行政审批项目设定行政许可的目录"中,位列第 238 项。这意味着烟草广告审批虽然由法律、行政法规以外的规范性文件设定,但系国务院认可的"确需保留"的行政审批项目,因而予以保留。

同时,该决定将《烟草广告管理暂行办法》和《广告管理条例施行细则》所确定的"省级以上广告监督管理机关或者其授权的省辖市广告监督管理机关"负责烟草广告审批,调整为"工商总局、省级人民政府广告监管机关或其授权的省辖市人民政府广告监管机关"。

2. 调整

2012 年 9 月 23 日,国务院发布《关于第六批取消和调整行政审批项目的决定》。该决定称:"2011 年以来,按照深入推进行政审批制度改革工作电视电话会议的部署和行政审批制度改革的要求,行政审批制度改革工作部际联席会议依据行政许可法等法律法规的规定,对国务院部门的行政审批项目进行了第六轮集中清理。经严格审核论证,国务院决定第六批取消和调整 314 项行政审批项目。"在调整的行政审批项目中,"烟草广告审批"位列"下放管理层级的行政审批项目"的第 52 项,将实施机关"工商总局、省级人民政府广告监管机关或其授权的省辖市人民政府广告监管机关"调整为"省、自治区、直辖市工商行政管理部门或其授权的省辖市工商行政管理部门"。

3. 取消

2016 年 2 月 3 日,国务院颁布《关于第二批取消 152 项中央指定地方实施行政审批事项的决定》,清理"以部门规章、规范性文件等形式设定的面向公民、法人和社会组织的审批事项",并要求"今后行政许可只能依据行政许可法的规定设定,不得把已取消的中央指定事项作为行政许可的设定依据。尚未制定法律、行政法规的,地方性法规可以设定行政许可;尚未制定法律、行政法规和地方性法规的,因行政管理的需要,确需立即实施行政许可的,省、自治区、直辖市人民政府规章可以设定临时性的行政许可"。其中,"烟草广告审批"在此批取消的 152 项行政审批事项中位列第 45 项。这无疑宣告了烟草广告审批制度正式退出历史舞台。

第三节 《烟草控制框架公约》

为了限制烟草危害在全世界范围内的肆意蔓延和泛滥,世界卫生组织经过近 10 年的努力,形成了《烟草控制框架公约》(*Framework Convention on Tobacco Control*,英文简称为 FCTC,以下简称《公约》)文本[①]。2005 年 2 月 28 日,《公约》正式生效。目前,《公约》已有 180 个缔约方,覆盖超过 80% 的世界人口,成为联合国历史上获得最广泛接受的条约之一。

鉴于《公约》对世界烟草控制的重大而直接的影响,和对缔约方的烟草广告作出了明确的规定,本章专辟一节梳理《公约》的主体内容和中国签约、履约情况。

一、《公约》内容框架

除序言外,《公约》包括 11 部分,共 38 条。就内容而言,《公约》可以分为实体性内容和程序性内容 2 个方面(见表 7-2)。

1.实体性内容

实体性内容主要陈述《公约》的理由、目标、指导原则和预期最终缔约方承担的义务。具体而言,包括序言、第一部分"引言"、第二部分"目标、指导原则和一般义务"、第三部分"减少烟草需求的措施"、第四部分"减少烟草供应的措施"、第五部分"保护环境"、第六部分"与责任有关的问题"以及第七部分"科学和技术合作与信息通报"8 个部分。其中,"减少烟草需求的措施"和"减少烟草供应的措施"是《公约》的主体和核心部分,是《公约》针对烟草控制这一特殊问题而列举的一些"最佳做法",为缔约方如何控烟指明了有效的方法和措施。

2.程序性内容

程序性内容囊括了一般框架公约所通常包含的内容,即第八部分"机构安排和财政资源"、第九部分"争端解决"、第十部分"公约的发展"、第十一部分"最后条款"。

---

① 世界卫生组织. 烟草控制框架公约[EB/OL]. (2009-03-31)[2017-04-09]. http://www.caca. org.cn/system/2009/03/31/010022732. shtml.

表 7-2 《公约》的内容框架

类 型	部 分	条 款
实体性内容	序言	/
	第一部分"引言"	第 1 条 术语的使用 第 2 条 本公约与其他协定和法律文书的关系
	第二部分"目标、指导原则和一般义务"	第 3 条 目标 第 4 条 指导原则 第 5 条 一般义务
	第三部分"减少烟草需求的措施"	第 6 条 减少烟草需求的价格和税收措施 第 7 条 减少烟草需求的非价格措施 第 8 条 防止接触烟草烟雾 第 9 条 烟草制品成分管制 第 10 条 烟草制品披露的规定 第 11 条 烟草制品的包装和标签 第 12 条 教育、交流、培训和公众意识 第 13 条 烟草广告、促销和赞助 第 14 条 与烟草依赖和戒烟有关的降低烟草需求的措施
	第四部分"减少烟草供应的措施"	第 15 条 烟草制品非法贸易 第 16 条 向未成年人销售和由未成年人销售 第 17 条 对经济上切实可行的替代活动提供支持
	第五部分"保护环境"	第 18 条 保护环境和人员健康
	第六部分"与责任有关的问题"	第 19 条 责任
	第七部分"科学和技术合作与信息通报"	第 20 条 研究、监测和信息交换 第 21 条 报告和信息交换 第 22 条 科学、技术和法律方面的合作及有关专业技术的提供
程序性内容	第八部分"机构安排和财政资源"	第 23 条 缔约方会议 第 24 条 秘书处 第 25 条 缔约方会议与政府间组织的关系 第 26 条 财政资源
	第九部分"争端解决"	第 27 条 争端解决
	第十部分"公约的发展"	第 28 条 公约的修正 第 29 条 公约附件的通过和修正
	第十一部分"最后条款"	第 30 条 保留 第 31 条 退约 第 32 条 表决权 第 33 条 议定书 第 34 条 签署 第 35 条 批准、接受、核准、正式确认或加入 第 36 条 生效 第 37 条 保存人 第 38 条 作准文本

二、《公约》有关烟草广告的规定

1.有关烟草广告的具体规定

《公约》将"减少烟草需求的措施"分为两类:一是"价格和税收措施",这被认为是减少烟草需求的最有效手段;二是综合的"非价格措施",也是减少烟草需求的有效和重要手段,而"烟草广告、促销和赞助"的措施正是综合的"非价格措施"之一。[①]

《公约》第13条 a 烟草广告、促销和赞助"明确规定:

"(一)各缔约方认识到广泛禁止广告、促销和赞助将减少烟草制品的消费。

"(二)每一缔约方应根据其宪法或宪法原则广泛禁止所有的烟草广告、促销和赞助。根据该缔约方现有的法律环境和技术手段,其中应包括广泛禁止源自本国领土的跨国广告、促销和赞助。就此,每一缔约方在公约对其生效后的五年内,应采取适宜的立法、实施、行政和/或其他措施,并应按第21条的规定相应地进行报告。

"(三)因其宪法或宪法原则而不能采取广泛禁止措施的缔约方,应限制所有的烟草广告、促销和赞助。根据该缔约方目前的法律环境和技术手段,应包括限制或广泛禁止源自其领土并具有跨国影响的广告、促销和赞助。就此,每一缔约方应采取适宜的立法、实施、行政和/或其他措施并按第21条的规定相应地进行报告。

"(四)根据其宪法或宪法原则,每一缔约方至少应:

"(a)禁止采用任何虚假、误导或欺骗或可能对其特性、健康影响、危害或释放物产生错误印象的手段,推销烟草制品的所有形式的烟草广告、促销和赞助;

"(b)要求所有烟草广告,并在适当时包括促销和赞助带有健康或其他适宜的警语或信息;

"(c)限制采用鼓励公众购买烟草制品的直接或间接奖励手段;

"(d)对于尚未采取广泛禁止措施的缔约方,要求烟草业向有关政府当局披露用于尚未被禁止的广告、促销和赞助的开支。根据国家法律,这些政府当局可决定向公众公开并根据第21条向缔约方会议提供这些数字;

"(e)在五年之内,在广播、电视、印刷媒介和酌情在其他媒体如因特网上广泛禁止烟草广告、促销和赞助,如某一缔约方因其宪法或宪法原则而不能采取广泛禁止的措施,则应在上述期限内和上述媒体中限制烟草广告、促销和赞助;以及

"(f)禁止对国际事件、活动和/或其参加者的烟草赞助;若缔约方因其宪法或宪法

---

①　袁利华.《烟草控制框架公约》研究[D]. 重庆:西南政法大学,2012:48.

原则而不能采取禁止措施,则应限制对国际事件、活动和/或其参加者的烟草赞助。

"(五)鼓励缔约方实施第 4 款所规定义务之外的措施。

"(六)各缔约方应合作发展和促进消除跨国界广告的必要技术和其他手段。

"(七)已实施禁止某些形式的烟草广告、促销和赞助的缔约方有权根据其国家法律禁止进入其领土的此类跨国界烟草广告、促销和赞助,并实施与源自其领土的国内广告、促销和赞助所适用的相同处罚。本款并不构成对任何特定处罚的认可或赞成。

"(八)各缔约方应考虑制定一项议定书,确定需要国际合作的广泛禁止跨国界广告、促销和赞助的适当措施。"

2.基本观点

鉴于烟草广告、促销和赞助管制可有效降低烟草消费和减少需求[①],《公约》明确要求缔约方"广泛禁止或限制所有的烟草广告、促销和赞助"。在此,《公约》使用"广泛禁止"的提法,而非"部分禁止",表明了《公约》所要求的范围,既包括全部地域范围,又包括所有媒体形式。

根据《公约》中"术语的使用"的解释,"所有的烟草广告、促销和赞助"是指"任何形式的商业性宣传、推介或活动,其目的、效果或可能的效果在于直接或间接地推销烟草制品或促进烟草使用"和"目的、效果或可能的效果在于直接或间接地推销烟草制品或促进烟草使用的,对任何事件、活动或个人的任何形式的捐助"。也就是说,"所有的烟草广告、促销和赞助"既包括直接的也包括间接的烟草广告、促销和赞助。

补充资料 7.3

《烟草控制框架公约》的立法模式及本质[②]

《公约》直接参考了国际环境立法的经验,采取了框架公约附带议定书的立法模式。该模式最早是由全球卫生治理的代表人物 Allyn Taylor(后来受邀成为《公约》谈判的法律顾问)于 1994 年提出的。与综合性的国际条约不同,该模式并不打算在一个法律文

---

① 有大量的确凿的事实证据证明烟草广告、促销和赞助管制可有效降低烟草消费和减少需求。1992 年 10 月,大不列颠及北爱尔兰联合王国卫生和社会保障部选定了 4 个国家(加拿大、芬兰、新西兰和挪威,因为这 4 个国家颁布禁止烟草广告的法令并有效地予以实施)进行调查。调查结论表明,禁止烟草广告能够对烟草消费产生显著的作用,出现了吸烟大幅度减少的现象,而且没有正当的理由将其归因于其他因素。5 年之后,国际抗癌联盟的一份报告进一步审议了其中 3 个国家和法国的数据,在实行禁令之后,4 个国家中 15 岁以上人口的人均香烟消费量减少了 14% 至 37%。(世界卫生组织《烟草控制框架公约》工作小组第一次会议《第 A/FCTC/WG1/3 号文件》,1999 年 9 月 3 日,第 6 页。转引自:袁利华.《烟草控制框架公约》研究[D]. 重庆:西南政法大学,2012:57.)

② 袁利华.《烟草控制框架公约》研究[D]. 重庆:西南政法大学,2012:76.

件中解决所有的实质性问题,而是首先提出一个明确的总体目标,号召国际合作并通过一个框架性公约,然后由公约的缔约方就实现总目标的各项议题进行协商,并缔结单独的议定书。由于不包含具体的义务,框架公约实际上在形式上具有约束力,其效力位于非约束性决议和条约法之间,却为缔约方进行合作和谈判以制定包含明确和具体义务的议定书提供了制度平台。同时,虽然这种模式由于需要至少两轮国际谈判和国内批准而导致立法进程相对缓慢,但接近许多国家现有的烟草控制策略,有利于在国际上争取更多的政治支持。

广义上的国际法可以被划分成不同的领域,如国际贸易法、国际投资法、国际环境法、国际人权法、海事法等,每一项条约可能分属于这些不同的领域。如果一定要将《公约》划入某一领域,那么它应当属于国际人权法领域。《公约》序言明确提出,"决心优先考虑其保护公共健康的权利",同时《公约》公开宣称其目的是"保护当代和后代免受烟草消费和接触烟草烟雾……的破坏性影响",以及内容上所体现的一些保护人权的鲜明特征,都无不表征着《公约》的国际人权法本质。

三、中国签约和履约情况

1. 签约与批准

2003 年 11 月 10 日,我国正式签署《公约》,成为第 77 个缔约方。2005 年 8 月 28 日,第十届全国人大常委会批准了《公约》。2006 年 1 月 9 日,《公约》在我国正式生效。

从签署到生效用了 3 年时间,足见我国对待《公约》的基本态度,即一方面积极支持《公约》,另一方面对《公约》在我国的履行持审慎态度。《公约》中有关"无保留条款"的规定,意味着不允许缔约方以任何方式改变或放弃某些条约义务,即使该改变是为了使条约义务更符合国内宪法和法律的要求。也就是说,缔约方必须"毫无保留地"承担起《公约》所规定的全部义务。[①] 因此,批准《公约》,需要综合考虑我国自身的情况,以确定是否有能力和足够的准备去承担《公约》所规定的全部义务。

---

① 根据《维也纳条约法公约》关于条约制定的规定,一个国家在加入多边条约时被允许对条约的某些义务作出"保留",只要该"保留"不违背条约的目标和宗旨。被"保留"的条款在作出声明的国家不生效,相应地,该国家也无须履行已保留项下的条约义务。因此,美国认为《烟草控制框架公约》有关"无保留条款"的规定有违国际惯例,而强烈反对该"无保留"条款,至今尚未批准该公约。转引自:袁利华.《烟草控制框架公约》研究[D]. 重庆:西南政法大学,2012:27.

2.履约成果

签约后的 10 余年来,我国在认真履行《公约》义务,加强政策引导,推动控烟立法,加强控烟监管,同时加强"吸烟有害健康"的宣传工作方面,取得了阶段性的控烟成果。从烟草广告角度而言,我国履行《公约》义务的成果,主要体现在以下两方面。

其一,出台了《中国烟草控制规划(2012—2015 年)》(以下简称《规划》)。2007 年 4 月,国务院批准成立"烟草控制公约履约工作部际领导小组",由工业和信息化部、卫生部、外交部、财政部、海关总署、工商总局、质检总局、烟草局八部门组成,研究制定并最终于 2012 年 12 月 4 日公布了《规划》。《规划》再次强调"广泛禁止烟草广告、促销和赞助",并"禁止利用广播、电影、电视、报纸、期刊发布以及在各类等候室、影剧院、会议厅堂、体育比赛场馆等公共场所发布烟草广告。禁止变相发布烟草广告。进一步修订完善《广告法》和《烟草广告管理暂行办法》,将禁止发布烟草广告媒介和场所的范围扩大到互联网、图书、音像制品、博物馆、图书馆、文化馆等公共场所以及医院和学校的建筑控制地带、公共交通工具"。同时,"广泛禁止烟草企业以支持慈善、公益、环保事业的名义,或者以'品牌延伸''品牌共享'等其他方式进行烟草促销。电影和电视剧中不得出现烟草的品牌标识和相关内容,不得出现不符合国家有关规定的吸烟镜头。禁止烟草企业采用任何虚假、误导、欺骗手段或可能对烟草制品特性、健康影响、释放物信息产生错误印象的手段推销烟草制品。禁止任何形式的烟草企业冠名赞助活动。禁止采用直接或间接的奖励手段鼓励购买烟草制品"[①]。

其二,修订《广告法》。2015 年 9 月 1 日正式实施的《广告法》,将原法第十八条"禁止利用广播、电影、电视、报纸、期刊发布烟草广告。禁止在各类等候室、影剧院、会议厅堂、体育比赛场馆等公共场所设置烟草广告。烟草广告中必须标明'吸烟有害健康'",调整为第二十二条"禁止在大众传播媒介或者公共场所、公共交通工具、户外发布烟草广告。禁止向未成年人发送任何形式的烟草广告。禁止利用其他商品或者服务的广告、公益广告,宣传烟草制品名称、商标、包装、装潢以及类似内容。烟草制品生产者或者销售者发布的迁址、更名、招聘等启事中,不得含有烟草制品名称、商标、包装、装潢以及类似内容"。

总的来说,虽然我国并未完全禁止烟草广告,但相关规定已基本上符合《公约》的最低要求,当然,也存在着一些明显的不足,尤其是《广告法》(2015 年版)并没有禁止或限制烟草广告促销和赞助,《规划》中有关"禁止烟草广告促销和赞助"的一些提法和表述

---

① 《中国烟草控制规划(2012—2015 年)》发布[EB/OL]. (2016-09-09)[2017-04-09]. http://www.tobacco.gov.cn/history_filesystem/2013yckz/gddt3.htm.

未能在《广告法》(2015 年版)中得以体现,这使得一些变相的或间接的烟草广告以及烟草促销和赞助依然客观存在。

补充资料 7.4

我国禁止烟草广告、促销和赞助的具体情况(2012 年)[①]

表 7-3　我国禁止烟草广告、促销和赞助的具体情况(2012)

直接禁止	
国家电视和电台	是
国际电视和电台	是
本地杂志和报纸	是
国际杂志和报纸	是
广告牌和户外广告	否
销售点	否
因特网	否
其他直接指令	否
合规得分	6
间接禁止	
免费派发	否
打折促销	否
带有明确烟草品牌名称的非烟草产品和服务	否
非烟草产品的品牌名称用于烟草产品	否
烟草品牌在电视/电影中出现	是
烟草制品在电视/电影中出现	否
烟草赞助商	否
合规得分	3
烟草公司企业社会责任活动的宣传	否
其他实体企业社会责任活动的宣传	否
烟草公司资金或实物捐助的预防吸烟的媒体宣传	否
要求任何带有烟草制品的视觉娱乐媒体产品增加反烟草广告	否
烟草自动售货机	是

---

　① 世界卫生组织. 世界卫生组织 2013 年全球烟草流行报告——中国篇[EB/OL]. (2013-11-26)[2017-04-09]. http://vote. dxy. cn/report/medicine/id/64270.

延伸阅读：

1. 李炜. 变相烟草广告，认定有多难［EB/OL］. （2010-11-15）［2017-10-09］. http://newspaper. jcrb. com/html/2010-11/15/content_57950. htm.

2. 王卫峰，周刚，孙盼盼，等. 河南省初中学生烟草广告和促销暴露现状研究［J］. 现代预防医学，2016（11）:2005-2008，2016.

3. 肖琳，姜垣，张岩波，等. 中国三城市青少年烟草广告暴露研究［J］. 中国慢性病预防与控制，2011（2）:131-133，137.

4. 綦斐，李善鹏，贾晓蓉，等. 青岛初中生烟草使用情况及烟草广告和促销暴露调查［J］. 中国公共卫生，2016（10）:1314-1318.

5. 吉宁，董建群，刘敏，等. 我国成年人烟草广告接触情况及影响因素分析［J］. 中国健康教育，2016（7）:579-582，586.

6. 刘双舟. 从限制到禁止烟草广告［EB/OL］. （2015-05-11）［2017-10-09］. http://www. cssn. cn/fx/fx_mjft/201505/t20150511_1765762. shtml.

7. 佚名. 烟草广告:全面禁止与广泛禁止之争［EB/OL］. （2014-09-01）［2017-10-09］. http://www. cnr. cn/360/jinzhiyancao/201409/t20140901_516357322_1. shtml.

8. 廖秀健，范明，吕健. 中国落实《烟草控制框架公约》烟草广告条款情况分析［J］. 湖南农业大学学报(社会科学版)，2007（6）:124-127.

9. 李曼. 浅析《烟草控制框架公约》在地方立法中的适用［J］. 北京人大，2016（1）:53-55.

10. 胡群，李万珣，段宁东. 对《烟草控制框架公约》第 13 条烟草广告、促销和赞助实施准则的分析和思考［J］. 中国烟草学报，2011（2）:79-83.

11. 袁利华.《烟草控制框架公约》研究［D］. 重庆:西南政法大学，2012.

12. 尉晓霞，黎明，陈德，等.《广告法》严控烟草广告后的实施效果研究［J］. 上海交通大学学报(医学版)，2017（2）:137-140.

13. 乔同舟，汪蓓. 烟草间接广告反健康传播的编码机制研究［J］. 当代传播，2016（6）:88-91.

第八章　房地产广告法规

在土地财政的支撑下,房地产已经成为当今中国最为重要的行业之一。统计数据显示,2015年,我国房地产增加值占全国国内生产总值的比重达到6.1%。[①] 在房价高企的背景下,政府启动了宏观调控,并出台了数量庞大的法律规范和政策性文件。

对于房地产业而言,除了其背后的市场供需关系等因素外,房地产广告显然发挥着重要的杠杆作用,对房地产市场产生了较大的影响。因此,广告监管对于房地产行业的而言,具有特殊的意义。

但是,改革开放以来,从立法的角度而言,房地产广告并未受到太多的关注。专门规范房地产广告的法规,只有《房地产广告发布暂行规定》(失效)和《房地产广告发布规定》(现行有效)两部。其他广告法律法规中,只有《广告法》(2015年版)第二十六条直接涉及房地产广告。因此,相较于其他产品或服务类型,房地产广告法规的内容相对简单。

在此,编者从房地产广告的主体规范和内容规范两个方面,来梳理房地产广告相关法律法规的主要内容。

表 8-1　房地产广告相关法规一览表

序　号	名　称	颁布机构	颁布日期	施行日期	有效性
1	《广告管理暂行条例》	国务院	1982-02-06	1982-05-01	失效
	《广告管理条例》		1987-10-26	1987-12-01	有效
2	《广告管理条例施行细则》	国家工商行政管理局	1988-01-09	1988-01-09	修订
			1998-12-03	1998-12-03	修订
			2000-12-01	2000-12-01	修订
			2004-11-30	2005-01-01	修订
			2011-12-12	2012-01-01	废止 (2016-04-29)

---

① 住建部:去年房地产增加值占整个GDP比重达6.1%[EB/OL].(2016-03-15)[2017-10-09]. http://news.sina.com.cn/o/2016-03-15/doc-ifxqhnev6096747.shtml,2016-03-15.

序　号	名　称	颁布机构	颁布日期	施行日期	有效性
3	《广告法》	全国人民代表大会常务委员会	1994-10-27	1995-02-01	修订
			2015-04-24	2015-09-01	有效
4	《房地产广告发布暂行规定》	国家工商行政管理局	1996-12-30	1996-12-30	修订
			1998-12-03	1998-12-03	失效(2016-02-01)
5	《房地产广告发布规定》	国家工商行政管理总局	2015-12-24	2016-02-01	有效

第一节　房地产广告主体规范

一、房地产广告概念

根据《房地产广告发布规定》第二条,所谓"房地产广告,指房地产开发企业、房地产权利人、房地产中介服务机构发布的房地产项目预售、预租、出售、出租、项目转让以及其他房地产项目介绍的广告"。

与此同时,上述条文还规定:"居民私人及非经营性售房、租房、换房广告,不适用本规定。"

补充资料 8.1

城市商品房预售管理

1994 年 11 月 15 日,建设部发布《城市商品房预售管理办法》(以下简称《办法》),对城市商品房预售进行规范管理。2001 年 8 月 15 日、2004 年 7 月 20 日建设部两次公布《关于修改〈城市商品房预售管理办法〉》,对原《城市商品房预售管理办法》进行了修订。现将其所修订的主要内容梳理如下:

1. 什么叫城市商品房预售?

城市商品房预售是指房地产开发企业(以下简称开发企业)将城市正在建设中的房屋预先出售给承购人,由承购人支付定金或房价款的行为。

2. 商品房预售应当符合什么条件?

商品房预售应当符合下列条件:(1)已交付全部土地使用权出让金,取得土地使用权证书;(2)持有建设工程规划许可证和施工许可证;(3)按提供预售的商品房计算,投入开发建设的资金达到工程建设总投资的 25% 以上,并已经确定施工进度和竣工交付日期。

3.申请商品房预售许可证,应当提交什么材料?

开发企业申请预售许可,应当提交下列证件(复印件)及资料:(1)商品房预售许可申请表;(2)开发企业的营业执照和资质证书;(3)土地使用权证、建设工程规划许可证、施工许可证;(4)投入开发建设的资金占工程建设总投资的比例符合规定条件的证明;(5)工程施工合同及关于施工进度的说明;(6)商品房预售方案。预售方案应当说明预售商品房的位置、面积、竣工交付日期等内容,并应当附预售商品房分层平面图。

4.如何办理商品房预售许可证?

(1)受理。开发企业按规定提交有关材料,材料齐全的,房地产管理部门应当当场出具受理通知书;材料不齐的,应当当场或者5日内一次性书面告知需要补充的材料。

(2)审核。房地产管理部门对开发企业提供的有关材料是否符合法定条件进行审核。开发企业对所提交材料实质内容的真实性负责。

(3)许可。经审查,开发企业的申请符合法定条件的,房地产管理部门应当在受理之日起10日内,依法作出准予预售的行政许可书面决定,发送开发企业,并自作出决定之日起10日内向开发企业颁发、送达商品房预售许可证。

经审查,开发企业的申请不符合法定条件的,房地产管理部门应当在受理之日起10日内,依法作出不予许可的书面决定。书面决定应当说明理由,告知开发企业享有依法申请行政复议或者提起行政诉讼的权利,并送达开发企业。

商品房预售许可决定书、不予商品房预售许可决定书应当加盖房地产管理部门的行政许可专用印章,商品房预售许可证应当加盖房地产管理部门的印章。

(4)公示。房地产管理部门作出的准予商品房预售许可的决定,应当予以公开,公众有权查阅。

5.开发商应该如何公开商品房预售许可证信息?

开发企业进行商品房预售,应当向承购人出示商品房预售许可证。

售楼广告和说明书应当载明商品房预售许可证的批准文号。

二、房地产广告的类别禁止

《房地产广告发布规定》第五条明确规定:

"凡下列情况的房地产,不得发布广告:

"(一)在未经依法取得国有土地使用权的土地上开发建设的;

"(二)在未经国家征用的集体所有的土地上建设的;

"(三)司法机关和行政机关依法裁定、决定查封或者以其他形式限制房地产权利的；

"(四)预售房地产,但未取得该项目预售许可证的；

"(五)权属有争议的；

"(六)违反国家有关规定建设的；

"(七)不符合工程质量标准,经验收不合格的；

"(八)法律、行政法规规定禁止的其他情形。"

补充资料 8.2

小产权房①

小产权房,又称为"乡产权房",是指建设在农村集体土地上的商品性住宅,一般由乡镇、村委会与开发商合作建设,或由乡镇、村委会自行开发建设,亦有小部分由村委会审批、村民自行建设,以较低的价格向村民以外的城市居民进行销售。

这些房屋的土地使用没有经过国家的规划、审批手续,也没有缴纳土地出让金等费用,故不能获得国家房管部门颁发的房屋所有权证,其产权证只是由乡镇政府或村委会颁发,故此称为"乡产权"。

相对于直接受法律保护的商品房所有权,这样的产权性质以及所受到的产权保护比较"小",所以亦称为"小产权房"。

三、房地产广告的相关证明文件

《房地产广告发布规定》第六条要求:

"发布房地产广告,应当具有或者提供下列相应真实、合法、有效的证明文件:

"(一)房地产开发企业、房地产权利人、房地产中介服务机构的营业执照或者其他主体资格证明；

"(二)建设主管部门颁发的房地产开发企业资质证书；

"(三)土地主管部门颁发的项目土地使用权证明；

"(四)工程竣工验收合格证明；

"(五)发布房地产项目预售、出售广告,应当具有地方政府建设主管部门颁发的预售、销售许可证证明；出租、项目转让广告,应当具有相应的产权证明；

"(六)中介机构发布所代理的房地产项目广告,应当提供业主委托证明；

"(七)确认广告内容真实性的其他证明文件。"

---

① 严焰. "小产权房"的形成原因与出路探究[J]. 特区经济, 2008(2):213-214.

第二节　房地产广告内容规范

一、房地产广告内容的原则性要求

《房地产广告发布规定》第三条要求："房地产广告必须真实、合法、科学、准确,不得欺骗、误导消费者。"

对此,《广告法》(2015年版)第三条有更加完整的表述,即"广告应当真实、合法,以健康的表现形式表达广告内容,符合社会主义精神文明建设和弘扬中华民族优秀传统文化的要求"。

二、房地产广告强制载明规范

《房地产广告发布规定》第七条规定:

"房地产预售、销售广告,必须载明以下事项:

"(一)开发企业名称;

"(二)中介服务机构代理销售的,载明该机构名称;

"(三)预售或者销售许可证书号。"

当然,上述规定也有例外,即"广告中仅介绍房地产项目名称的,可以不必载明上述事项"。

三、房地产广告重点内容规范

《房地产广告发布规定》和《广告法》还对房地产广告内容的一些重要方面作出了详细的规定。

1.基本单位

《房地产广告发布规定》第九条规定:"房地产广告中涉及所有权或者使用权的,所有或者使用的基本单位应当是有实际意义的完整的生产、生活空间。"

2.面积

《广告法》(2015年版)增加了对房地产广告的规范,其第二十六条明确规定:"房地产广告,房源信息应当真实,面积应当表明为建筑面积或者套内建筑面积。"

3.价格

《房地产广告发布规定》第十条规定:"房地产广告中对价格有表示的,应当清楚表示为实际的销售价格,明示价格的有效期限。"

4.项目位置示意图

《房地产广告发布规定》第十一条规定:"房地产广告中的项目位置示意图,应当准确、清楚,比例恰当。"

5.相关市政条件

《房地产广告发布规定》第十二条规定:"房地产广告中涉及的交通、商业、文化教育设施及其他市政条件等,如在规划或者建设中,应当在广告中注明。"

6.内部结构、装修装饰

《房地产广告发布规定》第十三条规定:"房地产广告涉及内部结构、装修装饰的,应当真实、准确。"

7.效果图或模型照片

《房地产广告发布规定》第十五条规定:"房地产广告中使用建筑设计效果图或者模型照片的,应当在广告中注明。"

8.贷款

《房地产广告发布规定》第十七条规定:"房地产广告中涉及贷款服务的,应当载明提供贷款的银行名称及贷款额度、年期。"

9.物业

《房地产广告发布规定》第十九条规定:"房地产广告中涉及物业管理内容的,应当符合国家有关规定;涉及尚未实现的物业管理内容,应当在广告中注明。"

10.引用数据、资料、文摘等

《房地产广告发布规定》第二十条规定:"房地产广告中涉及房地产价格评估的,应当表明评估单位、估价师和评估时间;使用其他数据、统计资料、文摘、引用语的,应当真实、准确,表明出处。"

四、房地产广告禁止性规范

《房地产广告发布规定》对房地产广告作出了一些禁止性的规定。

1.禁止风水、占卜等封建迷信的内容

《房地产广告发布规定》第八条规定:"房地产广告不得含有风水、占卜等封建迷信内容,对项目情况进行的说明、渲染,不得有悖社会良好风尚。"

2.禁止利用其他项目的形象、环境

《房地产广告发布规定》第十四条要求:"房地产广告中不得利用其他项目的形象、环境作为本项目的效果。"

3.禁止融资或变相融资的内容

《房地产广告发布规定》第十六条规定:"房地产广告中不得出现融资或者变相融资的内容。"

4.禁止含有办理户口、就业、升学等承诺

《房地产广告发布规定》第十八条规定:"房地产广告中不得含有广告主能够为入住者办理户口、就业、升学等事项的承诺。"

5.其他禁止性规定

与此同时,《广告法》(2015年版)第二十六条也对房地产广告设置了禁止性的规范,要求房地产广告不得含有下列内容:

"(一)升值或者投资回报的承诺;

"(二)以项目到达某一具体参照物的所需时间表示项目位置;

"(三)违反国家有关价格管理的规定;

"(四)对规划或者建设中的交通、商业、文化教育设施以及其他市政条件作误导宣传。"

补充资料 8.3

深圳公布房地产违法广告典型案例[①]

针对房地产市场行业乱象,深圳市市场和质量监管委连续开展专项行动,重拳出击。2016 年 10 月 28 日,深圳市市场和质量监管委在其官方微信公众号公布了房地产违法广告的典型案例。

案例 1:鸿威鸿景华庭

鸿威鸿景华庭又名"鸿威的森林·就瞰山",地处龙岗。房地产商以"36 班公立小学""深圳市目前最大水缸""景观媲美千岛湖""升值潜力无限"等广告语作为销售卖点,向广大购楼者进行宣传和推介。

官方解读:上述行为违反了《反不正当竞争法》第九条,《广告法》第四条、第七条第二款第(三)项,《房地产广告发布暂行规定》第六条等规定。

处理结果:责令当事人停止违法行为,罚款人民币 21 万元。

案例 2:儒骏城立方

儒骏城项目营销中心发布含有"坂银大道即将开通,届时约 10 分钟到达福田、罗湖中心区"内容的房地产广告。

官方解读:该广告以项目到达某一具体参照物的所需时间表示项目位置,违反《广告法》第二十六条,《房地产广告发布暂行规定》第十条、第十二条的规定。

处理结果:责令当事人停止违法行为,罚款人民币 13000 元。

案例 3:侨城尚寓

"侨城尚寓"项目法定名称为"沙河观景阁",现状为一栋 15 层高建筑物,建筑功能为办公、公寓。其中,6—15 层为公寓共 169 套,权利人均为陈某某等。

据深圳规土委消息,今年 6 月 16 日,深圳市中执资本投资有限公司(以下简称中执公司)和吴某某等四个自然人受陈某某等委托销售上述公寓,但中执公司称与陈某某等人的关系名为委托实为转让,并提供部分银行转账凭据。中执公司在对该 169 套公寓重新装修后改名"包装"成"侨城尚寓"再向社会销售。

该项目广告打出"6 平方米精装极小户",同时表示是"中国空前,深圳绝版"。

官方解读:违反《广告法》第二十六条第一款,没有标明是建筑还是套内面积;违反《广告法》第四条,使用无法验证的调查结果作为证明材料,发布虚假广告。

处理结果:对广告发布主体下达《行政处罚决定书》,责令当事人停止发布上述违法

---

① "中国空前 深圳绝版""6 平方米精装极小户"两广告被罚 60 万[EB/OL]. (2016-10-30) [2017-10-09]. http://finance.eastmoney.com/news/1350,20161030678431711.html.

广告,在相应范围内消除影响,罚款人民币60万元。

延伸阅读:

1. 平励智.工商行政管理机关加强广告监管的对策研究——一起房地产广告案件引发的思考[J].武汉学刊,2009(3):29-32.

2. 乾羽.房地产为何成"炫富"广告的"重灾区"[J].中州建设,2011(14):46-46.

3. 杨先顺,吴凯娜.房地产广告中的炫富现象探析[J].新闻界,2012(6):25-28.

4. 张长伟.《广告法》修订对房地产广告的影响解读[EB/OL].(2015-05-18)[2017-04-09]. http://www.kangqiaolaw.com/index.php? a = show&c = content&id = 1264.

5. 何革.浅议房地产违法广告现状及执法难点[J].工商行政管理,2015(22):67-68.

6. 张淑燕,陈文静.新《广告法》实施对房地产广告的影响研究——以《新文化报》发布的房地产广告为例[J].广告大观(理论版),2016(4):54-61.

7. 崔钢.浅议如何加强房地产广告监管[N].中国工商报,2016-01-26(008).

8. 海坛特哥.如何在新广告法背景下审查房地产广告?[EB/OL].(2017-07-08)[2017-10-09].http://www.sohu.com/? strategyid=00005.

第九章 户外广告法规

　　户外广告(outdoor advertising)，是指在城市道路、公路、铁路两侧、城市轨道交通线路的地面部分、河湖管理范围和广场、建筑物、构筑物上，以灯箱、霓虹灯、电子显示装置、展示牌等为载体形式和在交通工具上设置的商业广告。[①] 户外广告是一种历史悠久的广告媒介类型，同时，户外广告不断吸收最新的科技，其形态日新月异。

　　改革开放以后，尤其是进入21世纪以来，我国陆续出台了诸多与户外广告相关的法律法规。从法律效力来说，这些法律法规主要有两类：一类是全国性法律法规。《广告法》《广告管理条例》以及《城市市容和环境卫生管理条例》等均有相关条文。这些条文除了对户外广告设置了一些禁止性规定[②]外，还确立了户外广告的管理模式，即以地方性管理为主。《广告法》(2015年版)第四十一条规定："县级以上地方人民政府应当组织有关部门加强对利用户外场所、空间、设施等发布户外广告的监督管理，制定户外广告设置规划和安全要求。户外广告的管理办法，由地方性法规、地方政府规章规定。"《广告管理条例》第十三条也规定："户外广告的设置、张贴，由当地人民政府组织工商行政管理、城建、环保、公安等有关部门制订规划，工商行政管理机关负责监督实施。"唯一一部直接规范户外广告的全国性法规《户外广告登记管理规定》主要对户外广告登记管理的程序做了详细的规定，同时授权县级工商行政管理局负责户外广告登记管理。

　　另一类则是地方性法规。鉴于上述全国性法律法规确立的地方性管理模式，加上客观上户外广告资源具有高度分散性和多样性的特点，各地(尤其是各大城市)均出台了户外广告的相关规定。通过我国国家法规数据库，以"户外广告"为题名，共检索到

---

　　① 据《北京市户外广告设置管理办法》。
　　② 如《广告法》第四十二条规定："有下列情形之一的，不得设置户外广告：(一)利用交通安全设施、交通标志的；(二)影响市政公共设施、交通安全设施、交通标志、消防设施、消防安全标志使用的；(三)妨碍生产或者人民生活，损害市容市貌的；(四)在国家机关、文物保护单位、风景名胜区等的建筑控制地带，或者县级以上地方人民政府禁止设置户外广告的区域设置的。"《广告管理条例》第十三条第二款规定："在政府机关和文物保护单位周围的建筑控制地带以及当地人民政府禁止设置、张贴广告的区域，不得设置、张贴广告。"

174篇法律法规及规范性文件,其中地方性法规及地方政府规章多达164篇。可见,户外广告管理的依据主要来自地方性法规、地方政府规章。

2016年2月19日,国务院颁布《关于第二批取消152项中央指定地方实施行政审批事项的决定》,明确取消了户外广告登记。4月29日,国家工商行政管理总局公布《关于废止和修改部分工商行政规章的决定》,对包括《户外广告登记管理规定》在内的10部规章予以废止。这也意味着,户外广告管理完全依靠内容不尽相同的地方性法规,强化了户外广告管理的地方化和差异化。

显然,要穷尽各地户外广告法规是不可能完成的任务。因此,编者以北京为重点,梳理其户外广告法规的主体内容,同时兼顾上海、广州、杭州、长沙、无锡、宁波、温州等地,力图展示出我国户外广告法规的基本特点。

表9-1 户外广告相关法规一览表

序 号	名 称	颁布机构	颁布日期	施行日期	有效性
1	《广告管理暂行条例》	国务院	1982-02-06	1982-05-01	失效
	《广告管理条例》		1987-10-26	1987-12-01	有效
2	《广告管理条例施行细则》	国家工商行政管理局	1988-01-09	1988-01-09	修订
			1998-12-03	1998-12-03	修订
			2000-12-01	2000-12-01	修订
			2004-11-30	2005-01-01	修订
			2011-12-12	2012-01-01	废止(2016-04-29)
3	《城市市容和环境卫生管理条例》	国务院	1992-06-28	1992-06-28	修订
			2011-01-08	2011-01-08	有效
4	《广告法》	全国人民代表大会常务委员会	1994-10-27	1995-02-01	修订
			2015-04-24	2015-09-01	有效
5	《户外广告登记管理规定》	国家工商行政管理局	1995-12-08	1995-12-08	修订
			1998-12-03	1998-12-03	修订
			2006-05-22	2006-05-22	修订
6	《城市照明管理规定》	住房和城乡建设部	2010-05-27	2010-07-01	有效
7	《关于第二批取消152项中央指定地方实施行政审批事项的决定》	国务院	2016-02-19	2016-02-19	有效
8	《关于废止和修改部分工商行政规章的决定》	国家工商行政管理总局	2016-04-29	2016-04-29	有效

以下为北京市户外广告法规				
9	《北京市户外广告设置管理办法》	北京市人民政府	1998-11-15	1998-11-15	修订
			2004-08-05	2004-10-01	有效
10	《北京市户外广告设施规划标准》	北京市规划委员会、北京市市政管理委员会	2001-08-20	2001-08-20	有效
12	《北京市户外广告设置规范》	北京市市政管理委员会	2004-10-27	2004-10-27	有效
13	《北京市户外广告设施安全管理规定》	北京市市政市容管理委员会	2015-04-29	2015-04-29	有效

第一节　户外广告管理

广告管理,常常被狭义地理解为广告监管(监督管理),但实际上还包括诸如广告审批(行政许可)等内容,因此常常牵涉工商行政管理部门之外的政府部门。户外广告管理的特殊性突出地表现在几个方面:其一,户外广告主管部门并不一定是工商行政管理部门①;其二,户外广告管理牵涉甚广,市政、规划、交通、园林、公安交通、建设、环保、质量技术监督、安全生产等有关行政主管部门都参与其中;其三,与其他类型广告不同,户外广告管理还增加了规划、特许经营等内容。当然,北京户外广告管理亦是如此。

一、户外广告监管

如前所述,《广告法》(2015年版)第四十一条的规定"县级以上地方人民政府应当组织有关部门加强对利用户外场所、空间、设施等发布户外广告的监督管理,制定户外广告设置规划和安全要求。户外广告的管理办法,由地方性法规、地方政府规章规定",明确将户外广告的管理权授予了县级以上地方人民政府,并主要通过地方性法规、地方政府规章来规范。因此,与其他类型广告不同,户外广告监管存在着一定的地方性差异,同时牵涉不同的地方政府部门。

---

① "户外广告"概念实际上有三种不同的所指,暗含着三种不同的管理对象及管理内容:一是指户外广告阵地,这涉及户外广告规划问题;二是户外广告设施,往往由市政管理或城市管理执法等部门负责;三是户外广告内容,这一部分由工商行政管理部门负责。

1.主管部门

根据《北京市户外广告设置管理办法》,市、县(区)两级市政管理行政主管部门是北京市户外广告的主管部门,且"市市政管理行政主管部门负责本市户外广告的设置规划和监督管理工作。区、县市政管理行政主管部门负责本行政区域内户外广告的设置规划和监督管理工作"。

2.相关部门

在所有广告类型中,户外广告的管理所牵涉的政府部门是最多的。《北京市户外广告设置管理办法》规定:"户外广告的登记①、内容审查和监督管理,依照《广告法》和有关法规、规章的规定执行。规划、交通、园林、公安交通、建设、环保、质量技术监督、安全生产等有关行政主管部门按照各自的职责,依法对户外广告进行监督管理。"

根据《广告法》(2015 年版)第四十一条的规定,各地通过地方性法规或地方政府规章,确定了不同的政府部门负责或参与户外广告的管理(见表 9-2)。

表 9-2　各地户外广告管理部门

城　市	部　门	主要职责
北京②	市政管理行政主管部门	市市政管理行政主管部门负责本市户外广告的设置规划和监督管理工作。区、县市政管理行政主管部门负责本行政区域内户外广告的设置规划和监督管理工作
	规划、交通、园林、公安交通、建设、环保、质量技术监督、安全生产等有关行政主管部门	按照各自的职责,依法对户外广告进行监督管理

---

① 根据《户外广告登记管理规定》第三条,"县以上人民政府工商行政管理局是户外广告的登记管理机关"。但是,2016 年 2 月 19 日,国务院颁布《关于第二批取消 152 项中央指定地方实施行政审批事项的决定》,明确取消了户外广告登记。

② 北京市人民政府,《北京市户外广告设置管理办法》,2004 年 10 月 1 日起实施。

城　市	部　门	主要职责
上海①	绿化市容行政管理部门	市绿化市容行政管理部门负责本市户外广告设施设置的监督管理和综合协调；区（县）绿化市容行政管理部门负责所辖区域内户外广告设施设置的监督管理
	市和区（县）规划行政管理部门	负责户外广告设施设置的规划许可及其监督管理
	市和区（县）工商行政管理部门	负责户外广告发布的经营资质审核、内容登记及其监督管理
	本市建设、交通、港口、公安、房屋管理、质量技监、环保、价格、财政等部门	按照各自职责，协同实施本办法
杭州②	工商行政管理部门	市区户外广告的主管机关，负责依据本办法对户外广告进行审批和监督管理
	市容环境卫生行政主管部门	负责对已设置的户外广告对城市容貌的影响进行监督管理
长沙③	市城市管理行政管理部门	负责户外广告设置的管理工作
	市规划行政管理部门	负责户外广告设置规划的组织编制和规划实施管理工作
	市工商行政管理部门	负责户外广告发布内容的登记管理工作
	各区人民政府和公安、交通、公用事业、建设、消防等行政管理部门	按照各自职责，协同做好户外广告设置的管理工作
无锡④	工商行政主管部门	户外广告的登记管理部门，未经工商行政主管部门登记，任何单位和个人不得发布户外广告
	城市管理行政主管部门	市区户外广告设施（阵地）设置的行政管理部门
	规划行政主管部门	市区户外广告设施（阵地）的规划管理部门
	城市管理行政执法局	对违规设置户外广告设施依法实施行政处罚的执法部门
	公安、市政公用、园林、交通、物价等部门	依法负责户外广告有关事项的监督管理

---

① 上海市人民政府，《上海市户外广告设施管理办法》，2011 年 1 月 1 日起实施。
② 杭州市人民政府，《杭州市户外广告管理办法》，2012 年 5 月 18 日起实施。
③ 长沙市人民政府，《长沙市户外广告设置管理办法》，2010 年 9 月 1 日起实施。
④ 无锡市人民政府，《无锡市市区户外广告管理办法》，2012 年 12 月 1 日起实施。

续　表

城　市	部　门	主要职责
宁波①	市城市管理局	本市市容环境卫生主管部门,负责本市户外广告设施设置的监督管理;其所属的市市容环境卫生管理机构具体负责户外广告设施设置的日常监督管理。县(市)区市容环境卫生主管部门依照职权划分,负责本行政区域内户外广告设施设置的监督管理
	城乡规划行政主管部门	负责大中型户外广告固定设施建设工程规划许可及其监督管理
	市场监督管理部门	负责户外广告发布登记、内容审查及其监督管理
	建设、交通、国土资源、质监、水利、财政、环保等行政主管部门	按照各自职责,依法协同实施管理

二、户外广告规划

1. 主管部门

《北京市户外广告设置管理办法》规定:"市市政管理行政主管部门应当会同市规划行政主管部门组织编制本市户外广告设置专业规划;区、县市政管理行政主管部门应当会同同级规划行政主管部门根据本市户外广告设置专业规划组织编制本行政区域的户外广告设置规划。市市政管理行政主管部门可以根据市人民政府的决定,组织编制本市主要大街和重点区域的户外广告设置规划。"

2. 程序

《北京市户外广告设置管理办法》规定:"编制本市户外广告设置专业规划和区、县户外广告设置规划应当征求有关部门和专家的意见。本市户外广告设置专业规划报市人民政府批准后公布实施;区、县户外广告设置规划报市市政管理行政主管部门按总体规划综合协调同意后,再报同级人民政府批准公布实施。

"经市和区、县人民政府批准公布实施的户外广告设置规划,不得随意更改;确需调整的,必须按照规定的程序重新批准。对区、县户外广告设置规划违反本市户外广告设置专业规划的,市人民政府有权予以纠正或者撤销。"

---

① 宁波市人民政府,《宁波市户外广告设施设置管理办法》,2014 年 10 月 1 日起实施。

3.基本要求

《北京市户外广告设置管理办法》要求,"编制本市户外广告设置专业规划和区、县户外广告设置规划应当符合《北京城市总体规划》",以及"设置户外广告设施,应当根据城市的风貌、格局和区域功能、道路特点等统一规划,整体设计,分区控制,合理布局,保证城市容貌的整体美观";同时,"户外广告设施的设计风格、造型、色调、数量、体量、形式、位置、朝向、高度、材质应当与周围环境相协调"。

补充资料 9.1

上海户外广告规划、实施方案及技术性规范的编制程序[①]

1.户外广告阵地规划编制:市绿化市容行政管理部门应当会同市规划、工商等有关行政管理部门,根据城市的风貌、格局和区域功能组织编制阵地规划,报市人民政府批准后实施。阵地规划应当明确户外广告设施的禁设区、展示区和控制区以及相应的管理要求。

2.户外广告阵地规划实施方案编制:区(县)绿化市容行政管理部门应当会同区(县)规划、工商等有关行政管理部门,根据阵地规划组织编制所辖区域内的实施方案,报市绿化市容行政管理部门;由市绿化市容行政管理部门会同市规划、工商等有关行政管理部门批准后实施。

3.户外广告设施设置技术规范:市绿化市容行政管理部门应当根据国家和本市有关城市容貌、规划、环保等方面的技术标准,会同有关行政管理部门编制户外广告设施设置技术规范。

4.编制过程中的信息公示和征求意见:阵地规划、实施方案和技术规范编制过程中,组织编制机关应当采取论证会、座谈会等方式征求相关社会组织和专家的意见,并根据意见对阵地规划、实施方案和技术规范草案予以修改、完善。阵地规划、实施方案和技术规范报送审批前,组织编制机关应当将阵地规划、实施方案和技术规范草案公示,并采取座谈会、听证会或者其他方式,征求社会公众意见。公示时间不得少于30日,公示的时间、地点以及意见征集方式应当在本市有关政府网站上公告。组织编制机关应当充分考虑社会公众的意见,并在报送审批的材料中,附具意见采纳情况及理由。阵地规划、实施方案和技术规范经批准后,组织编制机关应当在有关政府网站予以全文公布,并对社会公众意见的采纳情况予以答复。

5.规划、方案和规范的修改要求:阵地规划、实施方案和技术规范经批准后,不得擅

---

① 上海市人民政府,《上海市户外广告设施管理办法》,2011年1月1日起实施。

自变更;确需变更的,组织编制机关应当按照要求组织修改。

三、户外广告特许经营

始于 20 世纪 90 年代末,在户外广告行业"井喷"的背景下,一些城市开始注意户外广告所具有的"准房地产"特性,因而积极地参与了户外广告经营[①],逐步将户外广告作为拓展非税收入的新来源。基于此,户外广告特许经营制度应运而生,成为户外广告管理的重要制度。

1. 特许经营制度

根据《北京市户外广告设置管理办法》第二十一条,北京"对设置在城市道路两侧、公路两侧、广场等公共场所(以下简称公共场所)户外广告设施的使用权出让,实行特许经营制度"。

所谓特许经营制度,是指"采取招标方式,也可以采取拍卖方式","选择和确定"上述公共场所"户外广告设施的特许经营者"。《北京市户外广告设置管理办法》第二十一条还规定:"对公共场所户外广告设施的使用权采取招标方式出让的,应当按照《中华人民共和国招标投标法》的有关规定执行;采取拍卖方式出让的,应当按照《中华人民共和国拍卖法》的有关规定执行。"

对于负责组织实施特许经营招标、拍卖工作的部门,《北京市户外广告设置管理办法》作出了规定:"对高(快)速公路、长安街延长线(东起复兴门西至首钢总公司东门路段,西起建国门东至通州镇东关大桥路段)、二环路、三环路、四环路、五环路、六环路两侧和首都机场、市区内火车站周边地区、经济技术开发区的公共场所户外广告设施特许经营招标、拍卖工作,由市市政管理行政主管部门负责组织实施;其他公共场所的户外广告设施特许经营的招标、拍卖工作由其所在地区、县市政管理行政主管部门负责组织实施。"

---

① 一般来说,户外广告经营主要涉及户外广告阵地开发、设施设置以及广告内容发布三个环节。在户外广告特许经营制度的框架下,政府角色发生了明显的变化,即从过去单纯进行户外广告审批登记,扩展到户外广告阵地开发甚至设施设置等内容(见补充资料 9.2),并从中直接获利(准确地说,获得的是非税收入)。

补充资料 9.2

广州重启户外广告位使用权公开出让①

2014 年 9 月 17 日上午,沉寂 2 年之久的广州户外广告位使用权拍卖重启。拍卖会上,在不到 1 分钟的时间里,广州塔塔身户外广告位的 5 年使用权就以底价 1.5438 亿元成交。

根据出让规定,广州塔塔身户外广告位的工艺形式为 LED 挂网,高 52 米,周长 126 米,展示面积约 6500 平方米。广告发布时间为 19:00 到 22:00,均安排在整点和半点播放,每次 5—10 分钟。公益广告播放时间占全部发布时间的 66%,其中最佳播放时段所占公益广告发布总时长不得少于 30%。

本次拍卖的户外广告位是 7 月 28 日广州市公布的"第一批 10 个提前批户外广告位",包括花城广场广州塔户外广告位、南方报业集团大楼户外广告位、白云机场收费站南面 200 米处中间绿化隔离带户外广告位、广州港湾广场港口中心和港城户外广告位、海心沙观众看台户外广告位、花城广场南侧采光井户外广告位、珠江实业大厦户外广告位、广州白云机场南停车场处户外广告位、广州白云机场入口处的 2 处户外广告位。②

广州作为全国最早实行户外广告公开出让的城市之一,早年在推行的过程中出现了一些争议,其中最大的便是"户外广告拍卖收益政府与业主四六分成",被指为"与民争利"。从 2010 年起,市城管委和财政部门就户外广告公开出让中政府征收的比例进行调整。本次拍卖执行的标准是,央企和省属企业广告业主与政府的比例为 1:9,市属广告业主与政府的比例为 3:7。

本次拍卖成功拍出了包括广州塔塔身在内的 7 个户外广告位使用权,共计拍得 3.6872 亿元,0.71404 亿元则作为非税收入缴纳财政,用于户外广告位使用权公开出让的组织、交易、评估和拍卖等管理成本费用。

自 2012 年以来,广州停止了户外广告的审批,广州市城管委会同法制办、规划局、工商局等多部门对广州户外广告规划和管理制度进行了为期 2 年的检讨。

2014 年 7 月 28 日,广州市政府常务会议审议通过《广州市提前批户外广告设置规

---

① 梅雪卿,林宏贤. 1.5 亿元 广告登上广州塔[EB/OL]. (2014-09-18)[2017-10-09]. http://news.163.com/14/0918/05/A6DBJ2QO00014SEH.html.

② 广州:10 个户外广告使用权将公开拍卖[EB/OL]. (2014-08-14)[2017-10-09]. http://www.zhongpaiwang.com/paimaiyaowen/zhuizong/772.html.

划》。① 据悉,从 2014 年年初到 2015 年年底,广州将分 4 批开展户外广告设置规划的编制工作,通过设置规划、公开出让、行政审批和整改清拆多措并举,用 2 年时间实现户外广告设置规划覆盖全市。

2.特许经营权

根据《北京市户外广告设置管理办法》第二十三条,"公共场所户外广告设施使用权采取招标方式出让的,确定的中标人为特许经营者。特许经营者在规定的时间内签订特许协议、交纳特许权使用费用的,即获得户外广告设施经营的特许权。公共场所户外广告设施使用权采取拍卖方式出让的,通过拍卖确定的买受人为特许经营者,在规定的时间内签订特许协议,即获得户外广告设施经营的特许权。公共场所户外广告设施的特许权使用费纳入财政预算,专项用于城市管理工作"。

第二十二条要求:"户外广告设施使用权出让期限一般不超过 2 年;新建电子显示装置等户外广告设施造价较高的,可以适当延长,但是最长不超过 4 年。"

第二十四条规定:"获得公共场所户外广告设施使用权的特许经营者不得转让特许经营权。因企业合并、分立,与他人合资、合作经营,或者因企业资产出售以及有其他变更企业资产产权的情形而需要变更特许经营主体的,经原授予特许经营权的市政管理行政主管部门批准,特许权可以转让。"

另外,第二十五条规定:"户外广告设施特许经营期限届满,需要再次招标、拍卖的,原特许经营者在履行该户外广告设施特许协议期间,没有发现违法、违约行为的,在同等竞标条件下可以享有优先获得权。"

补充资料 9.3

有关户外广告特许经营的争议②

备受关注的北京机场高速路两侧户外广告拆除工作将在月底前告一段落,朝阳区界的 83 块违法户外广告都将被彻底清理干净。北京市市政管委随后将通过招投标和拍卖的方式对户外广告使用权实行特许经营。

由行政审批变为特许经营早在 2004 年就有了相关的规定,但此次实施过程中还是引发了广告经营者和相关学者的不同声音,正反两方观点就管理细节进行了一场交锋。

① 李佳文,成广伟. 广州公开出让首批户外广告位置[EB/OL]. (2014-08-14)[2017-10-09]. http://www.ycwb.com/ePaper/xkb/html/2014-08/14/content_517539.htm? div=-1.

② 左颖. 户外广告管理细节引交锋[EB/OL]. (2013-11-15)[2017-10-09]. http://www.texu1.com/a/zhengfutexu/20131115/855.html.

反方

广告经销商：经营成本过高

张同(化名)是朝阳区一家广告公司的户外广告推广部经理,他给记者算了一笔账:"以前很多广告公司只要千方百计拿到批文,20多万元建一个立柱广告牌,最好的时候一年就能收益100多万元。而现在取消行政审批改成特许经营后,户外广告设施都由政府出资建设,仅一个立柱广告一年的特许经营费用就是五六十万元。"他认为,政府将所有户外广告设施建设都自己揽过来的做法有些不妥,"其实相关部门完全可以出台一个有关户外广告设施的标准和规范,我们自己按照规定来做,这样政府既节省了精力,户外广告的特许经营成本也能随之降低"。

专家：政府自建广告设施没必要

"政府确实有权力对社会公共资源进行管理,但目前这种户外广告全部由政府出资建设,再以特许经营的方式将使用权出让给广告商的做法商业味道太浓。"中国人民大学公共管理学院教授毛寿龙如是说。他认为,户外广告确实需要政府以各种形式来加强管理和约束,但由政府自行建设全部的户外广告设施则完全没有必要。

正方

广告经销商：更公平

参与了京顺路户外广告招投标的李女士认为,与行政审批相比,招投标最大的优点就是公开和透明,所有广告公司都站在同一条起跑线上。她说:"正因为是政府出资建设,户外广告的位置设置也更加规范,以前京顺路朝阳段不到10千米的距离就有几十根立柱广告,其中很多都是违法私建,而去年招投标时京顺路上的户外广告牌平均每间隔1千米甚至2千米才有一个,这些重新统一规划的户外广告牌的含金量肯定是比以前要高。"

专家：可避免暗箱操作

对于在全市各个区县即将大范围推广的户外广告特许经营管理方式,北京汇源律师事务所法律专家魏小东在接受记者采访时说,户外广告的设置占用的是社会公共资源,而这种由政府出资建设户外广告设施,通过招投标方式向广告公司出让使用权,再将得到的收入划入政府财政用于市政建设的做法是非常有效的一种管理社会公共资源的做法。

"与以前的行政审批相比,这种规划许可的管理方式更能避免暗箱操作。"魏小东说。正是行政审批中的一些弊端才造成了户外广告的密集和泛滥,而通过政府统一规划建设以及特许经营制度的推广,将能最大限度地规范户外广告管理,从而也将终结户外广告商的暴利时代。

管理部门：更有利于管理

朝阳区市政管委相关部门负责人在接受记者采访时表示,由政府出资建设户外广告设施,并对户外广告进行统一规划、设置和招投标,是对公共资源的一种有效管理和利用方式,户外广告的特许经营所得,将专项用于路政、环卫等城市基础设施的建设。

事实上,自户外广告特许经营制度出现,争议就开始,且从未中断。虽然争议的关注点甚多,但最为关键的还在于户外广告阵地的产权归属,是姓"公"还是姓"私"。对于设置在公共阵地的户外广告,政府采取户外广告特许经营,具有一定的合法性和合理性(对此,亦存在着争议,参见补充资料9.2);对于设置在非公共阵地(即私人阵地)的户外广告,政府强制采取户外广告特许经营,就显得缺乏法理支持了,因而遭遇到了舆论的批评和质疑①。

表 9-3　各城市户外广告特许经营制度

城市	范围		法规或规章	相关条款
	公共阵地	私人阵地		
北京	√	×	北京市人民政府,《北京市户外广告设置管理办法》,2004 年 10 月 1 日起实施	本市对设置在城市道路两侧、公路两侧、广场等公共场所(以下简称公共场所)户外广告设施的使用权出让,实行特许经营制度。
上海	√	×	上海市人民政府,《上海市户外广告设施管理办法》,2011 年 1 月 1 日起实施	利用公共阵地设置户外广告设施的,阵地使用权应当通过拍卖、招标的方式取得。利用非公共阵地设置户外广告设施的,阵地使用权可以通过协议、拍卖、招标等方式取得。
广州	√	×	广州市人民政府,《广州市户外广告和招牌设置管理办法》,2014 年 5 月 1 日起实施	利用公共建(构)筑物、公共设施、公共场地设置户外广告的,应当通过招标、拍卖、挂牌或者其他公平竞争方式取得户外广告位置使用权。利用国有企业、国有控股企业或事业单位所有的建(构)物设置户外广告的,参照执行。
衡阳	√	√	衡阳市人民政府,《衡阳市户外广告设施设置管理实施细则》,2014 年 5 月 8 日起实施	大型户外广告设施设置由市人民政府统一规划、统一设置,实行有偿使用,其使用权采取招标或拍卖的方式取得。拍卖会由城市管理行政主管部门具体承办,市城乡规划、住房和城乡建设、工商、财政、物价、监察、法制等部门参与。拍卖收入全额上缴市财政。

---

① 洪克非,吴湘韩. 既有合法审批　缘何面临整顿——衡阳"户外广告"特许经营遭质疑[EB/OL]. (2003-08-13)[2017-10-09]. http://zqb.cyol.com/content/2003-08/13/content_714534.htm.

城市	范围		法规或规章	相关条款
	公共阵地	私人阵地		
无锡	√	×	无锡市人民政府,《无锡市市区户外广告管理办法》,2012 年 12 月 1 日起实施	公共阵地是指市政设施、公用设施、道路及其设施、广场和其他建(构)筑物以及已由城市管理行政主管部门收购取得使用权的非公共阵地。利用公共阵地设置户外广告设施的,阵地使用权应当通过拍卖、招标的方式取得。
温州	√	×	温州市人民代表大会常务委员会,《温州市市容和环境卫生管理条例》,2016 年 3 月 1 日起实施	利用城市道路、桥梁、公路、铁路、机场、车站、码头、公交站点、广场、绿地以及其他公共场所、公共设施和各类国有产权性质的建(构)筑物设置户外商业广告,应当通过招标、拍卖等方式有偿取得利用公共场所、公共设施等设置广告的使用权。
宁波	√	×	宁波市人民政府,《宁波市户外广告设施设置管理办法》,2014 年 10 月 1 日起实施	利用公共场地、公共设施等政府性资金投资建设的载体(以下简称公共载体)设置户外商业广告设施的,其载体使用权应当按照《宁波市市容和环境卫生管理条例》第三十一条的规定和户外广告设施设置规划的要求,通过公共资源交易中心以招标、拍卖等公平竞争方式取得

第二节　户外广告设置要求

一、户外广告设置原则及基本要求

1.设置原则

《北京市户外广告设置规范》确立了户外广告设置的 4 项原则,即"(一)要以人为本,符合生态环保的要求,有益于人民身心健康、财产安全、公共利益和良好社会风尚;(二)要与保护北京历史文化名城风貌相适应,要符合城市景观美学要求,与周边人文景观、自然环境相协调;(三)要体现继承传统和创新发展相结合,鼓励使用新媒体、新形式、新技术及新材料,运用先进的设计理念和灵活多样的艺术创作,体现首都经济和社会发展的时代感;(四)要注重昼夜景观的协调,达到白天美化城市景观与夜间妆点城市夜景的和谐统一"。

2.基本要求

《北京市户外广告设置规范》对户外广告设置,提出了一些基本要求:"(一)在道路两侧设置的户外广告应避免使用眩目材料,不可将照明光源指向来车方向,不能影响行人、车辆的通行安全;(二)户外广告的设置不得遮挡居民日照、采光或造成居民的视觉污染;夜间照明不得影响居民生活等;(三)空中漂浮物,如飞艇、热气球等载体不得附着或悬挂户外广告。系留的小型氦气球悬挂宣传条幅的,按照标语、宣传品的管理要求执行。"

在户外广告设施的安全与维护方面,《北京市户外广告设置管理办法》则作出了更为具体的规定,其第十四条要求:"设置户外广告设施应当符合户外广告设施的安全技术标准、管理标准和规范,保证户外广告设施设置的安全和牢固。建设和维护户外广告设施,应当遵守国家和本市有关安全生产的规定。配置户外广告夜间照明设施的,应当保持照明设施功能完好;设置霓虹灯、电子显示装置、灯箱等设施的,应当保持画面显示完整。出现断亮、残损的,应当及时维护、更换,并在修复前停止使用。"其第十五条还要求:"户外广告设施的经营者是户外广告设施维护、管理的责任人(以下简称管理责任人),应当定期巡视、维护,保持户外广告设施的安全、整洁、美观。户外广告设施存在安全隐患或者出现破损、污迹和严重褪色的,应当及时维修、更新。户外广告设施的版面不得出现空置。对户外广告设施存在安全隐患可能危及人身、财产安全的,市政管理行政主管部门应当责令管理责任人立即排除安全隐患,不能立即排除隐患的,应当责令限期排除,并督促、落实安全隐患的排除工作。在限期排除期间,管理责任人应当在安全隐患现场的明显位置设置警示标志,必要时还应当派人值守,防止发生事故。"另外,其第十六条强调:"在居住区及其周边设置户外广告设施,应当避免噪声污染、光污染和遮挡日照等对居民生活造成的不利影响。"

二、有关设置户外广告设施的禁止性规范

1.在道路两侧和道路路口设置户外公共设施

《北京市户外广告设置管理办法》第十一条要求:

"在道路两侧和道路路口设置户外广告设施,不得妨碍安全视距、影响通行,并不得有下列情形:

"(一)遮挡路灯、交通标志、交通信号;

"(二)延伸扩展至道路上方或者跨越道路;

"（三）设置在立交桥、人行过街桥、铁路桥等桥梁上；

"（四）妨碍无障碍设施使用；

"（五）法律、法规禁止的其他情形。

"在城市道路两侧以及三环路以内的其他地区，设置单柱式和落地式户外广告设施，不得超过规定的限制高度。"

2.在建筑物、构筑物上设置户外广告设施

《北京市户外广告设置管理办法》第十二条规定：

"在建筑物、构筑物上设置户外广告设施，不得破坏城市风貌、景观和影响市容环境，并不得有下列情形：

"（一）影响原建筑物、构筑物容貌；

"（二）超过城市规划中限定的建筑物、构筑物高度；

"（三）超过户外广告设施设置规定的限制高度；

"（四）法律、法规禁止的其他情形。

"在居住建筑上设置户外广告设施，必须符合户外广告设置规划，并征得该建筑内居民的同意。禁止在危险建筑物、构筑物上设置户外广告设施。"

3.利用公共设施或交通工具设置户外广告

《北京市户外广告设置管理办法》第十七条规定，设置户外广告，不得"利用交通安全设施、交通标志"，"影响市政公共设施、交通安全设施、交通标志使用"，"利用道路照明、电力、通信、邮政等设施"，以及"其他损害城市容貌和环境"。同时，"利用公共交通的候车亭、停靠站牌、车站出入站口等公共交通设施设置广告的，应当符合户外广告设置规划要求，并不得影响识别和妨碍通行"。

第十八条规定："在公共交通固定运营线路上设置的公共电、汽车车身广告，不得在车辆正面、前后风挡玻璃及两侧车窗上设置。设置车身广告不得对原车身颜色全部遮盖。设置的车身广告不得影响识别和乘坐。

"其他车辆（包括小公共汽车）禁止在车身设置广告。

"市市政管理行政主管部门应当会同市有关行政主管部门制定公共电、汽车车身广告的设置标准和规范。允许设置车身广告的公共电、汽车运营线路和车辆，由市市政管理行政主管部门按照户外广告设置规划公布。"

4.其他户外广告

《北京市户外广告设置管理办法》第十三条规定："禁止在城市绿地上设置户外广告

设施。禁止在河湖、水库水面上设置户外广告设施。禁止在空中设置悬浮的户外广告设施。禁止在飞行的飞行器上悬挂户外广告。"

《北京市户外广告设置管理办法》第十九条还规定:"本市鼓励建设单位或者施工单位粉饰建设施工工地围挡,美化市容环境,但是禁止利用施工工地围挡设置户外广告。在本市举办大型商业性活动,不得在举办活动地的场所外或者举办活动的区域范围外设置户外广告设施。"

三、户外广告设施的具体要求

为了便于管理,《北京市户外广告设置规范》将户外广告分为落地式广告设施和附着式广告设施两大类①:"(一)落地式广告设施,指从地面而起以单个或多个柱体以及用钢结构等材料支撑的广告看板、灯箱、显示屏(牌)、霓虹灯或其他造型广告;(二)附着式广告设施,指附着于建筑物、构筑物及公共设施和移动交通工具等设置的广告看板、灯箱、霓虹灯或其他造型广告。"

1.落地式广告设施要求

《北京市户外广告设置规范》第八条规定:

"(一)道路路口范围设置的立柱式等落地式广告设施,要保证车辆、行人通行及交通参与者的安全视距,不得对道路使用者的通行产生影响;

"(二)在人行便道上设置落地式广告设施需保持不少于3米的便道宽度,设置柱式(及悬挂式)广告设施的牌面下端距地面高度不少于2.2米;

"(三)在地铁通风亭10米范围内,不得设置落地式广告设施;

"(四)设置落地式广告设施不得损毁城市园林绿化设施以及影响城市园林绿化主体景观;

"(五)沿道路两侧设置落地式广告设施的,广告设施在地面上靠近道路的垂直投影点与道路间的距离应当大于广告设施的总高度。"

《北京市户外广告设置规范》还规定了落地式广告设施设置间距:广告设施100平方米以上的设置间距应当大于800米;广告设施30平方米至100平方米的设置间距应当大于400米;广告设施5平方米至30平方米的设置间距应当大于200米;广告设施5平方米以下的设置间距应当大于100米。(见表9-4)在同一条道路原则上只准设置一

---

① 《户外广告登记管理规定》第二条所称的户外广告包括:"(一)利用公共或者自有场地的建筑物、空间设置的路牌、霓虹灯、电子显示牌(屏)、灯箱、橱窗等广告。(二)利用交通工具(包括各种水上漂浮物和空中飞行物)设置、绘制、张贴的广告。(三)以其他形式在户外设置、悬挂、张贴的广告。"

种规格的落地式广告设施,并按照上述间距设置,不得以不同规格的广告设施套置。

表9-4　北京市落地式广告设施设置间距

序　号	广告设施面积	广告设施间距
1	100 平方米以上	大于 800 米
2	30—100 平方米	大于 400 米
3	5—30 平方米	大于 200 米
4	5 平方米以下	大于 100 米

2.附着式广告设施要求

《北京市户外广告设置规范》规定:

"第十条　附着式广告设施设置:

"(一)在不影响建筑物风格的前提下,允许利用相应建筑物设置附着式广告,但不允许覆盖建筑物的玻璃幕墙和窗户;

"(二)在建筑物顶部不宜设置附着式广告,若设置应当符合规划行政管理部门规定的建筑高度限制,且应符合附着式户外广告设施的高度限制规定;在坡屋顶或屋顶造型独特的建筑物顶部不得设置户外广告;

"(三)垂直附着于建筑物或构筑物墙体设置附着式广告,其外沿距离墙体不超过1.5 米;平行附着于建筑物或构筑物墙体设置附着式广告,其外沿距离墙体不超过 0.25米,并与建筑物或构筑物协调;

"(四)设置附着式广告应保护建筑物有特色的线条或装饰,其构架必须隐蔽处理,避免外露,影响观瞻;附着于建筑物墙面设置附着式广告,其广告版面应不超过所在墙面(扣除窗户)面积的 1/3;

"(五)不得附着于树木和影响树木生长设置户外广告;

"(六)不得附着于路灯杆、电线杆、电力杆、电讯杆等道路附属设施设置户外广告;

"(七)在国家级、市级重要公共建筑上(重要公共建筑包括:展览馆、博物馆、音乐厅、美术馆、图书馆、体育场馆)不得设置户外广告;

"(八)对于交通工具上设置附着式广告,除有固定行驶路线的公共电、汽车(不含小公共汽车)外,不得在其他交通工具等可移动的载体上设置附着式广告;

"(九)利用公共交通设施设置广告,应当符合所在区域的户外广告设置规划要求,且不得影响人流交通的顺畅;利用公交候车亭设置广告,其规格、数量应当因地制宜并与周围环境相协调,每个中途站位的广告面积不得超过 20 平方米;首末站的广告面积不超过 30 平方米;

"（十）附着于各类商亭、防护亭等构筑物设置户外广告的，每个亭体附着广告的面积应当小于 2 平方米，亭顶不得设置户外广告。

"第十一条　附着式广告设施的高度限制：

"（一）在 6 米以下的平顶建筑物或构筑物上设置附着式广告的高度应当低于1.5 米；

"（二）在 6 米至 12 米的平顶建筑物或构筑物上设置附着式广告的高度应当低于2 米；

"（三）在 12 米以上的平顶建筑物或构筑物上设置附着式广告的高度应当低于3 米。

表 9-5　北京市附着式广告设施的高度限制

序　号	平顶建筑物或构筑物高度	广告设施高度
1	6 米以下	低于 1.5 米
2	6—12 米	低于 2 米
3	12 米以上	低于 3 米

"第十二条　在有固定行驶路线的公共电、汽车上设置附着式广告的标准：

"（一）附着于车身的广告，其设置应遵循色彩协调、画面风格明快及整洁美观的原则，车辆的车头正面、车尾窗以上、车身两侧窗户以上不得附着广告，设置车身广告不得对原车身颜色全部遮盖，不得影响识别和乘坐；

"（二）在王府井路口以西至西单路口以东之间（含天安门广场地区）行驶或穿行的车辆，不得附着广告；在王府井路口至建国门立交桥以西、西单路口至复兴门立交桥以东沿长安街东西方向直线行驶的车辆（南北穿行的车辆除外），不得附着广告。

第三节　户外广告设置区域

考虑到城市不同区域的风貌、功能等特点，各地均对户外广告划分了不同区域类型，并对各区域设定了户外广告的具体要求。以北京为例，《北京市户外广告设置规范》按照本市不同地区的功能要求，户外广告设置划分成 5 个区域，即严禁设置区、严格限制设置区、一般限制设置区、开放设置区和其他设置区。

一、严禁设置区

1.范围

根据《北京市户外广告设置规范》,严禁设置区为:天安门广场地区、中南海周围地区、故宫周围地区、钓鱼台周围地区,长安街(复兴门—建国门之间),党政机关、军事机关、军事禁区等办公区域及周边控制地带,宗教活动场所,文物保护单位、风景名胜区,相关法律、法规禁止设置的区域。

2.设置管理

对于严禁设置区,《北京市户外广告设置规范》要求,一律"禁止设置户外广告"。

对此,《北京市户外广告设置管理办法》第九条作出了更加详细的规定:"禁止在下列道路和区域设置户外广告设施:

"(一)长安街(即东起建国门西至复兴门路段,下同)道路两侧100米范围内;

"(二)天安门广场地区及广场东侧、西侧各100米范围内;

"(三)中南海办公区周边北起文津街府右街路口,南至府右街长安街路段的沿街地区,西起文津街府右街路口,东至文津街北长街的沿街地区,北起文津街北长街路口,南至南长街长安街路段的沿街地区;

"(四)钓鱼台国宾馆北起三里河路阜成路路口,南至钓鱼台国宾馆南侧院墙的沿街地区,东起三里河路阜成路路口,西至阜成路南一街路段南侧的沿街地区;

"(五)国家机关、学校、风景名胜区和文物保护单位的建筑控制地带。

对其他不适合设置户外广告的道路和区域,由户外广告设置规划控制设置户外广告。"

另外,《北京市户外广告设置管理办法》第十条还规定:"长安街从王府井路口以西(不含王府井路口)至西单路口以东(不含西单路口)的路段和天安门广场地区禁止有车身广告的车辆通行。但是,因举行大型活动临时调用的车辆除外。"

二、严格限制设置区

1.范围

根据《北京市户外广告设置规范》,严格限制设置区是指:长安街延长线(首钢总公司东门—复兴门、建国门—通州镇东关大桥)、迎宾线,二环路以内的区域,居住区(居住建筑相对集中或成片的区域),教育科研区(学校、科学研究设计机构及其周边地区),历史文化保护区。

2.设置管理

对于严格限制设置区,《北京市户外广告设置规范》要求:设置户外广告应当体现庄重、简洁、和谐、宁静的风格;设置落地式广告设施,其面积应在 15 平方米以下、总高度在 5 米以下(高、快速路沿线除外);建筑物顶部禁止设置户外广告;居住区内不得设置霓虹灯广告;长安街延长线、迎宾线以及教育科研区内建筑物的外墙、裙楼、栏杆及围墙上禁止设置户外广告;可以结合绿化美化要求,设置以绿色植被为材质的景观造型广告。

三、一般限制设置区

1.范围

根据《北京市户外广告设置规范》,一般限制设置区包括:二、三、四、五、六环路,高、快速路等主要交通干线;机场、火车站等地区;文化体育场所(相对集中的新闻出版、文化艺术团体、广播电视、图书展览场所及体育场馆所在的区域);商务区(写字楼、宾馆、饭店等商业、金融、服务业机构相对集中的区域);经济技术开发区、科技园区;商务中心区。

2.设置管理

在一般限制设置区,《北京市户外广告设置规范》要求:设置户外广告应当体现自然、清新、美观、协调的风格;设置户外广告应当符合功能区的特点,并与功能区内的景观相协调;文化体育场所内非商业性建筑的外墙、裙楼、栏杆及围墙上不得设置户外广告;商务区内在不影响建筑物整体景观的前提下,可以合理利用建筑物外墙的实墙面、裙楼、栏杆及平顶建筑物的顶部设置户外广告;经济技术开发区、科技园区、商务中心区内在相对分散的居住、教育科研、文化体育、商务、交通干线等区域设置户外广告的,需分别按照上述功能分区的设置标准执行。

3.主要交通干线及机场、火车站等地区的设置管理

表9-6 北京市主要交通干线及机场、火车站等地区的户外广告设置管理

序　号	区　域	总体要求	落地式广告设施要求	附着式广告设施要求
1	二环路沿线	以在公共交通设施上设置广告为主	允许设置少量的落地式小型广告牌(含单柱式广告)及造型广告,广告版面一般不超过10平方米,高度一般不超过5米	以楼体广告为主,广告版面一般不超过60平方米
2	三环路沿线		允许设置少量的落地式小型广告牌(含单柱式广告)及造型广告,广告版面一般不超过15平方米,高度一般不超过10米	以建筑楼体广告牌、灯箱为主,允许设置少量的楼顶广告
3	四环路沿线	/	以大型立柱式广告牌为基础,设置间距原则上不低于800米	以建筑楼体广告牌、灯箱为主,允许设置少量楼顶广告
4	五环路、六环路沿线	/	以大型立柱式广告牌为基础,设置间距原则上不低于1000米	以建筑楼体广告牌、灯箱作为适当补充
5	高速公路和城市快速路沿线	/	以大型立柱式广告牌为基础,设置间距原则上不低于1500米	以建筑楼体广告牌、灯箱作为适当补充
6	机场、火车站等地区	/	突出指示牌、信息牌、警示牌及人流疏导标志牌等,一般不设置立柱式广告设施,以少量落地式广告设施作为适当补充	在主体建筑物上禁止设置户外广告,非主体建筑物严格控制设置户外广告,并避免影响主体景观的整体效果

四、开放设置区

1.范围

根据《北京市户外广告设置规范》,开放设置区是指繁华商业街区(王府井、西单、大栅栏等商业店铺集中的地区)。

2.设置管理

在开放设置区,《北京市户外广告设置规范》要求:设置户外广告应当体现繁荣、靓丽、恢宏、协调的风格;可以在不影响建筑造型及整体环境景观的前提下,利用建筑物、构筑物及其他户外空间设置户外广告,并适当体现灵活性和多样性;可以运用丰富多样的广告设置形式和设计手法,使用科技含量高的现代化的广告设施,兼顾白天与夜晚的效果,烘托商业地区繁华、协调的氛围;并原则上执行第十条的附着式广告设施设置要求。

169 / 第九章 户外广告法规

五、其他设置区

1.范围

根据《北京市户外广告设置规范》,严禁设置区、严格限制设置区、一般限制设置区、开放设置区以外的地区为其他设置区。

2.设置管理

《北京市户外广告设置规范》规定,在其他设置区,"设置户外广告应当遵守该规范户外广告设置要求的相关规定。

表 9-7 北京市户外广告五类区域

序 号	区域类型	区域范围
1	严禁设置区	天安门广场地区、中南海周围地区、故宫周围地区、钓鱼台周围地区
		长安街(复兴门—建国门之间)
		党政机关、军事机关、军事禁区等办公区域及周边控制地带
		宗教活动场所
		文物保护单位、风景名胜区
		相关法律、法规禁止设置的区域
2	严格限制设置区	长安街延长线(首钢总公司东门—复兴门、建国门—通州镇东关大桥)、迎宾线
		二环路以内的区域
		居住区(居住建筑相对集中或成片的区域)
		教育科研区(学校、科学研究设计机构及其周边地区)
		历史文化保护区
3	一般限制设置区	二、三、四、五、六环路,高、快速路等主要交通干线
		机场、火车站等地区
		文化体育场所(相对集中的新闻出版、文化艺术团体、广播电视、图书展览场所及体育场馆所在的区域)
		商务区(写字楼、宾馆、饭店等商业、金融、服务业机构相对集中的区域)
		经济技术开发区、科技园区
		商务中心区

续　表

序　号	区域类型	区域范围
4	开放设置区	繁华商业街区(王府井、西单、大栅栏等商业店铺集中的地区)
5	其他设置区	严禁设置区、严格限制设置区、一般限制设置区、开放设置区以外的地区

延伸阅读:

1. 黄蕾. 户外广告的立法研究[D]. 苏州:苏州大学,2010.

2. 王瑶磊. 公共空间资源权属下的城市户外广告管理研究:以无锡为例[D]. 上海:华东政法大学,2013.

3. 徐卫华,张信国,邱碧霞. 温州户外广告整治与转型发展调研报告[J]. 广告大观(理论版),2013(4):60-73.

4. 潘盈盈. 我国户外广告设置管理存在的问题及对策——黔东南州鸿升广告公司诉凯里市城管局限期拆除户外广告案分析[D]. 重庆:西南政法大学,2014.

5. 谢加封,谢海涛,汪浩. 城市户外广告监管与市民权益保护[J]. 城市问题,2014(10):84-89.

6. 刘磊. 违法户外广告的法治化治理——以地方立法规范为分析样本[J]. 石河子大学学报(哲学社会科学版),2015(4):75-82.

7. 宋杰. 上海户外广告整治缘何引发质疑[J]. 中国经济周刊,2016(46):62-64.

第十章　广播电视广告法规

广播电视广告,简单地说,就是在广播电台、电视台播出的广告。

在我国,广播电视的特殊性,除其具有广泛的影响力和传播力以外,最为重要的是其国有的特殊性质。一般而言,广播电视经营主体主要有三类,即广播电视制作机构、播出机构和传输机构。改革开放以后,市场化主体就开始直接参与广播电视制作;进入21世纪以来,我国广播电视启动的"制播分离",加速了广播电视制作的市场化进程。

但是,广播电视播出机构和传输机构依然为国家所有,并由各级广播电视行政部门直接管理。作为主管部门,广播电视行政部门当然可以对广播电视广告进行管理。国家广播电影电视总局出台了一系列部门规章以及相关规定,但最为重要的当数《广播电视广告播出管理办法》以及《〈广播电视广告播出管理办法〉的补充规定》。在此,编者以这两部部门规章为主要依据,结合《广告法》《广告管理条例》等相关的法律法规,梳理广播电视广告法律法规的主要内容。

表 10-1　广播电视广告相关法规一览表

序　号	名　称	颁布机构	颁布日期	施行日期	有效性
1	《广告管理暂行条例》	国务院	1982-02-06	1982-05-01	失效
	《广告管理条例》		1987-10-26	1987-12-01	有效
2	《广告管理条例施行细则》	国家工商行政管理局	1988-01-09	1988-01-09	修订
			1998-12-03	1998-12-03	修订
			2000-12-01	2000-12-01	修订
			2004-11-30	2005-01-01	修订
			2011-12-12	2012-01-01	废止（2016-04-29）
3	《广告法》	全国人民代表大会常务委员会	1994-10-27	1995-02-01	修订
			2015-04-24	2015-09-01	有效

序　号	名　称	颁布机构	颁布日期	施行日期	有效性
续　表 列于有效性上方

序　号	名　称	颁布机构	颁布日期	施行日期	有效性
4	《广播电视管理条例》	国务院	1997-08-11	1997-09-01	修订
			2013-12-07	2013-12-17	修订
			2017-03-01	2017-03-01	有效
5	《广播电视广告播放管理暂行办法》	国家广播电影电视总局	2003-09-15	2004-01-01	失效(2010-01-01)
6	《广播电视广告播出管理办法》		2009-09-08	2010-01-01	有效
7	《〈广播电视广告播出管理办法〉的补充规定》	国家广播电影电视总局	2011-11-25	2012-01-01	有效

第一节　广播电视广告主体规范

严格地说,广播电视广告主体涉及三大类,一是广播电视广告发布者,也就是广播电视广告的广告主;二是广播电视广告经营主体,包括广播电视制作机构、播出机构和传输机构;三是广播电视广告管理机构,特指法定的相关政府行政部门。除特殊产品类别(如医疗、医疗器械、药品等)广告以外,我国广告法律法规并未对广告发布者的主体资格提出特殊的要求[①],因此本节只梳理法律法规有关广播电视广告的经营主体和管理机构的规定。

一、广播电视广告经营主体

如前所述,广播电视广告经营主体主要包括广播电视制作机构、播出机构和传输机构。在此,编者重点整理有关制作机构、播出机构和传输机构的主体规范。

1.制作机构

广播电视广告制作并不需要特殊的主体资质,其主体只需要进行法定的法人登记,

[①] 《广告法》(1995年版)第二条规定:"本法所称广告主,是指为推销商品或者提供服务,自行或者委托他人设计、制作、代理服务的法人、其他经济组织或者个人。"《广告法》(2015年版)第二条也有类似规定:"本法所称广告发布者,是指为广告主或者广告主委托的广告经营者发布广告的自然人、法人或者其他组织。"从原有的"法人、其他经济组织或者个人"扩展到"自然人、法人或者其他组织",广告主可以说是无所不包,没有设定任何准入门槛的。

并办理营业执照等手续即可。但是,考虑到在广播电视广告的实际经营中,广播电视节目制作机构和广播电视广告制作机构之间常常相互交叉,因此有必要了解法律法规对于广播电视节目制作机构所设定的主体资格要求。

《广播电视节目制作经营管理规定》①第四条规定:"国家对设立广播电视节目制作经营机构或从事广播电视节目制作经营活动实行许可制度。设立广播电视节目制作经营机构或从事广播电视节目制作经营活动应当取得《广播电视节目制作经营许可证》。"

同时,该规定第五条还强调:"国家鼓励境内社会组织、企事业机构(不含在境内设立的外商独资企业或中外合资、合作企业)设立广播电视节目制作经营机构或从事广播电视节目制作经营活动。"

2.播出机构

《广播电视管理条例》第十条规定:"广播电台、电视台由县、不设区的市以上人民政府广播电视行政部门设立,其中教育电视台可以由设区的市、自治州以上人民政府教育行政部门设立。其他任何单位和个人不得设立广播电台、电视台。国家禁止设立外资经营、中外合资经营和中外合作经营的广播电台、电视台。"

这一规定,透露出至少三层含义:一是除广播电视行政部门和教育行政部门以外,任何单位和个人不得设立广播电台、电视台。二是广播电台、电视台的设立主体是广播电视行政部门或教育行政部门。也就是说,广播电视行政部门或教育行政部门与广播电台、电视台之间,不仅仅是简单的管理与被管理的关系。三是广播电视播出领域未对外资开放。

另外,《广告法》(2015年版)第二十九条对广播电视广告播出机构设定了一些条件,即"广播电台、电视台、报刊出版单位从事广告发布业务的,应当设有专门从事广告业务的机构,配备必要的人员,具有与发布广告相适应的场所、设备,并向县级以上地方工商行政管理部门办理广告发布登记"。

3.传输机构

《广播电视节目传送业务管理办法》第五条规定:"利用有线方式从事广播电视节目传送业务,须按本办法规定领取《广播电视节目传送业务经营许可证》。利用无线、微波、卫星等其他方式从事广播电视节目传送业务,应当按照国家有关规定办理相关审批

---

① 国家广播电影电视总局,《广播电视节目制作经营管理规定》,2004年6月15日颁布,2004年8月20日起施行。

手续①。"

第六条还规定："下列机构可以申请《广播电视节目传送业务经营许可证》：（一）经广电总局批准设立的广播电视播出机构；（二）经广电总局批准设立的广播影视集团（总台）及所属机构；（三）拥有有线广播电视网络经营权的国有或国有控股机构。"同时，第七条规定："禁止外商独资、中外合作、中外合资机构从事广播电视节目传送业务。"

上述规定亦显示出三层含义：一是传输机构的管理模式及管理制度，与播出机构非常相似；二是传输机构与播出机构本身具有高度的关联性；三是最为根本的，传输机构与播出机构（以及部分制作机构）一样，其本身与广播电视广告管理机构之间存在着行政隶属关系，这也就决定了广播电视行政部门在广播电视（以及广告）管理中可以发挥极其重要的作用。

二、广播电视广告管理机构

1. 工商行政管理部门

《广告法》（2015年版）第六条明确规定："国务院工商行政管理部门主管全国的广告监督管理工作，国务院有关部门在各自的职责范围内负责广告管理相关工作。县级以上地方工商行政管理部门主管本行政区域的广告监督管理工作，县级以上地方人民政府有关部门在各自的职责范围内负责广告管理相关工作。"也就是说，工商行政管理部门是法定的广告主管部门。

2. 广播电视行政部门

除工商行政管理部门以外，广播电视行政部门当然可以在自己的"职责范围内负责广告管理相关工作"。具体而言，根据《广播电视广告播出管理办法》第五条规定："广播影视行政部门对广播电视广告播出活动实行属地管理、分级负责。国务院广播影视行政部门负责全国广播电视广告播出活动的监督管理工作。县级以上地方人民政府广播影视行政部门负责本行政区域内广播电视广告播出活动的监督管理工作。"

---

① 《卫星传输广播电视节目管理办法》（广播电影电视部，1997年9月23日颁布并实施）规定，"省级以上广播电台、电视台可以申请利用卫星方式传输广播电视节目"；"中央的广播电台、电视台利用卫星方式传输广播电视节目，应当向广播电影电视部提出书面申请。中国教育电视台利用卫星方式传输电视节目，应当报经国家教育委员会批准，并向广播电影电视部提出书面申请。省级广播电台、电视台利用卫星方式传输广播电视节目，应当向省级人民政府广播电视行政部门提出书面报告。省级人民政府广播电视行政部门认为需要利用卫星方式传输的，应当报经同级人民政府批准，并向广播电影电视部提出书面申请"。

第二节 广播电视广告内容及形式规范[①]

一、广播电视广告类型禁止

考虑到广播电视媒体的广泛影响力,我国对在广播电视上发布广告的产品类型做了限定。这种类型限定又可以分为两类:一是无条件禁止,二是特殊时段禁止。

1.无条件禁止

《广播电视广告播出管理办法》第九条明确禁止播出下列广播电视广告:以新闻报道形成发布的广告;烟草制品广告;处方药品广告;治疗恶性肿瘤、肝病、性病或者提高性功能的药品、食品、医疗器械、医疗广告;姓名解析、运程分析、缘分测试、交友聊天等声讯服务广告;出现"母乳代用品"用语的乳制品广告;法律、行政法规和国家有关规定禁止播出的其他广告。

另外,《广播电视广告播出管理办法》第十二条还规定:"除福利彩票、体育彩票等依法批准的广告外,不得播出其他具有博彩性质的广告。"

2.特殊时段禁止

《广播电视广告播出管理办法》第二十四条规定:"播出商业广告应当尊重公众生活习惯。在6:30至7:30、11:30至12:30以及18:30至20:00的公众用餐时间,不得播出治疗皮肤病、痔疮、脚气、妇科、生殖泌尿系统等疾病的药品、医疗器械、医疗和妇女卫生用品广告。"

补充资料 10.1

关于做好养生类节目制作播出工作的通知

国家新闻出版广电总局2014年9月29日发布《关于做好养生类节目制作播出工作的通知》。通知要求:

一、高度重视电视养生类节目的规范管理

电视养生类节目是电视宣传的合理组成部分,通过专家的权威解答,向社会公众传

---

① 本节只梳理针对广播电视广告内容及形式的相关规范,而暂不涉及有关广告内容及形式的通用性规范。后者将在第十四章中专门讨论。

播疾病预防、控制、治疗以及养生保健等健康知识和科学常识,有助于满足广大人民群众的信息需求,提高广大人民群众的健康防病意识,是电视媒体履行社会责任的表现。规范电视养生类节目的制作和播出,强化内容和形式的审查把关,对普及健康养生知识、维护人民群众合法权益、提升电视媒体社会公信力,具有重要作用。各级电视台要坚持媒体职能,坚守社会责任,始终把社会效益放在首位,切实加强养生类节目制作播出各环节的规范管理,不断提升养生类节目内容质量。

二、切实加强养生类节目审查把关

电视养生类节目只能由电视台策划制作,不得由社会公司制作。凡在专家资源、节目资金、制作能力等方面不具备条件的电视台,不得盲目跟风制作养生类节目。鼓励上星综合频道制作的优秀养生类节目在地面频道播出。

养生类节目应为广大观众提供真实、科学、实用、权威的资讯信息,不得夸大夸张或虚假宣传、误导观众。要做到以下几点:

(一)主持人必须取得播音员主持人执业资质,依法持证上岗。主持中要有效控制节目进程,引导嘉宾围绕主题介绍相关知识。演员和各类社会名人不得担任养生类节目主持。

(二)聘请医学、养生、营养等方面专家作为嘉宾的,该嘉宾必须具备省级以上卫生行政部门认定的副高以上专业职称、资格,并在节目中据实提示。

(三)开设的观众咨询热线电话,须是以本台或者本频道为主体申请设立的,并只能在节目片尾进行提示。节目中不得出现任何电话号码或其他联系方式。

三、严禁以养生类节目形式发布广告

养生类节目应以介绍疾病预防、控制、治疗以及养生保健等科学知识为主要内容。严禁出现以下变相发布广告的行为:

(一)直接或间接宣传药品、保健品、食品、医疗器械或医疗机构等产品或服务。

(二)直接或间接宣传上述产品或服务的治疗作用,或借助宣传产品中某些成分的功能来明示或暗示治疗作用。

(三)明示或暗示治愈率、有效率、保健养生效果等表示功效的内容。

(四)以医生、专家、现场观众、患者、公众人物或科研机构、学术机构、医疗机构等为产品或服务作证明。

(五)节目中间以"栏目热线"等形式,宣传或提示联系电话、联系方式、地址等信息。

(六)其他违反相关法律、法规和规章的情形。

凡含有以上内容或其他变相发布广告行为的养生类节目,一律认定为商业广告,严格按照《广播电视广告播出管理办法》等广告管理规定进行管理。

四、建立养生类节目备案管理制度

上星综合频道播出养生类节目,需提前 20 个工作日,将制作主体、节目内容、播出时段、播出时长、主持人资质、嘉宾资质、热线电话设立资质和节目相关的广告编排等内容,报省级广电行政部门进行播前备案(备案表见表 10-2)。各省级广电行政部门要认真核验辖区内上星综合频道养生类节目备案情况,并于同意备案后的 10 个工作日内,报国家新闻出版广电总局传媒司备案。备案内容不符合本《通知》要求的,应责成立即整改并重新备案。经备案的养生类节目如发生变化,需重新履行备案手续。未经备案的养生类节目一律不得播出。地面频道的养生类节目也要严格规范管理。

表 10-2　电视台养生类节目制作播出情况备案表

备案单位:＿＿＿＿台＿＿＿＿频道(加盖公章)　　　　　备案时间:＿＿＿年＿＿＿月＿＿＿日

序号	节目制作播出情况						主持人情况		专家情况			热线电话情况		节目广告情况		
	名称	制作机构	内容简介	播出周期	播出时段	时长	姓名	证书	姓名	所属机构	职称证明	设立主体	电话号码	段位数	总时长	总收入

省局审核意见

盖章:　　＿＿＿＿年＿＿＿月＿＿＿日

二、广播电视广告内容规范

1.内容禁止

《广播电视广告播出管理办法》第八条规定:

"广播电视广告禁止含有下列内容:

"(一)反对宪法确定的基本原则的;

"(二)危害国家统一、主权和领土完整,危害国家安全,或者损害国家荣誉和利益的;

"(三)煽动民族仇恨、民族歧视,侵害民族风俗习惯,伤害民族感情,破坏民族团结,违反宗教政策的;

"(四)扰乱社会秩序,破坏社会稳定的;

"(五)宣扬邪教、淫秽、赌博、暴力、迷信,危害社会公德或者民族优秀文化传统的;

"(六)侮辱、歧视或者诽谤他人,侵害他人合法权益的;

"(七)诱使未成年人产生不良行为或者不良价值观,危害其身心健康的;

"(八)使用绝对化语言,欺骗、误导公众,故意使用错别字或者篡改成语的;

"(九)商业广告中使用、变相使用中华人民共和国国旗、国徽、国歌,使用、变相使用国家领导人、领袖人物的名义、形象、声音、名言、字体或者国家机关和国家机关工作人员的名义、形象的;

"(十)药品、医疗器械、医疗和健康资讯类广告中含有宣传治愈率、有效率,或者以医生、专家、患者、公众人物等形象做疗效证明的;

"(十一)法律、行政法规和国家有关规定禁止的其他内容。"

2.强制载明

考虑到消费过程中可能存在的风险,我国强制性要求一些产品(服务)的广告须载明某些警示语等内容。《广播电视广告播出管理办法》第十一条就要求:"投资咨询、金融理财和连锁加盟等具有投资性质的广告,应当含有'投资有风险'等警示内容。"

三、广播电视广告形式规范

《广告法》(2015年版)第十四条第一款规定:"广告应当具有可识别性,能够使消费者辨明其为广告。"

1.形式禁止

《广播电视广告播出管理办法》第九条除禁止一些广告类型以外,在第(一)项就明确禁止"以新闻报道形式发布"广播电视广告。《广告法》(2015年版)第十四条第二款也强调,"大众传播媒介不得以新闻报道形式变相发布广告"。

《广播电视广告播出管理办法》第十条要求:"时政新闻类节(栏)目不得以企业或者产品名称等冠名。有关人物专访、企业专题报道等节目中不得含有地址和联系方式等内容。"《广告法》(2015年版)第十九条还规定:"广播电台、电视台、报刊音像出版单位、互联网信息服务提供者不得以介绍健康、养生知识等形式变相发布医疗、药品、医疗器械、保健食品广告。"

2.强制标注

《广告法》(2015年版)第十四条明确要求:"通过大众传播媒介发布的广告应当显著标明'广告',与其他非广告信息相区别,不得使消费者产生误解。"

第三节　广播电视广告播出规范

《广告法》(2015年版)第十四条第三款明确规定:"广播电台、电视台发布广告,应当遵守国务院有关部门关于时长、方式的规定,并应当对广告时长作出明显提示。"①据此,编者主要从播出数量(包括时长、频次)和播出方式两个方面,来梳理广播电视广告相关法规的主要内容。

一、广播电视广告播出数量

1.商业广告

《广播电视广告播出管理办法》第十三条要求:"广播电视广告播出应当合理编排。其中,商业广告应当控制总量、均衡配置"。

对于商业广告的总量,《广播电视广告播出管理办法》第十五条做了具体的规定,要求:"播出机构每套节目每小时商业广告播出时长不得超过12分钟。其中,广播电台在11:00至13:00之间、电视台在19:00至21:00之间,商业广告播出总时长不得超过18分钟。"当然,"在执行转播、直播任务等特殊情况下,商业广告可以顺延播出"。

2.公益广告

与商业广告实行播出时长和频次的上限控制不同,公益广告采取的下限规范,即规定了最少的播出时长和频次。

《广播电视广告播出管理办法》第十六条规定:"播出机构每套节目每日公益广告播出时长不得少于商业广告时长的3%。其中,广播电台在11:00至13:00之间、电视台在19:00至21:00之间,公益广告播出数量不得少于4条(次)。"

3.电视剧、电影的广告插播

《广播电视广告播出管理办法》第十四条规定:"广播电视广告播出不得影响广播电视节目的完整性。除在节目自然段的间歇外,不得随意插播广告。"

---

①　《广播电视广告播出管理办法》第十八条规定:"在电影、电视剧中插播商业广告,应当对广告时长进行提示。"但是,《〈广播电视广告播出管理办法〉的补充规定》删除了上述条文。而《广告法》(2015年版)第十四条第三款,实际上恢复了"对广告时长进行提示"的规定。

具体而言,《广播电视广告播出管理办法》第十七条要求:"播出电视剧时,可以在每集(以45分钟计)中插播2次商业广告,每次时长不得超过1分30秒。其中,在19:00至21:00之间播出电视剧时,每集中可以插播1次商业广告,时长不得超过1分钟。播出电影时,插播商业广告的时长和次数参照前款规定执行。"

但之后发布的《〈广播电视广告播出管理办法〉的补充规定》对上述规定进行了修改,提出了更加严苛的要求,即"播出电视剧时,不得在每集(以四十五分钟计)中间以任何形式插播广告。播出电影时,插播广告参照前款规定执行"①。

4.特殊产品广告

《广播电视广告播出管理办法》第二十五条规定:"播出机构应当严格控制酒类商业广告,不得在以未成年人为主要传播对象的频率、频道、节(栏)目中播出。广播电台每套节目每小时播出的烈性酒类商业广告,不得超过2条;电视台每套节目每日播出的烈性酒类商业广告不得超过12条,其中19:00至21:00之间不得超过2条。"

二、广播电视广告播出方式

1.总体要求

除广告形式本身的可识别性以外,电视台或频道在播放广告的本身也必须具有可识别性。《广播电视广告播出管理办法》第二十七条规定:"播出电视商业广告时不得隐匿台标和频道标识。"

同时,为了使广播电视不受资本的干预和影响,《广播电视广告播出管理办法》第二十八条还规定:"广告主、广告经营者不得通过广告投放等方式干预、影响广播电视节目的正常播出。"

另外,《广播电视广告播出管理办法》第二十三条还要求:"经批准在境内落地的境外电视频道中播出的广告,其内容应当符合中国法律、法规和本办法的规定。"

补充资料 10.2

关于进一步加强医疗养生类节目和医药广告播出管理的通知

国家新闻出版广电总局2016年8月24日发布《关于进一步加强医疗养生类节目和医药广告播出管理的通知》。通知要求:

---

① 《〈广播电视广告播出管理办法〉的补充规定》除对原办法的第十七条进行修改以外,还删除了原办法的第十八条,即"在电影、电视剧中插播商业广告,应当对广告时长进行提示"。

……

（一）医疗养生类节目只能由电台、电视台策划制作，不得由社会公司制作。

（二）严格医疗养生类节目备案管理。中央广播电视机构、全国卫视频道播出医疗养生类节目，报总局备案。其他频道、频率播出医疗养生类节目，一律报所在地省级新闻出版广电行政部门备案。未经备案的医疗养生类节目一律不得播出。

（三）医疗养生类节目聘请医学、营养等专家作为嘉宾的，该嘉宾必须具备国家认定的相应执业资质和相应专业副高以上职称，并在节目中据实提示。医疗养生类节目主持人须取得播音员主持人执业资质，依法持证上岗。

（四）严禁医疗养生类节目以介绍医疗、健康、养生知识等形式直接或间接发布广告、推销商品和服务。严禁直接或间接宣传医疗、药品、医疗器械、保健品、食品、化妆品、美容等企业、产品或服务。严禁节目中间以包括"栏目热线"以及二维码等在内的任何形式，宣传或提示联系电话、联系方式、地址等信息。

三、严格医药广告播出管理。各级电台电视台播出医药广告，要严格遵守《广告法》《广播电视广告播出管理办法》等法律法规和政策规定，严禁播出任何虚假医药广告。严格限制医药广告播出的时长和方式，医疗、药品、医疗器械、保健品、食品、化妆品、美容等企业、产品或服务的广告，不得以任何节目形态变相发布，不得以电视购物短片广告形式播出，且单条广告时长不得超过一分钟。

2.转播传送

《广播电视广告播出管理办法》第二十二条规定："转播、传输广播电视节目时，必须保证被转播、传输节目的完整性。不得替换、遮盖所转播、传输节目中的广告；不得以游动字幕、叠加字幕、挂角广告等任何形式插播自行组织的广告。"

《广播电视管理条例》第二十一条也规定："广播电视发射台、转播台不得擅自播放自办节目和插播广告。"

3.电影、电视剧剧场或者节（栏）目冠名

《广播电视广告播出管理办法》第十九条规定："除电影、电视剧剧场或者节（栏）目冠名标识外，禁止播出任何形式的挂角广告。"

同时，第二十条还对"电影、电视剧剧场或者节（栏）目冠名标识"设置了禁止性的规定，即不得含有下列情形：

"（一）单独出现企业、产品名称，或者剧场、节（栏）目名称难以辨认的；

"（二）标识尺寸大于台标，或者企业、产品名称的字体尺寸大于剧场、节（栏）目名

称的；

"（三）翻滚变化，每次显示时长超过 5 分钟，或者每段冠名标识显示间隔少于 10 分钟的；

"（四）出现经营服务范围、项目、功能、联系方式、形象代言人等文字、图像的。"

另外，其第二十一条还要求："电影、电视剧剧场或者节（栏）目不得以治疗皮肤病、癫痫、痔疮、脚气、妇科、生殖泌尿系统等疾病的药品或者医疗机构作冠名。"

4.未成年人保护

《广播电视广告播出管理办法》第二十六条要求："在中小学生假期和未成年人相对集中的收听、收视时段，或者以未成年人为主要传播对象的频率、频道、节（栏）目中，不得播出不适宜未成年人收听、收视的商业广告。"

延伸阅读：

1. 郑保章，程佳琳. 对广播电视广告播放管理办法的深层思考[J]. 采·写·编，2003（6）：56-57.

2. 何镇飚. 从媒介生态角度谈广告自律——以《广播电视广告播放管理暂行办法》为例[J]. 当代传播，2004（2）：71-72.

3. 徐志东. "电视剧立台"的终结——写在《广播电视广告播放管理暂行办法》执行后[J]. 声屏世界，2004（3）：13-14.

4. 薛山明. 广播电视广告的管理、责任和利益[J]. 视听，2011（12）：38-42.

5. 金山江. 我国广播电视广告监管的现状及建议[J]. 广播电视信息，2016（4）：67-69.

6. 刘志远. 面向广播电视广告监测的大数据分析研究[J]. 广播电视信息，2016（6）：36-39.

7. 王军艳. 电视广告监管策略分析[J]. 西部广播电视，2016（10）：60.

8. 孙鸿洋. 电视广告监管策略分析与研究[J]. 中国传媒科技，2015（7）：76-78.

第十一章 互联网广告法规

伴随着互联网的快速发展和广泛应用,互联网已经成为最为重要的传播媒介。互联网与广告业快速融合滋生出崭新的广告形态,并呈现出爆发式增长态势。艾瑞咨询发布的2015年度中国网络广告核心数据显示,中国网络广告市场规模达到2093.7亿元,同比增长36%。①

与此同时,互联网广告存在的各种违规行为和无序状态,极大地干扰了互联网广告业的良性运转,日益成为全社会共同关注的社会问题。2015年国家互联网广告监测中心对全国27个省(自治区、直辖市)和9个重点城市的169家网站的监测数据显示,监测广告总量385万条次,其中涉嫌违法广告10.6万条次,违法率约为传统大众媒体的3倍以上。②

近年来,我国政府启动互联网广告管理对策研究,开展互联网广告专项整治,同时修订《广告法》相关条文,并出台《互联网广告管理暂行办法》,加强互联网广告管理。在此,编者从互联网广告内容及形式规范、行为规范、监管规范三个方面,梳理互联网广告相关法律法规的主要内容。

表 11-1 互联网广告相关法规一览表

序 号	名 称	颁布机构	颁布日期	施行日期	有效性
1	《广告管理暂行条例》	国务院	1982-02-06	1982-05-01	失效
	《广告管理条例》		1987-10-26	1987-12-01	有效
2	《广告管理条例施行细则》	国家工商行政管理局	1988-01-09	1988-01-09	修订
			1998-12-03	1998-12-03	修订
			2000-12-01	2000-12-01	修订
			2004-11-30	2005-01-01	修订
			2011-12-12	2012-01-01	废止 (2016-04-29)

---

① 艾瑞:2015年中国网络广告市场规模突破2000亿[EB/OL]. (2016-04-08)[2017-10-09]. http://www.ce.cn/culture/gd/201604/08/t20160408_10256433.shtml.

② 杨柳,郝菁. 互联网广告:问题意识与规范重构[J]. 新闻前哨,2016(6):92-94.

续　表

序　号	名　称	颁布机构	颁布日期	施行日期	有效性
3	《广告法》	全国人民代表大会常务委员会	1994-10-27	1995-02-01	修订
			2015-04-24	2015-09-01	有效
4	《工商行政管理机关行政处罚程序规定（试行）》	国家工商行政管理局	1993-12-24	1993-12-24	失效（1996-10-17）
	《工商行政管理机关行政处罚程序规定》	国家工商行政管理局	2007-09-04	2007-10-01	修订
			2011-12-12	2012-01-01	有效
5	《互联网电子邮件服务管理办法》	信息产业部	2006-02-20	2006-03-30	有效
6	《关于工商行政管理机关电子数据证据取证工作的指导意见》	国家工商行政管理总局	2011-12-12	2011-12-12	有效
7	《互联网广告管理暂行办法》	国家工商行政管理总局	2016-07-04	2016-09-01	有效

第一节　互联网广告内容及形式规范

一、互联网广告定义及类型

理论上说，互联网广告就是以互联网为传播媒介，直接或者间接地介绍自己所推销的商品或者服务的商业广告。但是，在实践上看，这种表述显得过于笼统、抽象。

因此，《互联网广告管理暂行办法》采用了外延描述的方法对互联网广告进行了界定，即"互联网广告，是指通过网站、网页、互联网应用程序等互联网媒介，以文字、图片、音频、视频或者其他形式，直接或者间接地推销商品或者服务的商业广告"。

同时，列举了互联网广告的 5 种类型，包括：

"（一）推销商品或者服务的含有链接的文字、图片或者视频等形式的广告；

"（二）推销商品或者服务的电子邮件广告；

"（三）推销商品或者服务的付费搜索广告；

"（四）推销商品或者服务的商业性展示中的广告，法律、法规和规章规定经营者应当向消费者提供的信息的展示依照其规定；

"（五）其他通过互联网媒介推销商品或者服务的商业广告。"

二、互联网广告的产品或服务类别规范

1. 禁止类别

《互联网广告管理暂行办法》第五条规定："法律、行政法规规定禁止生产、销售的商品或者提供的服务，以及禁止发布广告的商品或者服务，任何单位或者个人不得在互联网上设计、制作、代理、发布广告。禁止利用互联网发布处方药和烟草的广告。"

2. 审查类别

《互联网广告管理暂行办法》第六条要求："医疗、药品、特殊医学用途配方食品、医疗器械、农药、兽药、保健食品广告等法律、行政法规规定须经广告审查机关进行审查的特殊商品或者服务的广告，未经审查，不得发布。"

三、互联网广告形式规范

1. 可识别性

《广告法》（2015 年版）第十四条要求："广告应当具有可识别性，能够使消费者辨明其为广告。大众传播媒介不得以新闻报道形式变相发布广告。通过大众传播媒介发布的广告应当显著标明'广告'，与其他非广告信息相区别，不得使消费者产生误解。"可见，可识别性是对所有广告的通用性要求。

电子邮件广告被最早提出了标注要求。《互联网电子邮件服务管理办法》第十三条规定，"任何组织或者个人不得"在发送或者委托发送"包含商业广告内容的互联网电子邮件时，未在互联网电子邮件标题信息前部注明'广告'或者'AD'字样"。

《互联网广告管理暂行办法》延续了上述规定的基本精神，并对争议较大的"付费搜索广告"做了具体的标注要求，即其第七条规定："互联网广告应当具有可识别性，显著标明'广告'，使消费者能够辨明其为广告。付费搜索广告应当与自然搜索结果明显区分。"

2. 其他要求

除可识别性和标注要求以外，《互联网电子邮件服务管理办法》第十三条还要求，"任何组织或者个人不得"发送或者委托发送"故意隐匿或者伪造互联网电子邮件信封信息"的互联网电子邮件；同时，不得"未经互联网电子邮件接收者明确同意，向其发送包含商业广告内容的互联网电子邮件"。

《互联网电子邮件服务管理办法》第十四条还规定："互联网电子邮件接收者明确同意接收包含商业广告内容的互联网电子邮件后，拒绝继续接收的，互联网电子邮件发送者应当停止发送。双方另有约定的除外。

"互联网电子邮件服务发送者发送包含商业广告内容的互联网电子邮件，应当向接收者提供拒绝继续接收的联系方式，包括发送者的电子邮件地址，并保证所提供的联系方式在 30 日内有效。"

另外，《互联网广告管理暂行办法》第八条还针对互联网广告的特点，提出了一些具体的形式要求："利用互联网发布、发送广告，不得影响用户正常使用网络。在互联网页面以弹出等形式发布的广告，应当显著标明关闭标志，确保一键关闭。

"不得以欺骗方式诱使用户点击广告内容。

"未经允许，不得在用户发送的电子邮件中附加广告或者广告链接。"

补充资料 11.1

魏则西事件①

近日，一则未经证实的网帖称：西安电子科技大学计算机专业学生魏则西，因身患滑膜肉瘤，通过百度搜索找到武警北京总队第二医院（以下简称武警二院）；该院一位科室负责人称，该院的"生物免疫疗法"与美国相关机构有合作，有效率达到百分之八九十，可保魏则西"二十年没问题"。但花费了 20 多万元医疗费，魏则西的病情却未见好转，最后于 2016 年 4 月 12 日去世。网帖还对百度与医院提出了质疑，称百度对医疗广告审查不严，武警二院相关科室系被私人承包。该网帖引发网友大量转发评论。

澎湃新闻搜索公开资料发现，早在 4 月 28 日，百度官方微博"百度推广"就曾回应过该事件，回应中写道：得知此事后，立即与则西爸爸取得联系，致以慰问和哀悼，愿则西安息！对于则西生前通过电视媒体报道和百度搜索选择的武警二院，我们第一时间进行了搜索结果审查，该医院是一家公立三甲医院，资质齐全。

5 月 1 日 14 时许，武警二院医务处一位不愿透露姓名的工作人员告诉澎湃新闻，该院确有一个肿瘤生物中心，对患者所采用的治疗手段有很多种，但因为现在是五一假期，没法查证是否收治过魏则西。武警二院值班人员则称，该院肿瘤生物中心今天没人上班，都放假了。

澎湃新闻记者搜索北京市预约挂号统一平台官方网站，其对该院的介绍写道：中国人民武装警察部队北京市总队第二医院成立于 2000 年，是一所三级甲等综合医院，位

---

① 魏则西事件［EB/OL］．(2016-05-01)［2017-10-09］．http://www.lc123.net/xw/rd/2016-05-01/356028_2.html.

于北京市西城区月坛北街,和月坛公园、阜外心血管病医院毗邻,是一所集医疗、预防、保健、科研及教学于一体的三级甲等综合性医院,是北京市首批基本医疗保险定点医院、国际紧急救援中心网络医院。

《科技日报》于2014年4月10日曾刊发题为《武警北京总队第二医院将举办肿瘤公益讲座》的报道,该报道称:"4月12日,'肿瘤转移及耐药后的科学治疗'公益讲座暨义诊活动将在西城区武警北京总队第二医院住院部礼堂举行,正式拉开第20届全国肿瘤防治宣传周活动帷幕。……武警北京总队第二医院作为国内肿瘤科研与临床治疗重点单位,一直肩负科普肿瘤基础知识,带领民众消除肿瘤治疗误区的使命。"

此外,澎湃新闻查询发现,在搜狐网上有一标注类型为"搜狐媒体平台媒体类型用户"的"北京武警二院肿瘤中心",该账号的自我介绍中写道:北京武警二院肿瘤生物治疗中心是首家率先引进生物治疗肿瘤技术的三甲医院,自成立以来,利用生物治疗抑制肿瘤转移和扩散,有效率从78%上升到89.8%,提高11.8个百分点,已让近4万多位中晚期肿瘤患者受益,标志着北京武警二院肿瘤中心生物免疫治疗达到国际先进水平!

该"北京武警二院肿瘤中心"账号2015年曾发布过《生物细胞免疫治疗需要几个疗程》一文。文章称,生物免疫疗法即自体细胞治疗技术,是美国天普大学和斯坦福大学肿瘤领域的科学家联合组建的研究机构,从高速发展的细胞学和免疫学找到突破口,研究出的自体细胞治疗技术。在美国投入临床后证实,DC-CIK生物免疫疗法能系统杀灭肿瘤细胞,有效解决其转移和扩散,克服了手术、放化疗三大传统治疗方式"不彻底、易转移、副作用大"等弊端,是国际公认的有希望完全消灭肿瘤细胞的第四大新技术疗法。

文章还借"北京武警二院肿瘤生物治疗中心专家"之口介绍了生物细胞免疫治疗的疗程和一般流程,称生物免疫治疗通常需要2—3个疗程可以明显见效。

魏则西事件调查处理结果[①]

魏则西事件持续发酵一周,继网信办发布了进驻百度之后的调查结果后,对武警北京市总队第二医院(以下简称武警二院)的调查和处理结果也已出来。调查组称,北京武警二院存在科室违规合作、发布虚假信息和医疗广告误导患者及公众等问题,对涉嫌违法犯罪的医务人员移送司法机关处理。

百度被要求整改结果排序

2016年5月9日傍晚,国家网信办会同国家工商总局、国家卫生计生委成立的联合调查组公布调查结果,调查组认为百度搜索相关关键词竞价排名结果客观上对魏则西选择就医产生了影响,竞价排名机制影响了搜索结果的公正和客观,必须整改。百度昨

---

① 魏则西事件调查处理结果[EB/OL].(2018-04-10)[2017-10-09].http://www.lc123.net/xw/rd/2016-05-10/363340.html,2016-05-10.

日回应称,将在 5 月 31 日前按要求完成整改。

调查组提出 3 项整改要求

据了解,国家网信办 5 月 2 日会同国家工商总局、国家卫生计生委和北京市有关部门成立联合调查组进驻百度公司,集中围绕百度搜索在"魏则西事件"中存在的问题、搜索竞价排名机制存在的缺陷进行了调查取证。之后,调查组公布调查结果,并提出了三项整改要求:

一是立即全面清理整顿医疗类等事关人民群众生命健康安全的商业推广服务。即日起,对医疗、药品、保健品等相关商业推广活动,进行全面清理整顿,对违规信息一经发现立即下线,对未获得主管部门批准资质的医疗机构不得进行商业推广。

二是改变竞价排名机制,不能仅以给钱多少作为排位标准。立即调整相关技术系统,在 2016 年 5 月 31 日前,提出以信誉度为主要权重的排名算法并落实到位;对商业推广信息逐条加注醒目标识,并予以风险提示;严格限制商业推广信息比例,每页面不得超过 30%。

三是建立完善先行赔付等网民权益保障机制。畅通网民监督举报渠道,提高对网民举报的受理、处置效率;对违法违规信息及侵害网民权益行为,一经发现立即终止服务;建立完善相关机制,对网民因受商业推广信息误导而造成的损失予以先行赔付。

百度承诺将全面整改

百度搜索公司总裁向海龙向媒体表示,百度将以这次事件为契机,全面落实整改要求。对于调查组的要求,百度也逐条进行了回应。

百度表示,将全面审查医疗类商业推广服务,即日起停止包括各类解放军和武警部队医院在内的所有以解放军和武警部队名义进行的商业推广;改变过去以价格为主的排序机制,改为以信誉度为主、价格为辅的排序机制;以及增设 10 亿元保障基金,对网民因使用商业推广信息遭遇假冒、欺诈而受到的损失经核定后进行先行赔付。

百度方面还称,在调查期间,已对全部医疗类机构的资质进行了重新审核,对 2518 家医疗机构、1.26 亿条推广信息实现了下线处理。百度将在 5 月 31 日之前,落实整改要求,并接受监管部门和网民的后续监督。

武警二院整改

国家卫生计生委、中央军委后勤保障部卫生局、武警部队后勤部卫生局,于 5 月 3 日进驻武警二院,对"魏则西事件"涉及的医院问题进行调查。

在上级部门及武警二院的全力配合下,通过召开协调会、查阅原始资料、组织专家讨论、与有关人员进行谈话等方式开展调查,对武警二院存在的严重问题予以纠正和规范。

调查本着"追溯原始资料,逐条甄别筛查,还原事实真相,实事求是认定"的原则,依据国家、军队有关法律法规和武警部队规章制度,重点围绕社会和媒体关注的问题进行调查。调查认为,武警二院存在科室违规合作、发布虚假信息和医疗广告误导患者和公众、聘用的李志亮等人行为恶劣等问题。

调查组责成武警二院及其主管部门采取4项措施立即整改。

第一,立即终止与上海柯莱逊生物技术有限公司的合作。同时,对其他合作项目运行情况进行集中梳理清查,停止使用未经批准的临床医疗技术。按照中央军委《关于军队和武警部队全面停止有偿服务活动的通知》要求,对所有合作项目立即终止;对全院聘用医务人员从业资质进行逐一核查,对发现的问题立即按规定整改。

第二,彻底整治涉及武警二院的虚假信息和医疗广告,合作方立即终止与有关媒体公司的合同,停止发布虚假信息、各类广告和不实报道;严格按照原解放军总后勤部、国家工商行政管理总局、原卫生部等五部门《关于禁止以军队名义发布医疗广告的通知》要求,对涉及部队医疗机构的各类广告、信息推广以及宣传进行全面彻底清理,积极配合有关部门进行监测,坚决查处、严肃处理。

第三,对涉事的医务人员依据有关规定,由其主管部门实施吊销医师执业证书等行政处罚和纪律处分;对涉嫌违法犯罪的,移送司法机关处理。

第四,在武警二院开展依法执业宣传教育和纪律整顿,完善规章制度,规范执业行为,加强内部管理,改进行业作风,彻底扭转管理混乱问题。同时,以此为鉴,举一反三,加强全系统依法执业管理,全面强化行业作风建设,快速、彻底清理整顿医疗合作项目。

第二节　互联网广告经营活动规范

在数字技术的支持下,互联网广告经营活动呈现出三个基本变化:一是在延续传统广告经营模式的基础上,广告经营者与广告发布者出现了高度的重合;二是程序化购买颠覆了传统的广告经营模式,广告经营各方呈现出"平台化"特征;三是出现了"未参与互联网广告经营,仅为互联网广告提供信息服务"的互联网信息服务提供者[①]。在此,编者重点梳理在传统广告经营模式下和程序化购买模式下,互联网广告经营主体各方的法律义务。

————————————

① 《互联网广告管理暂行办法》第十七条明确规定:"未参与互联网广告经营活动,仅为互联网广告提供信息服务的互联网信息服务提供者,对其明知或者应知利用其信息服务发布违法广告的,应当予以制止。"

一、互联网广告的传统经营模式规范

传统的广告经营模式，一般涉及三大主体，即广告主、广告经营者和广告发布者。互联网广告可以延续这种传统的广告经营模式，但不同的是，广告发布"权"不再集中于传统大众媒介，而是分散给了几乎所有的个人和机构。在这种背景下，广告发布者与广告经营者呈现出高度重合关系。

1.共同义务

《互联网广告管理暂行办法》第九条要求："互联网广告主、广告经营者、广告发布者之间在互联网广告活动中应当依法订立书面合同。"这显然是对互联网广告经营秩序的基本规范。

2.广告主的义务

《互联网广告管理暂行办法》第十条对广告主的义务做了较为完整的规定：

其一，对广告内容的真实性负责。"互联网广告主应当对广告内容的真实性负责。"

其二，提供真实、合法、有效的证明文件。"广告主发布互联网广告需具备的主体身份、行政许可、引证内容等证明文件，应当真实、合法、有效。"

其三，书面或其他形式通知广告经营者和广告发布者。"广告主可以通过自设网站或者拥有合法使用权的互联网媒介自行发布广告，也可以委托互联网广告经营者、广告发布者发布广告。""互联网广告主委托互联网广告经营者、广告发布者发布广告，修改广告内容时，应当以书面形式或者其他可以被确认的方式通知为其提供服务的互联网广告经营者、广告发布者。"

3.广告发布者的界定

《互联网广告管理暂行办法》第十一条明确地界定了互联网广告发布者，即"为广告主或者广告经营者推送或者展示互联网广告，并能够核对广告内容、决定广告发布的自然人、法人或者其他组织，是互联网广告的发布者"。

可见，不同于传统广告，互联网广告发布者的行为特征为"推送或者展示互联网广告，并能够核对广告内容、决定广告发布"，其主体可以是"自然人[①]、法人或者其他组织"。

---

① 有人以此为依据，在微信朋友圈或者微博等社交媒体上发布或转发广告时，可以被认定为广告发布者，应当承担广告发布者的法律义务与责任。参见:注意啦! 明天起微信朋友圈转发广告将担责 [EB/OL]. (2016-09-01)[2017-10-09]. http://news.ifeng.com/a/20160901/49878946_0.shtml.

4. 广告发布者和广告经营者的义务

根据《互联网广告管理暂行办法》第十二条,互联网广告发布者和广告经营者负有审核义务,审核的对象和内容有两类:

一是审核查验广告主的主体资格材料。"互联网广告发布者、广告经营者应当按照国家有关规定建立、健全互联网广告业务的承接登记、审核、档案管理制度;审核查验并登记广告主的名称、地址和有效联系方式等主体身份信息,建立登记档案并定期核实更新。"

二是审核广告内容。"互联网广告发布者、广告经营者应当查验有关证明文件,核对广告内容,对内容不符或者证明文件不全的广告,不得设计、制作、代理、发布。"

另外,该条文还对广告发布者和广告经营者的人员配备和机构设置提出了具体的要求,即"互联网广告发布者、广告经营者应当配备熟悉广告法规的广告审查人员;有条件的还应当设立专门机构,负责互联网广告的审查"。

二、互联网广告的程序化购买规范

在数字技术的支持下,互联网广告不仅可以延续传统广告经营模式,而且开创了程序化购买模式,即通过数字平台自动地执行广告媒体购买的流程。与传统广告经营模式不同,程序化购买的经营主体呈现出平台化特征。简单地说,广告需求方平台、广告媒介方平台以及广告信息交换平台三大主体共同构成了数字广告产业链。

1. 程序化购买的概念

《互联网广告管理暂行办法》顺应了数字技术和互联网广告发展的现实要求,第一次在法规层面上肯定并界定了互联网广告的程序化购买模式。该《办法》第十三条第一款规定:"互联网广告可以以程序化购买广告的方式,通过广告需求方平台、媒介方平台以及广告信息交换平台等所提供的信息整合、数据分析等服务进行有针对性的发布。"

2. 程序化购买的相关主体

《互联网广告管理暂行办法》第十四条明确界定了程序化购买的三大主体:

"广告需求方平台是指整合广告主需求,为广告主提供发布服务的广告主服务平台。广告需求方平台的经营者是互联网广告发布者、广告经营者。

"媒介方平台是指整合媒介方资源,为媒介所有者或者管理者提供程序化的广告分配和筛选的媒介服务平台。

"广告信息交换平台是提供数据交换、分析匹配、交易结算等服务的数据处理平台。"

3.程序化购买的主体义务

《互联网广告管理暂行办法》第十三条第二款要求："通过程序化购买广告方式发布的互联网广告,广告需求方平台经营者应当清晰标明广告来源。"

同时,第十五条规定:"广告需求方平台经营者、媒介方平台经营者、广告信息交换平台经营者以及媒介方平台的成员,在订立互联网广告合同时,应当查验合同相对方的主体身份证明文件、真实名称、地址和有效联系方式等信息,建立登记档案并定期核实更新。

"媒介方平台经营者、广告信息交换平台经营者以及媒介方平台成员,对其明知或者应知的违法广告,应当采取删除、屏蔽、断开链接等技术措施和管理措施,予以制止。"

补充资料 11.2

RTB 与程序化购买

RTB

所谓 RTB(Real Time Bidding),即"实时竞价",是一种利用第三方技术在数以百万计的网站或移动端针对每一个用户展示行为进行评估以及出价的竞价技术,也是互联网广告交易的新模式。

在传统的互联网广告生态链中,一般最多只有三方,分别是广告主、代理商(广告公司)以及互联网媒体。在 RTB 交易模式中,原有的生态链发生了变化(见图 11-1)。整个生态链包括了广告主(Advertiser)、需求方平台(DSP,Demand-Side Platform)、交易平台(Ad Exchange)、供应方平台(SSP,Sell-Side Platform)、互联网媒体(Media)以及数据管理平台(DMP,Data Management Platform)6 个相关主体。广告主将自己的营销需求放到 DSP 平台上,互联网媒体将自己的流量资源放到 SSP 平台上,经过 DMP 对营销需求和流量资源进行匹配分析之后,Ad Exchange 以实时竞价方式完成交易过程。

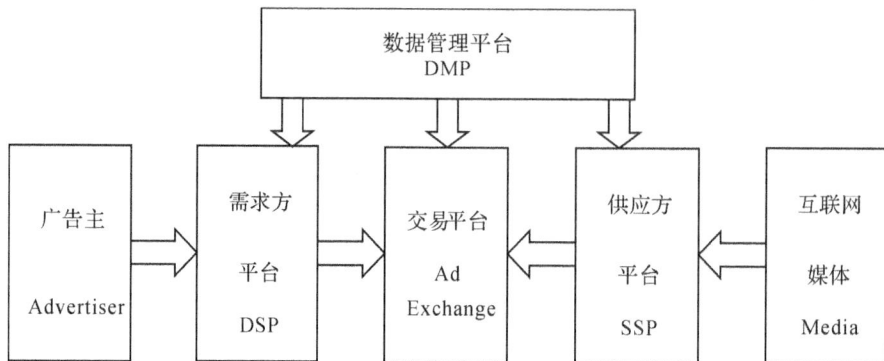

图 11-1 RTB 产业链简图

具体而言,当用户访问一个网站时,SSP 即向 Ad Exchange 广告交易平台发送用户访问讯号,随后广告位的具体信息会在经过 DMP 的分析匹配后,发送给 DSP。DSP 将对此进行竞价,价高者获得该广告展现机会,并被目标用户看到——从开始竞价到完成投放,这一系列过程仅需 100 毫秒,而且全部依托机器完成。

程序化购买

程序化购买(Programmatic Buying)泛指通过数字平台,代表广告主自动地执行广告媒体购买流程的交易模式。由于 RTB 的巨大影响力,程序化购买常常被简单地等同于 RTB。实际上,根据流量是否可以竞价(竞拍)、竞价(竞拍)是否公开,以及流量是否有保证 3 个问题,可以将程序化购买分成 4 种交易方式,即公开交易、私有交易、保价保量、保价不保量。[①](见图 11-2)

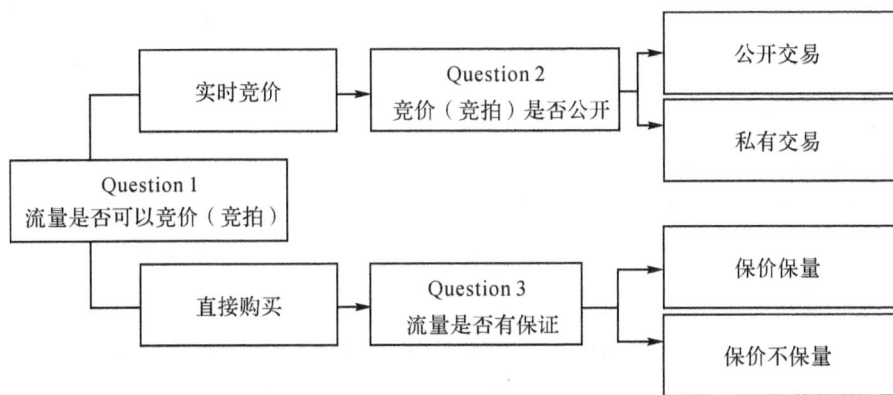

图 11-2　程序化购买的交易方式

根据艾瑞咨询发布的《2014 年中国 DSP 行业发展研究报告》,2014 年中国程序化展示广告市场规模达到 48.4 亿元,增长率为 216.5%,占中国展示类广告整体的 8.9%。[②]

三、互联网广告活动的禁止性规范

《互联网广告管理暂行办法》第十六条规定:

"互联网广告活动中不得有下列行为:

"(一)提供或者利用应用程序、硬件等对他人正当经营的广告采取拦截、过滤、覆

---

① 易传媒. 中国程序化购买指数指南[EB/OL]. (2014-08-06)[2017-10-09]. http://www.rt-bchina.com/adchina-publishes-key-figures-of-china-programmatic-buying.html,2014-08-06.

② 艾瑞咨询. 2014 年中国 DSP 行业发展研究报告[EB/OL]. (2015-05-15)[2017-10-09]. http://www.iresearch.com.cn/report/2307.html.

盖、快进等限制措施；

"（二）利用网络通路、网络设备、应用程序等破坏正常广告数据传输，篡改或者遮挡他人正当经营的广告，擅自加载广告；

"（三）利用虚假的统计数据、传播效果或者互联网媒介价值，诱导错误报价，谋取不正当利益或者损害他人利益。"

补充资料 11.3

我国颁布互动广告标准[①]

人民网记者从国家工商总局官网获悉，由国家工商总局归口、中国广告协会牵头、中国广告协会互动网络分会管理及参与起草的我国第一批广告国家标准——互动广告标准，于 2017 年 7 月 31 日通过国家质检总局、国家标准委联合批准的《中华人民共和国国家标准公告（2017 年第 20 号）》正式颁布。

据了解，在该公告中，共颁布了三项互动广告标准：

第 144 项，GB/T 34090.1-2017，互动广告第 1 部分——术语概述；

第 145 项，GB/T 34090.2-2017，互动广告第 2 部分——投放验证要求；

第 146 项，GB/T 34090.3-2017，互动广告第 3 部分——效果测量要求。

该标准将成为国家互动广告规范发展的准则，于 2018 年 2 月 1 日正式生效。

据悉，互动广告标准由行业专家参与制定，其中包括广告公司与互联网企业一线专业人员、广告专家、媒介专家、标准专家、第三方机构及广告研究机构人员等。

第三节 互联网广告监管规范

有关广告的监督管理，将在第十四章专门讨论。只不过，由于互联网广告的特殊性，相关法规对其监管专门做了一些规定，需要在此进行梳理。

一、互联网广告的管辖

《中华人民共和国行政处罚法》第二十条规定："行政处罚由违法行为发生地的县级以上地方人民政府具有行政处罚权的行政机关管辖。"显然，违法行为发生地既包括实

---

① 邢郑. 我国第一批广告国家标准将于明年 2 月 1 日生效[EB/OL]. (2017-08-03)[2017-10-09]. http://politics. people. com. cn/n1/2017/0803/c1001-29447252. html.

施违法行为地,也包括违法行为结果发生地,囊括了违法行为的全过程。由于互联网的跨地域性特征,广告主、广告发布者、广告经营者与广告受众(消费者)往往不在同一地区,因此互联网广告管辖问题比传统广告案件更为复杂。

因此,《工商行政管理机关行政处罚程序规定》第八条对互联网等媒体的违法广告管辖,作出了明确的规定:"对利用广播、电影、电视、报纸、期刊、互联网等媒介发布违法广告的行为实施行政处罚,由广告发布者所在地工商行政管理机关管辖。广告发布者所在地工商行政管理机关管辖异地广告主、广告经营者有困难的,可以将广告主、广告经营者的违法情况移交广告主、广告经营者所在地工商行政管理机关处理。"

《互联网广告管理暂行办法》第十八条除延续上述规定以外,还做了补充性的规定:"广告主所在地、广告经营者所在地工商行政管理部门先行发现违法线索或者收到投诉、举报的,也可以进行管辖。对广告主自行发布的违法广告实施行政处罚,由广告主所在地工商行政管理部门管辖。"

二、工商行政管理部门的职权

为了开展广告监管工作,相关法律法规对工商行政管理部门的职权做了具体的规定。根据《广告法》第四十九条,这些职权包括:"(一)对涉嫌从事违法广告活动的场所实施现场检查;(二)询问涉嫌违法当事人或者其法定代表人、主要负责人和其他有关人员,对有关单位或者个人进行调查;(三)要求涉嫌违法当事人限期提供有关证明文件;(四)查阅、复制与涉嫌违法广告有关的合同、票据、账簿、广告作品和其他有关资料;(五)查封、扣押与涉嫌违法广告直接相关的广告物品、经营工具、设备等财物;(六)责令暂停发布可能造成严重后果的涉嫌违法广告;(七)法律、行政法规规定的其他职权。"第五十一条还强调:"工商行政管理部门依照本法规定行使职权,当事人应当协助、配合,不得拒绝、阻挠。"

鉴于互联网广告的技术性特点,《互联网广告管理暂行办法》中有关"工商行政管理部门在查处违法广告时,可以行使的职权"的规定,对《广告法》的上述规定进行了两个方面的调整:其一是去掉了《广告法》第四十九条第五款;其二是将《广告法》第四十九条第四款修改为"查阅、复制与涉嫌违法广告有关的合同、票据、账簿、广告作品和互联网广告后台数据,采用截屏、页面另存、拍照等方法确认互联网广告内容",即授权工商行政管理部门查阅、复制与涉嫌违法广告有关的互联网广告后台数据,同时确定可以通过"截屏、页面另存、拍照等方法"确认互联网广告内容。

与此同时,技术监测记录资料等电子数据,也被认定为广告行政处罚的法律证据。《互联网广告管理暂行办法》第二十条规定:"工商行政管理部门对互联网广告的技术监测记录资料,可以作为对违法的互联网广告实施行政处罚或者采取行政措施的电子数据证据。"为了规范工商行政管理机关电子数据证据取证工作,加强网络商品交易及有关服务违法行为查处工作,国家工商行政管理总局 2011 年 12 月 12 日颁布实施了《关于工商行政管理机关电子数据证据取证工作的指导意见》,对电子数据证据取证的类型、流程、规范等提出了要求(详见补充资料 11.4)。

补充资料 11.4

关于工商行政管理机关电子数据证据取证工作的指导意见

为规范工商行政管理机关电子数据证据取证工作,加强网络商品交易及有关服务违法行为查处工作,根据《中华人民共和国行政诉讼法》《中华人民共和国电子签名法》《最高人民法院关于行政诉讼证据若干问题的规定》以及《工商行政管理机关行政处罚程序规定》,现就工商行政管理机关电子数据证据(以下简称电子证据)取证工作提出如下指导意见:

一、电子证据取证是指工商行政管理执法人员在查处网络商品交易及有关服务违法行为时,运用技术手段收集、调取违法行为的电子数据证明材料或者与违法行为有关的其他电子数据材料。

二、本意见所称电子证据是指以电子数据的形式存在于计算机存储器或外部存储介质中,能够证明案件真实情况的电子数据证明材料或与案件有关的其他电子数据材料。

三、电子证据取证应当严格遵守国家法律、法规、规章的有关规定,除与案件有关联的电子证据外,不得随意复制、泄露案件当事人储存在计算机系统中的私人材料和商业秘密。

四、电子证据取证工作任务应当至少有 2 名执法人员参与进行,其中至少有 1 名人员应当熟练掌握计算机操作知识。

五、执法人员应当收集电子证据的原始载体。收集原始载体有困难的,可以采用以下 4 种方式取证,取证时应当注明制作方法、制作时间、制作人和证明对象等。

(一)书式固定。对于计算机系统中的文字、符号、图画等有证据效力的文件,可以将有关内容直接进行打印,按书面证据进行固定。书式固定应注明证据来源并保持其完整性。

(二)拍照摄像。如果电子证据中含有动态文字、图像、声音、视频或者需要专门软件才能显示的内容,可以采用拍照、录音或摄像方法,将其转化为视听资料证据。

(三)拷贝复制。执法人员可以将涉嫌违法的计算机文件拷贝到 U 盘或刻录到光盘等计算机存储设备,也可以对整个硬盘进行镜像备份。在复制之前,应当检验确认所准备的计算机存储设备完好且没有数据。在复制之后,应当及时检查复制的质量,防止因保存方式不当等导致复制不成功或被病毒感染,同时要现场封存好复制件。

案件当事人拒绝对打印的相关书证和转化的视听证据进行核对确认,执法人员应当注明原因,必要时可邀请与案件无关的第三方人员进行见证。

(四)委托分析。对于较为复杂的电子证据或者遇到数据被删除、篡改等执法人员难以解决的情况,可以委托具有资质的第三方电子证据鉴定机构或司法部门进行检验分析。

委托专业机构或司法部门分析时,执法人员应填写委托书,同时提交封存的计算机存储设备或相关设备清单。专业机构按规定程序和要求分析设备中包含的电子数据,提取与案件相关的电子证据,并制作鉴定结论。

六、在计算机终端设备中进行电子证据取证时,应当了解掌握提供证据单位的计算机的密码设置、应用软件安装、资料存放位置等情况。

七、在网络交易平台中进行电子证据取证时,按照《网络商品交易及有关服务行为管理暂行办法》《互联网信息服务管理办法》有关规定,网络服务经营者应提供有关数据,并在输出的电子证据书件上加盖公章予以确认。

八、工商行政管理机关查处违法案件涉及电子证据时,执法人员在案件现场应制作现场检查记录,现场检查记录应客观、详细、真实地记录计算机系统中显示与违法事实相关的内容和储存位置。

在案件调查阶段制作询问笔录中,对于现场检查记录、打印书证、拷贝复制文件时已经取得的电子证据内容,应专门询问案件当事人,并详细记载回答内容,使询问笔录与其他证据相互印证。

九、根据法律、法规的规定,执法人员对于专门用于违法经营的计算机系统中发现涉及违法经营的证据材料,经报请批准,可以直接对计算机及相关设备进行查封或扣押,防止案件当事人损毁、破坏数据。

十、对现场计算机设备实施行政强制措施进行查封时,其查封方法应当保证在不解除查封状态的情况下,无法使用被查封的设备。查封前后应当拍摄被查封计算机设备的照片,清晰反映封口或张贴封条处的状况。

请各地按照此文件精神,进一步规范电子证据取证工作。在实际工作中遇到的新情况新问题,请及时通报总局市场规范管理司。

延伸阅读:

1. 孙晓霞,缪钧,张红冰. 互联网广告监管研究报告——"新兴媒体广告行为和执法措施"课题研究初步成果之一[J]. 中国工商管理研究,2011(12):10-16.

2. 杨柳,郝菁. 互联网广告监管:问题意识与规范重构[J]. 新闻前哨,2016(6):92-94.

3. 郑祎依. 浅析互联网广告监管[J]. 中国市场监管研究,2016(12):72-75.

4. 潘雪松. 论自媒体广告的规制与监管[J]. 北京邮电大学学报(社会科学版),2017(2):33-38.

5. 竞平. 互联网广告乱象的成因及监管建议[J]. 青年记者,2017(5):16-17.

6. 张晓静. 协同治理与智慧治理:大数据时代互联网广告的治理体系研究[J]. 广告大观(理论版),2016(5):4-9.

7. 郑宁,韩婕. 互联网广告新规的动因、影响及应对[J]. 中国广播,2017(1):58-61.

8. 徐卫华. 大数据时代个人信息保护与互联网广告治理[J]. 浙江传媒学院学报,2017(2):105-110.

9. 朱巍. 互联网广告联盟的法律性质研究[J]. 辽宁大学学报(哲学社会科学版),2017(2):86-93.

10. 杨乐. 互联网广告主体及法律责任辨析[J]. 行政管理改革,2017(4):49-53.

第十二章　广告语言文字法规

广告作为一种传播活动,必须借助于语言文字,传递产品或服务信息,与目标消费者进行沟通,以达成广告设定的目标。因此,广告语言文字管理,是广告管理的重要内容。与此同时,由于广告一般通过媒体进行传播,广告所使用的语言文字必然"溢出"狭义的广告领域,而对社会公众产生深远的影响。因此,广告语言文字的规范化和标准化,是国家语言文字管理的重要领域,是关系到文化传承、国家主权、民族尊严的重大问题。

早在 1998 年 1 月 15 日,国家工商行政管理局就出台了《广告语言文字管理暂行规定》,并于 1998 年 12 月 3 日对该规定进行了修订;另外,我国于 2000 年 10 月 30 日正式颁布《中华人民共和国国家通用语言文字法》,对国家通用语言文字进行规范化、标准化管理。基于这两部法律法规,编者将广告语言文字法规的主体内容进行梳理,形成了以下两个部分,即广告语言文字规范和国家通用语言文字规范。(详见表 12-1)

表 12-1　广告语言文字法规一览表

序　号	名　称	颁布机构	颁布日期	施行日期	有效性
1	《广告管理暂行条例》	国务院	1982-02-06	1982-05-01	失效
	《广告管理条例》		1987-10-26	1987-12-01	有效
2	《广告管理条例施行细则》	国家工商行政管理局	1988-01-09	1988-01-09	修订
			1998-12-03	1998-12-03	修订
			2000-12-01	2000-12-01	修订
			2004-11-30	2005-01-01	修订
			2011-12-12	2012-01-01	废止(2016-04-29)
3	《广告法》	全国人民代表大会常务委员会	1994-10-27	1995-02-01	修订
			2015-04-24	2015-09-01	有效
4	《广告语言文字管理暂行规定》	国家工商行政管理局	1998-01-15	1998-03-01	修订
			1998-12-03	1998-12-03	有效
5	《中华人民共和国国家通用语言文字法》	全国人民代表大会常务委员会	2000-10-31	2001-01-01	有效

第一节　广告语言文字规范

　　《广告语言文字管理暂行规定》是目前唯一一部专门规范广告语言文字的部门规章。与《广告法》仅规范商业广告不同,《广告语言文字管理暂行规定》适用于所有广告。[①] 从立法目的而言,《广告语言文字管理暂行规定》与《中华人民共和国国家通用语言文字法》(以下简称《国家通用语言文字法》)有承继关系,其根本目的是促进广告语言文字使用的规范化、标准化。[②] 但不同的是,《广告语言文字管理暂行规定》规范的对象包括通用语言文字在内的所有语言文字。[③] 根据编者的归纳,该规章的内容主要涉及两个方面,即总体要求和具体要求。

一、广告语言文字的总体要求

1.基本要求

　　《广告语言文字管理暂行规定》第三条规定:"广告使用的语言文字,用语应当清晰、准确,用字应当规范、标准。"

　　第四条要求:"广告使用的语言文字应当符合社会主义精神文明建设的要求,不得含有不良文化内容。"

　　第五条第一款规定:"广告用语用字应当使用普通话和规范汉字。"

2.禁止性规定

　　对于广告用语用字的规范性问题,《广告语言文字管理暂行规定》第十条还设定了一些禁止性的规范,具体包括:

　　"(一)使用错别字;

　　"(二)违反国家法律、法规规定使用繁体字;

---

　　① 《广告语言文字管理暂行规定》第二条规定:"凡在中华人民共和国境内发布的广告中使用的语言文字,均适用本规定。"这一规定,使得《广告语言文字管理暂行规定》超越了《广告法》所适用的范围,将所有广告纳入其规范之中。

　　② 根据《广告语言文字管理暂行规定》第一条,制定本规定的目的是"为促进广告语言文字使用的规范化、标准化,保证广告语言文字表述清晰、准确、完整,避免误导消费者"。

　　③ 《广告语言文字管理暂行规定》第二条规定:"本规定中所称的语言文字,是指普通话和规范汉字、国家批准通用的少数民族语言文字,以及在中华人民共和国境内使用的外国语言文字。"

"(三)使用国家已废止的异体字和简化字；

"(四)使用国家已废止的印刷字形；

"(五)其他不规范使用的语言文字。"

当然，第十二条还设定了一些例外情形，即"广告中出现的注册商标定型字、文物古迹中原有的文字以及经国家有关部门认可的企业字号用字等，不适用本规定第十条规定，但应当与原形一致，不得引起误导"①。

二、广告语言文字的具体要求

1.方言及少数民族语言文字

《国家通用语言文字法》第八条规定："各民族都有使用和发展自己的语言文字的自由。少数民族语言文字的使用依据宪法、民族区域自治法及其他法律的有关规定。"第十六条规定："有下列情形的，可以使用方言：(一)国家机关的工作人员执行公务时确需使用的；(二)经国务院广播电视部门或省级广播电视部门批准的播音用语；(三)戏曲、影视等艺术形式中需要使用的；(四)出版、教学、研究中确需使用的。"

《广告语言文字管理暂行规定》第五条也对方言和少数民族语言文字做了具体的规定："根据国家规定，广播电台、电视台可以使用方言播音的节目，其广告中可以使用方言；广播电台、电视台使用少数民族语言播音的节目，其广告应当使用少数民族语言文字。在民族自治地方，广告用语用字参照《民族自治地方语言文字单行条例》执行。"

2.拼音

《广告语言文字管理暂行规定》第六条要求："广告中不得单独使用汉语拼音。广告中如需使用汉语拼音时，应当正确、规范，并与规范汉字同时使用。"

3.数字、标点符号和计量单位

《广告语言文字管理暂行规定》第七条要求："广告中数字、标点符号的用法和计量单位等，应当符合国家标准和有关规定。"

4.外国语言文字

《广告语言文字管理暂行规定》第八条规定："广告中不得单独使用外国语言文字。"

---

① 《中华人民共和国国家通用语言文字法》第十七条规定："有下列情形的，可以保留或使用繁体字、异体字：(一)文物古迹；(二)姓氏中的异体字；(三)书法、篆刻等艺术作品；(四)题词和招牌的手书字；(五)出版、教学、研究中需要使用的；(六)经国务院有关部门批准的特殊情况。"

"广告中如因特殊需要配合使用外国语言文字时,应当采用以普通话和规范汉字为主、外国语言文字为辅的形式,不得在同一广告语句中夹杂使用外国语言文字。广告中的外国语言文字所表达的意思,与中文意思不一致的,以中文意思为准。"

同时,第九条还规定了不适用于上述条款的情形:"(一)商品、服务通用名称,已注册的商标,经国家有关部门认可的国际通用标志、专业技术标准等;(二)经国家有关部门批准,以外国语言文字为主的媒介中的广告所使用的外国语言文字。"

5.成语

《广告语言文字管理暂行规定》第十一条要求:"广告中成语的使用必须符合国家有关规定,不得引起误导,对社会造成不良影响。"

6.创意字体

《广告语言文字管理暂行规定》第十三条规定:"广告中因创意等需要使用的手书体字、美术字、变体字、古文字,应当易于辨认,不得引起误导。"

第二节　国家通用语言文字规范

2001年1月1日起正式施行的《国家通用语言文字法》,是我国第一部语言文字方面的专门法律,总结了新中国成立以来语言文字工作的经验,第一次以法律形式确定了普通话和规范汉字作为国家通用语言文字的地位,标志着我国语言文字规范化、标准化工作走上了法制轨道。鉴于该法主要调整语言文字使用中的政府行为和大众传媒、公共场合的用语用字,包括国家机关、学校、新闻出版、广播影视、公共服务行业,以及公共设施、信息技术产品、招牌、广告、企业事业组织名称和在境内销售的商品包装、说明的用语用字,因此编者认为,有必要将其纳入广义的广告法规体系,作为规范广告语言文字的重要法律文件。

一、《国家通用语言文字法》的立法目的及管理

1.立法目的

其一,推广普通话,推进规范汉字。

《国家通用语言文字法》第一条指出:"为推动国家通用语言文字的规范化、标准化及其健康发展,使国家通用语言文字在社会生活中更好地发挥作用,促进各民族、各地

区经济文化交流,根据宪法,制定本法。"同时,第二条规定:"本法所称的国家通用语言文字是普通话和规范汉字。"第三条明确要求:"国家推广普通话,推行规范汉字。"

其二,对通用语言文字的应用进行管理。

该法的主体就是对通用语言文字的社会应用进行规范和管理。《国家通用语言文字法》第六条要求:"国家颁布国家通用语言文字的规范和标准,管理国家通用语言文字的社会应用,支持国家通用语言文字的教学和科学研究,促进国家通用语言文字的规范、丰富和发展。"

其三,保障公民权利和各民族权利。

《国家通用语言文字法》第四条明确指出:"公民有学习和使用国家通用语言文字的权利。"基于此,"国家为公民学习和使用国家通用语言文字提供条件。地方各级人民政府及其有关部门应当采取措施,推广普通话和推行规范汉字"。

同时,第八条明确指出了国家通用语言文字和少数民族通用语言文字之间的关系,即"各民族都有使用和发展自己的语言文字的自由。少数民族语言文字的使用依据宪法、民族区域自治法及其他法律的有关规定"。

其四,维护国家主权和民族尊严。

国家通用语言文字的使用是关系到国家主权和民族尊严的大问题。《国家通用语言文字法》第五条指出:"国家通用语言文字的使用应当有利于维护国家主权和民族尊严,有利于国家统一和民族团结,有利于社会主义物质文明建设和精神文明建设。"

2.管理部门及分工

其一,语言文字工作部门。

《国家通用语言文字法》第二十一条第一款规定:"国家通用语言文字工作由国务院语言文字工作部门负责规划指导、管理监督。"同时,第二十四条规定:"国务院语言文字工作部门颁布普通话水平测试等级标准。"第二十五条还规定:"外国人名、地名等专有名词和科学技术术语译成国家通用语言文字,由国务院语言文字工作部门或者其他有关部门组织审定。"

其二,国务院有关部门。

《国家通用语言文字法》第二十一条第二款规定:"国务院有关部门管理本系统的国家通用语言文字的使用。"

其三,地方语言文字工作部门及其他有关部门。

《国家通用语言文字法》第二十二条规定:"地方语言文字工作部门和其他有关部门,管理和监督本行政区域内的国家通用语言文字的使用。"

其四,县级以上工商行政管理部门。

《国家通用语言文字法》第二十三条要求："县级以上各级人民政府工商行政管理部门依法对企业名称、商品名称以及广告的用语用字进行管理和监督。"

二、《国家通用语言文字法》的主要内容

1.国家通用语言文字使用的主要情形

其一,国家机关的公务用语用字。

《国家通用语言文字法》第九条要求："国家机关以普通话和规范汉字为公务用语用字。法律另有规定的除外。"

其二,学校及其他教育机构的教育教学用语用字。

《国家通用语言文字法》第十条规定："学校及其他教育机构以普通话和规范汉字为基本的教育教学用语用字。法律另有规定的除外。学校及其他教育机构通过汉语文课程教授普通话和规范汉字。使用的汉语文教材,应当符合国家通用语言文字的规范和标准。"

另外,第二十条还要求："对外汉语教学应当教授普通话和规范汉字。"

其三,汉语文出版物的语言文字。

《国家通用语言文字法》第十一条要求："汉语文出版物应当符合国家通用语言文字的规范和标准。汉语文出版物中需要使用外国语言文字的,应当用国家通用语言文字作必要的注释。"

其四,广播电台、电视台的播音用语。

《国家通用语言文字法》第十二条要求："广播电台、电视台以普通话为基本的播音用语。需要使用外国语言为播音用语的,须经国务院广播电视部门批准。"

其五,公共服务行业的服务用字。

《国家通用语言文字法》第十三条规定："公共服务行业以规范汉字为基本的服务用字。因公共服务需要,招牌、广告、告示、标志牌等使用外国文字并同时使用中文的,应当使用规范汉字。提倡公共服务行业以普通话为服务用语。"

其六,其他用语用字。

《国家通用语言文字法》第十四条规定,"(一)广播、电影、电视用语用字;(二)公共场所的设施用字;(三)招牌、广告用字;(四)企业事业组织名称;(五)在境内销售的商品的包装、说明","应当以国家通用语言文字为基本的用语用字"。

第十五条还要求："信息处理和信息技术产品中使用的国家通用语言文字应当符合国家的规范和标准。"

2.方言、繁体字、异体字的使用情形

其一,可以使用方言的情形。

《国家通用语言文字法》第十六条规定:

"有下列情形的,可以使用方言:

"(一)国家机关的工作人员执行公务时确需使用的;

"(二)经国务院广播电视部门或省级广播电视部门批准的播音用语;

"(三)戏曲、影视等艺术形式中需要使用的;

"(四)出版、教学、研究中确需使用的。"

其二,保留或使用繁体字、异体字的主要情形。

《国家通用语言文字法》第十七条规定:

"有下列情形的,可以保留或使用繁体字、异体字:

"(一)文物古迹;

"(二)姓氏中的异体字;

"(三)书法、篆刻等艺术作品;

"(四)题词和招牌的手书字;

"(五)出版、教学、研究中需要使用的;

"(六)经国务院有关部门批准的特殊情况。"

3.有关汉语拼音的规定

《国家通用语言文字法》第十八条要求:"国家通用语言文字以《汉语拼音方案》作为拼写和注音工具。《汉语拼音方案》是中国人名、地名和中文文献罗马字母拼写法的统一规范,并用于汉字不便或不能使用的领域。初等教育应当进行汉语拼音教学。"

4.特殊工作岗位要求

《国家通用语言文字法》第十九条要求:"凡以普通话作为工作语言的岗位,其工作人员应当具备说普通话的能力。以普通话作为工作语言的播音员、节目主持人和影视话剧演员、教师、国家机关工作人员的普通话水平,应当分别达到国家规定的等级标准;对尚未达到国家规定的普通话等级标准的,分别情况进行培训。"

补充资料 12.1

新华社新闻报道中的禁用词

新华社在《新闻阅评动态》第 315 期发表《新华社新闻报道中的禁用词(第一批)》,

提出了新闻媒体报道五类"禁用词",包括社会生活类的禁用词,法律类的禁用词,民族宗教类的禁用词,涉及我领土、主权和港澳台的禁用词以及国际关系类的禁用词。具体如下:

一、社会生活类的禁用词

1.对有身体伤疾的人士不使用"残废人""独眼龙""瞎子""聋子""傻子""呆子""弱智"等蔑称,而应使用"残疾人""盲人""聋人""智力障碍者"等词语。

2.报道各种事实特别是产品、商品时不使用"最佳""最好""最著名"等具有强烈评价色彩的词语。

3.医药报道中不得含有"疗效最佳""根治""安全预防""安全无副作用"等词语,药品报道中不得含有"药到病除""无效退款""保险公司保险""最新技术""最高技术""最先进制法""药之王""国家级新药"等词语。

4.对文艺界人士,不使用"影帝""影后""巨星""天王"等词语,一般可使用"文艺界人士"或"著名演员""著名艺术家"等。

5.对各级领导同志的各种活动报道,不使用"亲自"等形容词。

6.作为国家通讯社,新华社通稿中不应使用"哇噻""妈的"等俚语、脏话、黑话等。如果在引语中不能不使用这类词语,均应用括号加注,表明其内涵。近年来网络用语中对脏语进行缩略后新造的"SB""TMD""NB"等,也不得在报道中使用。

二、法律类的禁用词

1.在新闻稿件中涉及如下对象时不宜公开报道其真实姓名:(1)犯罪嫌疑人家属;(2)涉及案件的未成年人;(3)涉及案件的妇女和儿童;(4)采用人工授精等辅助生育手段的孕、产妇;(5)严重传染病患者;(6)精神病患者;(7)被暴力胁迫卖淫的妇女;(8)艾滋病患者;(9)有吸毒史或被强制戒毒的人员。涉及这些人时,稿件可使用其真实姓氏加"某"字的指代,如"张某""李某",不宜使用化名。

2.对刑事案件当事人,在法院宣判有罪之前,不使用"罪犯",而应使用"犯罪嫌疑人"。

3.在民事和行政案件中,原告和被告法律地位是平等的,原告可以起诉,被告也可以反诉。不要使用原告"将某某推上被告席"这样带有主观色彩的句子。

4.不得使用"某某党委决定给某政府干部行政上撤职、开除等处分",可使用"某某党委建议给予某某撤职、开除等处分"。

5.不要将"全国人大常委会副委员长"称作"全国人大副委员长",也不要将"省人大常委会副主任"称作"省人大副主任"。各级人大常委会的委员,不要称作"人大常委"。

6."村民委员会主任"简称"村主任",不得称"村长"。村干部不要称作"村官"。

7.在案件报道中指称"小偷""强奸犯"等时,不要使用其社会身份作前缀。如:一个曾经是工人的小偷,不要写成"工人小偷";一名教授作了案,不要写成"教授罪犯"。

8.国务院机构中的审计署的正副行政首长称"审计长""副审计长",不要称作"署长""副署长"。

9.各级检察院的"检察长"不要写成"检察院院长"。

三、民族宗教类的禁用词

1.对各民族,不得使用旧社会流传的带有污辱性的称呼。不能使用"回回""蛮子"等,而应使用"回族"等。也不能随意简称,如"蒙古族"不能简称为"蒙族","维吾尔族"不能简称为"维族","哈萨克族"不能简称为"哈萨"等。

2.禁用口头语言或专业用语中含有民族名称的侮辱性说法,不得使用"蒙古大夫"来指代"庸医",不得使用"蒙古人"来指代"先天愚型"等。

3.少数民族支系、部落不能称为民族,只能称为"XX人"。如"摩梭人""撒尼人""穿(川)青人""僜人",不能称为"摩梭族""撒尼族""穿(川)青族""僜族"等。

4.不要把古代民族名称与后世民族名称混淆,如不能将"高句丽"称为"高丽",不能将"哈萨克族""乌孜别克族"等泛称为"突厥族"或"突厥人"。

5."穆斯林"是伊斯兰教信徒的通称,不能把宗教和民族混为一谈。不能说"回族就是伊斯兰教""伊斯兰教就是回族"。报道中遇到"阿拉伯人"等提法,不要改称"穆斯林"。

6.涉及信仰伊斯兰教的民族的报道,不要提"猪肉"。

7.穆斯林宰牛羊及家禽,只说"宰",不能写作"杀"。

四、涉及我领土、主权和港澳台的禁用词

1.香港、澳门是中国的特别行政区,台湾是中国的一个省。在任何文字、地图、图表中都要特别注意不要将其称作"国家"。尤其是多个国家和地区名称连用时,应格外注意不要漏写"(国家)和地区"字样。

2.对台湾当局"政权"系统和其他机构的名称,无法回避时应加引号,如台湾"立法院""行政院""监察院""选委会""行政院主计处"等。不得出现"中央""国立""中华台北"等字样,如不得不出现时应加引号,如台湾"中央银行"等。台湾"行政院长""立法委员"等均应加引号表述。台湾"清华大学""故宫博物院"等也应加引号。严禁用"中华民国总统(副总统)"称呼台湾地区领导人,即使加注引号也不得使用。

3.对台湾地区施行的所谓"法律",应表述为"台湾地区的有关规定"。涉及对台法律事务,一律不使用"文书验证""司法协助""引渡"等国际法上的用语。

4.不得将海峡两岸和香港并称为"两岸三地"。

5.不得说"港澳台游客来华旅游",而应称"港澳台游客来大陆(或:内地)旅游"。

6."台湾"与"祖国大陆(或'大陆')"为对应概念,"香港、澳门"与"内地"为对应概

念,不得弄混。

7. 不得将台湾、香港、澳门与中国并列提及,如"中港""中台""中澳"等。可以使用"内地与香港""大陆与台湾"或"京港""沪港""闽台"等。

8. "台湾独立"或"台独"必须加引号使用。

9. 台湾的一些社会团体如"中华道教文化团体联合会""中华两岸婚姻协调促进会"等有"中国""中华"字样者,应加引号表述。

10. 不得将台湾称为"福摩萨"。如报道中需要转述时,一定要加引号。

11. 南沙群岛不得称为"斯普拉特利群岛"。

12. 钓鱼岛不得称为"尖阁群岛"。

13. 严禁将新疆称为"东突厥斯坦"。

五、国际关系类的禁用词

1. 不得使用"北朝鲜(英文 North Korea)"来称呼"朝鲜民主主义人民共和国",可直接使用简称"朝鲜"。英文应使用"the Democratic People's Republic of Korea"或使用缩写"DPRK"。

2. 有的国际组织的成员中,既包括一些既有国家,也包括一些地区。在涉及此类国际组织时,不得使用"成员国",而应使用"成员"或"成员方",如不能使用"世界贸易组织成员国""亚太经合组织成员国",而应使用"世界贸易组织成员""世界贸易组织成员方""亚太经合组织成员""亚太经合组织成员方"(英文用 members)。

3. 不使用"穆斯林国家"或"穆斯林世界",而要用"伊斯兰国家"或"伊斯兰世界"。

4. 在达尔富尔报道中不使用"阿拉伯民兵",而应使用"武装民兵"或"部族武装"。

5. 在报道社会犯罪和武装冲突时,一般不要刻意突出犯罪嫌疑人和冲突参与者的肤色、种族和性别特征。比如,在报道中应回避"黑人歹徒"的提法,可直接使用"歹徒"。

6. 公开报道不要使用"伊斯兰原教旨主义""伊斯兰原教旨主义者"等说法。可用"宗教激进主义(激进派、激进组织)"替代。如回避不了而必须使用时,可使用"伊斯兰激进组织(分子)",但不要用"激进伊斯兰组织(分子)"。

7. 不要使用"十字军"等说法。

8. 人质报道中不使用"斩首",可用中性词语为"人质被砍头杀害"。

9. 对国际战争中双方的战斗人员死亡的报道,不要使用"击毙"等词语,可使用"打死"等词语。

10. 不要将撒哈拉沙漠以南的地区称"黑非洲",而应称为"撒哈拉沙漠以南的非洲"。

延伸阅读：

1. 刘桃良. 广告文化中语言文字使用现状分析[J]. 曲靖师范学院学报，2004（1）：73-76.

2. 张黎，张晔. 广告语言文字不规范现象调查[J]. 商业时代，2006（2）：81-82.

3. 王建华，武秀凤. 析广告语言对语言文字规范的消极影响[J]. 晋中学院学报，2005(4)：15-17.

4. 赵娟，李媛莉. 牌匾广告错别字现象剖析[J]. 青年记者，2008(36)：41-42.

5. 吴靖. 广告谐音成语新辩论[J]. 湖南师范大学社会科学学报，2009(6)：106-108.

6. 徐传亮. 广告中语言文字的误导性[J]. 新闻爱好者，2010(17)：39-40.

7. 杨颖姣. 不规范的广告语对汉字应用的消极作用[J]. 湖北函授大学学报，2016(4)：129-130.

8. 卢小群. 小议方言广告研究[J]. 中南林学院学报，2004(6)：78-79.

9. 傅来兮. 论电视广告中方言的使用及用字问题[J]. 新闻知识，2010(2)：84-85.

10. 曹泽洲，陈启杰. 方言广告选择困境：内外群体间认同、信任、购买意愿的比较[J]. 现代管理科学，2011(10)：90-92.

11. 史春惠. 试论广告中的东北方言现象[J]. 文学界(理论版)，2012(6)：69-70.

12. 寇紫遐. 维吾尔语言文字广告表达与其风俗习惯关系初探[J]. 新疆大学学报(哲学人文社会科学版)，2008(2)：72-76.

第十三章　广告经营资质法规

所谓广告经营资质，是广告经营者和广告发布者从事广告经营活动的基本资格要求。[①]《广告法》(2015年版)第三十二条要求："广告主委托设计、制作、发布广告，应当委托具有合法经营资格的广告经营者、广告发布者。"那么，什么是"合法经营资格"呢？换句话说，广告经营者和广告发布者要成为合法的广告经营主体，究竟应当具备什么经营资质呢？对于这个问题的解答，正是本章要讨论的焦点。

改革开放以来，除了《广告管理条例》《广告法》之外，我国还先后出台了一系列专门规范广告经营资质的部门规章，包括《广告经营者、广告发布者资质标准及广告经营范围核定用语规范》《临时性广告经营管理办法》《关于设立外商投资广告企业的若干规定》《外商投资广告企业管理规定》《广告经营许可证管理办法》以及《广告发布登记管理规定》等，构建起了较为完整的广告资质管理制度。

但是，在我国加入WTO之后，原有的制度不再适应新形势的要求，因此我国开始调整广告资质管理制度，从过去政府主导转向行业自治，尤其是政府不再负责广告企业资质等级评定，完全交由广告行业组织进行广告企业资质认定（目前已经转变为中国广告协会证明商标制度）。

鉴于此，编者除了梳理与广告经营资质相关的法律法规之外，还会引介与广告经营资质有关的行业自治规范，这使本章所提到的"法规"概念与其他章节呈现出明显的区别（详见表13-1）。

表13-1　广告经营主体资质相关法规一览表

序　号	名　　称	颁布机构	颁布日期	施行日期	有效性
1	《广告管理暂行条例》	国务院	1982-02-06	1982-05-01	失效
	《广告管理条例》		1987-10-26	1987-12-01	有效

---

① 《广告经营者、广告发布者资质标准及广告经营范围核定用语规范》，1995年6月26日颁布实施，2004年6月30日废止。

序 号	名 称	颁布机构	颁布日期	施行日期	有效性
2	《广告管理条例施行细则》	国家工商行政管理局	1988-01-09	1988-01-09	修订
			1998-12-03	1998-12-03	修订
			2000-12-01	2000-12-01	修订
			2004-11-30	2005-01-01	修订
			2011-12-12	2012-01-01	废止(2016-04-29)
3	《广告经营者、广告发布者资质标准及广告经营范围核定用语规范(试行)》	国家工商行政管理局	1993-02-17	1993-02-17	废止(1995-06-26)
4	《广告经营者、广告发布者资质标准及广告经营范围核定用语规范》	国家工商行政管理局	1995-06-26	1995-06-26	废止(2004-06-30)
5	《关于设立外商投资广告企业的若干规定》	国家工商行政管理局、对外贸易经济合作部	1994-11-03	1995-01-01	废止(2004-03-02)
6	《关于执行〈关于设立外商投资广告企业的若干规定〉有关问题的通知》	国家工商行政管理局	1995-01-01	1995-01-01	废止(2004-06-30)
7	《广告法》	全国人民代表大会常务委员会	1994-10-27	1995-02-01	修订
			2015-04-24	2015-09-01	有效
8	《临时性广告经营管理办法》	国家工商行政管理局	1995-06-01	1995-06-01	修订
			1998-12-03	1998-12-03	失效(2007-10-08)
9	《关于印发〈综合性广告企业资质等级标准〉(试行)和〈广告制作企业资质等级标准〉(试行)的通知》	国家工商行政管理局	1997-12-30	1997-12-30	有效
10	《外商投资广告企业管理规定》	国家工商行政管理局、商务部	2004-03-02	2004-03-02	修订
			2008-09-22	2008-10-01	废止(2015-06-29)
11	《广告经营许可证管理办法》	国家工商行政管理总局	2004-11-30	2005-01-01	失效(2016-12-01)
12	《广告发布登记管理规定》	国家工商行政管理总局	2016-11-01	2016-12-01	有效

以下为与广告企业资质认定有关的广告行业自治章程					
序　号	名　称	颁布机构	颁布日期	施行日期	有效性
13	《中国广告企业资质认定办法》	中国广告协会	2007-04-24		修订
			2008-05-27		失效(2013-05-13)
14	《中国广告企业资质等级标准》	中国广告协会	2007-04-24		修订
			2008-05-27		修订
			2010-05-28		失效(2013-05-13)
15	《关于印发中国广告协会证明商标使用管理相关规定的通知》	中国广告协会	2013-05-13		有效
16	《中国广告协会"CNAAⅠ"证明商标使用管理工作规程》	中国广告协会	2013-05-13		修订
	《中国广告协会"CNAAⅡ"证明商标使用管理工作规程》		2015(具体时间不详)		有效
	《中国广告协会"CNAAⅢ"证明商标使用管理工作规程》		2015(具体时间不详)		有效
16	《中国广告协会"CNAAⅠ"证明商标使用条件细则》	中国广告协会	2013-05-13		修订
	《中国广告协会"CNAAⅡ"证明商标使用条件细则》		2016(具体时间不详)		有效
	《中国广告协会"CNAAⅢ"证明商标使用条件细则》		2017(具体时间不详)		有效

第一节　广告经营资质制度变迁

改革开放以来,我国颁布了若干部有关广告经营资质的法律法规及规范性文件。虽然,这些法律法规及规范性文件大多已经失效或者废止,但是,考虑到我国曾建立非常详细、完整的广告经营资质制度,且这些制度延续了10多年时间,因此有必要对原有法律法规及规范性文件进行梳理,以呈现广告经营资质制度的变迁过程。

概括地说,广告经营资质制度的演变经历了 3 个阶段,即 20 世纪 80 年代制度初建阶段、90 年代制度完善阶段,以及加入 WTO 之后的制度转换阶段,这也在某种程度上折射出了我国政府广告管理思路的总体变化。

一、广告经营资质制度初建

20 世纪 80 年代,我国陆续颁布了《广告管理暂行条例》《广告管理条例》《广告管理条例施行细则》(1988 年版),开始初步建立全国性的广告经营资质制度。

1.《广告管理暂行条例》

1982 年 2 月 6 日,国务院颁布了我国第一部全国性的广告法规——《广告管理暂行条例》。该条例第四条、第五条对广告经营资质提出了明确的要求:

其一,强调广告经营单位必须进行工商登记、领取营业执照。即,"专营广告的广告公司和兼营或者代理广告业务的企业、事业单位(以下简称广告经营单位),必须按照工商企业登记管理条例的规定,申请登记,领取营业执照。未经登记,或者申请登记未获批准的,不得承办广告业务"。同时,"申请刊登、播放、设置、张贴广告的单位(以下简称广告刊户),必须是持有营业执照的企业或经过政府批准设立的单位"。

其二,设定了外商广告经营的行政审批。即,"承办外商广告的单位,必须经省、自治区、直辖市以上进出口管理委员会审查同意"。

其三,禁止私人经营广告业务。即,除了广告公司、企业、事业单位之外,"私人不得经营广告业务"。

2.《广告管理条例》

取代上述条例,《广告管理条例》由国务院颁布,并于 1987 年 12 月 1 日起正式实施。该条例第六条规定:

"经营广告业务的单位和个体工商户(以下简称广告经营者),应当按照本条例和有关法规的规定,向工商行政管理机关申请,分别情况办理审批登记手续:

"(一)专营广告业务的企业,发给《企业法人营业执照》;

"(二)兼营广告业务的事业单位,发给《广告经营许可证》;

"(三)具备经营广告业务能力的个体工商户,发给《营业执照》;

"(四)兼营广告业务的企业,应当办理经营范围变更登记。"

与《广告管理暂行条例》相比,《广告管理条例》有关广告经营资质的规定呈现出 3 个明显的变化:

其一,将广告经营企业明确区分为专营和兼营两类,要求专营广告业务的企业应当申领企业法人营业执照,兼营广告业的企业应当办理经营范围变更登记;

其二,设立了"广告经营许可证"制度,即要求兼营广告业务的事业单位应当申领广告经营许可证。"广告经营许可证"就此诞生,此后虽然经历了一些内涵的变化,但一直延续到了2016年12月1日。

其三,取消了承办外商广告的审批和对私人经营广告业务的禁止。一方面《广告管理条例》没有提及《广告管理暂行条例》中有关承办外商广告应当进行审批的规定,另一方面《广告管理条例》明确允许个体工商户经营广告业务,这实际上是明确允许"私人经营广告业务"。

3.《广告管理条例施行细则》(1988年版)

在《广告管理暂行条例》颁布之后,国家工商行政管理总局于1982年6月5日配套发布了《广告管理暂行条例实施细则(内部试行)》。在《广告管理条例》正式颁布的同时,《广告管理暂行条例》与《广告管理暂行条例实施细则》被废止,因此国家工商行政管理局1988年1月9日颁布《广告管理条例施行细则》,进一步细化了有关广告经营资质的规定。

(1)申请经营广告业务应当具备的条件(表13-2)

其一,"申请经营广告业务的企业除符合企业登记等条件外,还应具备下列条件:(一)有负责市场调查的机构和专业人员。(二)有熟悉广告管理法规的管理人员及广告设计、制作、编审人员。(三)有专职的财会人员。(四)申请承接或代理外商来华广告,应当具备经营外商来华广告的能力"。

其二,"兼营广告业务的事业单位,应当具备下列条件:(一)有直接发布广告的手段以及设计、制作广告的技术、设备。(二)有熟悉广告管理法规的管理人员和编审人员。(三)单独立账,有专职或兼职的财会人员"①。

其三,"中外合资经营企业、中外合作经营企业申请经营广告业务,参照《条例》、本细则和有关规定办理"。

其四,"申请经营广告业务的个体工商户,除应具备《城乡个体工商户管理暂行条例》规定的条件外,本人还应具有广告专业技能,熟悉广告管理法规,并经考试审查合格"。

---

① 《广告管理条例施行细则》(1988年版)第八条规定:"兼营广告业务的事业单位,经过核准,可以代理同类媒介的广告业务。"

表 13-2　申请经营广告业务应当具备的条件(1988 年版)

类　型	条　件
申请经营广告业务的企业	符合企业登记等条件
	有负责市场调查的机构和专业人员
	有熟悉广告管理法规的管理人员及广告设计、制作、编审人员
	有专职的财会人员
	申请承接或代理外商来华广告,应当具备经营外商来华广告的能力
兼营广告业务的事业单位	有直接发布广告的手段以及设计、制作广告的技术、设备
	有熟悉广告管理法规的管理人员和编审人员
	单独立账,有专职或兼职的财会人员
中外合资经营企业、中外合作经营企业申请经营广告业务	参照《条例》、本细则和有关规定办理
申请经营广告业务的个体工商户	应具备《城乡个体工商户管理暂行条例》规定的条件
	本人还应具有广告专业技能,熟悉广告管理法规,并经考试审查合格

(2)办理广告经营者的审批登记程序(见表 13-3)

其一,"全国性的广告企业,中外合资、中外合作经营广告业务的企业,向国家工商行政管理局申请,经核准,发给《中华人民共和国营业执照》。地方性的广告企业,向所在市、县工商行政管理局申请,报省、自治区、直辖市工商行政管理局或其授权的省辖市工商行政管理局核准,由所在市、县工商行政管理局发给《企业法人营业执照》"。

其二,"兼营广告业务的事业单位,向所在市、县工商行政管理局申请,报省、自治区、直辖市工商行政管理局或其授权的省辖市工商行政管理局核准,由所在市、县工商行政管理局发给《广告经营许可证》。兼营广告业务的事业单位申请直接承揽外商来华广告,向省、自治区、直辖市工商行政管理局申请,经审查转报国家工商行政管理局核准后,由省、自治区、直辖市工商行政管理局发给《中华人民共和国广告经营许可证》"。

其三,"经营广告业务的个体工商户,向所在市、县工商行政管理局申请,报省、自治区、直辖市工商行政管理或其授权的省辖市工商行政管理局核准,由所在市、县工商行政管理局发给《营业执照》"。

其四,"举办地方性的临时广告经营活动,举办单位向省、自治区、直辖市工商行政管理局或其授权的省辖市工商行政管理局申请,经核准,发给《临时性广告经营许可证》;举办全国性的临时广告经营活动,举办单位向所在省、自治区、直辖市工商行政管理局申请,报国家工商行政管理局批准,由举办单位所在省、自治区、直辖市工商行政管理局发给《临时性广告经营许可证》"。

表 13-3　办理广告经营者的审批登记程序（1988 年版）

类型	子类型	审批登记机关	审批登记文件
经营广告业务的企业	全国性的广告企业，中外合资、中外合作经营广告业务的企业	国家工商行政管理局	中华人民共和国营业执照
	地方性的广告企业	省、自治区、直辖市工商行政管理局或其授权的省辖市工商行政管理局	企业法人营业执照
兼营广告业务的事业单位	兼营广告业务的事业单位	所在市、县工商行政管理局（省、自治区、直辖市工商行政管理局或其授权的省辖市工商行政管理局核准）	广告经营许可证
	兼营广告业务的事业单位申请直接承揽外商来华广告	省、自治区、直辖市工商行政管理局（经审查转报国家工商行政管理局核准）	中华人民共和国广告经营许可证
经营广告业务的个体工商户	经营广告业务的个体工商户	所在市、县工商行政管理局（省、自治区、直辖市工商行政管理或其授权的省辖市工商行政管理局核准）	营业执照
举办临时广告经营活动	举办地方性的临时广告经营活动	省、自治区、直辖市工商行政管理局或其授权的省辖市工商行政管理局	临时性广告经营许可证
	举办全国性的临时广告经营活动	所在省、自治区、直辖市工商行政管理局（报国家工商行政管理局批准）	

二、广告经营资质制度完善

20 世纪 90 年代，我国开始进一步完善广告经营资质制度。1995 年 2 月 1 日《广告法》正式颁布实施，要求："从事广告经营的，应当具有必要的专业技术人员、制作设备，并依法办理公司或者广告经营登记，方可从事广告活动。广播电台、电视台、报刊出版单位的广告业务，应当由其专门从事广告业务的机构办理，并依法办理兼营广告的登记。"同年，《关于设立外商投资广告企业的若干规定》《临时性广告经营管理办法》《广告经营者、广告发布者资质标准及广告经营范围核定用语规范》①先后实施，标志着我国广告经营资质制度的进一步完善。

---

① 《广告经营者、广告发布者资质标准及广告经营范围核定用语规范（试行）》同时被废止。

1.《广告经营者、广告发布者资质标准及广告经营范围核定用语规范》

为了加强对广告经营者、广告发布者从事广告经营活动资质标准的审查,规范广告经营范围,国家工商行政管理局于 1993 年 2 月 17 日颁布《广告经营者、广告发布者资质标准及广告经营范围核定用语规范(试行)》;在《广告法》(1995 年版)出台之后,国家工商行政管理局 1995 年 6 月 26 日颁布实施《广告经营者、广告发布者资质标准及广告经营范围核定用语规范》,对广告经营范围和核定用语作出了详细的规定。

(1)广告经营范围

该规范认为:"广告经营范围是广告监督管理机关针对广告经营者、广告发布者的基本条件、从业人员的基本素质,确认其经营业务的许可范围。"其类型主要有 4 种。

其一,设计。设计是"指根据广告目标进行的广告创意、构思,广告中的音乐、语言、文字、画面等经营性创作活动"。

其二,制作。制作是"指根据广告设计要求,制作可供刊播、设置、张贴、散布的广告作品等经营性活动"。

其三,发布。发布是"指利用一定媒介或形式,发布各类广告,利用其他形式发布带有广告性质的信息的经营活动"。

其四,代理。代理是"指广告经营者接受广告主或广告发布者委托,从事的广告市场调查、广告信息咨询、企业形象策划、广告战略策划、广告媒介安排等经营活动"。

(2)广告经营者的资质标准及广告经营范围核定用语规范

该规范详细地规定了各类广告经营者的资质标准,同时制定了广告经营范围的用语规范(见表 13-4)。

表 13-4 广告经营者的资质标准及广告经营范围核定用语规范

序号	类型	业务内容	资质标准	用语规范(例)
1	综合型广告企业	具有提供设计制作和全面代理服务能力的广告企业(包括:有限责任公司、股份有限公司、中外合资经营、中外合作经营等经济形式)	有与广告经营范围相适应的经营管理人员、策划设计人员、制作人员、市场调查人员(以上人员均须取得广告专业技术岗位资格证书)、财会人员,其中专业人员具有大专以上学历的,不少于从业人数的 2/3; 有与广告设计、制作、代理业务相适应的资金、设备和经营场所,注册资本不少于 50 万元人民币,经营场所不小于 100 平方米; 有与广告经营范围相适应的经营机构及广告经营管理制度; 有专职广告审查人员。	设计、制作、发布、代理国内外各类广告

序　号	类　型	业务内容	资质标准	用语规范(例)
2	广告设计、制作企业(兼营广告设计、制作业务的企业比照执行)	从事影视、广播、霓虹灯、路牌、印刷品、礼品、灯箱、布展等广告设计和制作的企业	有与广告经营范围相适应的经营管理人员、设计人员、制作人员(以上人员均须取得广告专业技术岗位资格证书)、财会人员,其中专业人员具有大专以上学历的,不少于从业人员的1/2; 有与广告经营范围相适应的资金、设备、器材和场地,经营场所不小于40平方米,制作场所因广告制作项目而定; 有与广告经营范围相适应的经营机构和广告经营管理制度; 有专职广告审查人员。	设计和制作印刷品、影视、××、××广告
3	个体工商户	从事影视、广播、路牌、印刷品、礼品、灯箱、布展等广告设计和制作的个体工商户	户主应当取得广告专业技术岗位资格证书,具有与其经营范围相应的学历或从业经历,应当接受过广告法律、法规培训; 有与广告经营范围相适应的资金、设备、器材和场地,经营场所不小于20平方米,制作场所因广告制作项目而定。	设计和制作影视、广播、路牌、印刷品、××、××广告

(3)广告发布者的资质标准及广告经营范围核定用语规范

该规范还设定了广告发布者的资质标准,并制定了其广告经营范围核定用语规范(见表 13-5)。

表 13-5　广告发布者的资质标准及广告经营范围核定用语规范

序　号	类　型	业务内容	资质标准	用语规范(例)
1	新闻媒介单位	利用电视、广播、报纸等新闻媒介发布广告的电视台、广播电台、报社	有直接发布广告的媒介; 有与广告经营范围相适应的经营管理人员、编审技术人员(以上人员均须取得广告专业技术岗位资格证书)、财会人员和广告经营管理制度; 有专门的广告经营机构和经营场所,经营场所面积不小于20平方米; 有专职广告审查人员; 广告费收入单独立账	××电视台:利用自有电视台,发布国内外电视广告,承办分类电视广告业务 ××报社:利用《××报》,发布国内外报纸广告,承办分类报纸广告业务 ××广播电台:利用自有广播电台,发布国内外广播广告,承办分类广播广告业务

续　表

序　号	类　型	业务内容	资质标准	用语规范(例)
2	具有广告发布媒介的企业、其他法人或经济组织	利用自有或自制音像制品、图书、橱窗、灯箱、场地(馆)、霓虹灯等发布广告的出版(杂志、音像)社、商店、宾馆、体育场(馆)、展览馆(中心)、影剧院、机场、车站、码头等	有直接发布广告的媒介; 有与广告经营范围相适应的经营管理人员、专业技术人员(以上人员均须取得广告专业技术岗位资格证书)、财会人员和广告经营管理制度; 有专门的广告经营机构和经营场所,经营场所面积不小于20平方米,有相应的广告设计和制作设备; 有专职广告审查人员; 广告费收入单独立账	××音像社:设计和制作音像制品广告,利用本社出版的音像制品发布广告 ××出版(杂志)社:设计和制作印刷品广告,利用本社出版的印刷品发布广告 ××商店(场)、宾馆、饭店:设计和制作招牌、灯箱、橱窗、霓虹灯广告,利用本店内招牌、灯箱、橱窗、霓虹灯发布广告 ××体育场(馆)、展览馆(中心)、影剧院:设计和制作招牌、灯箱、电子牌、条幅广告,利用本场(馆)内招牌、灯箱、电子牌、条幅发布广告 ××车站(码头、机场):设计和制作招牌、灯箱、电子牌广告,利用本场(站)内招牌、灯箱、电子牌发布广告

2.《关于设立外商投资广告企业的若干规定》

为了更好地推动我国广告业务对外开放服务,保证外商投资广告企业的质量,促进我国广告业健康发展,1994年11月3日,国家工商行政管理局与对外贸易经济合作部联合发布《关于设立外商投资广告企业的若干规定》(以下简称《规定》)。1995年1月1日,该规定与国家工商行政管理局颁布的《关于执行〈关于设立外商投资广告企业的若干规定〉有关问题的通知》(以下简称《通知》)同时生效。

(1)设立外商投资广告企业的程序

根据上述规定的要求,设立外商投资广告企业的程序主要有三个环节:

其一,项目审核。《规定》要求:"外商投资广告企业的中方合营(含合作,下同)者,向所在地有外商投资企业核准登记权的工商行政管理局呈报设立外商投资广告企业的项目建议书和可行性研究报告,由其提出初审意见,经省、自治区、直辖市及计划单列市工商行政管理局核转,报国家工商行政管理局审定。

"中方合营者为国务院部、委、局直属企业的,中方合营者向其主管部门呈报设立外商投资广告企业的项目建议书和可行性研究报告,经审核同意后,转报国家工商行政管理局审定。

"国家工商行政管理局自收到全部呈报文件之日起三十天内,作出同意或不同意的决定。"

其二,合同和章程审批。《规定》要求:"国家工商行政管理局颁发《外商投资广告企业项目审定意见书》后,由中方合营者向所在地外经贸部门呈报设立外商投资广告企业的合同和章程,经省、自治区、直辖市、计划单列市外经贸部门核转,报对外贸易经济合作部审批。

"中方合营者为国务院部、委、局直属企业的,中方合营者向其主管部门呈报设立外商投资广告企业的合同、章程。主管部门审核同意后,转报对外贸易经济合作部审批。

"对外贸易经济合作部依照国家有关外商投资的法律、法规,在规定的期限内决定批准或不批准。"

其三,企业登记以及分支机构审批。《规定》要求:"中方合营者持国家工商行政管理局颁发的《外商投资广告企业项目审定意见书》和对外贸易经济合作部颁发的批准证书及法律、法规规定的其他文件,按企业登记注册的有关规定,向国家工商行政管理局或有外商投资企业核准登记权的地方工商行政管理局办理企业法人登记注册手续。

"外商投资广告企业申请设立分支机构,由省、自治区、直辖市、计划单列市外经贸部门或国务院部、委、局审核同意后,转报对外贸易经济合作部,对外贸易经济合作部在征求国家工商行政管理局意见后,决定批准或不批准。"

(2)设立外商投资广告企业及分支机构的条件

其一,设立外商投资广告企业,除符合有关法律、法规规定的条件外,还应具备以下条件:

"(一)合营各方必须是具有一定规模的以经营广告业务为主的企业法人;

"(二)能够引进国际先进的广告制作技术和设备;

"(三)具有市场调查、广告策划和广告效果测定等能力;

"(四)能够在广告策划、创意、设计、制作和经营管理等方面培训中国职员;

"(五)注册资本不低于 30 万美元。"

其二,申请设立分支机构的外商投资广告企业,应具备以下基本条件:

"(一)注册资本全部缴清;

"(二)年营业额不低于 2000 万元人民币;

"(三)分支机构所在地须有 3 个以上相对固定的广告客户。"

(3)设立外商广告企业的禁止性规定

《通知》对《规定》中未有涉及的部分进行了补充性说明,并对两类情况作出了明确的禁止性规定：

其一，禁止设立外商独资广告企业，即"《规定》中未对外商独资广告企业的审批程序作出规定，目前对外商独资广告企业不予批准立项"。

其二，禁止设立外方投资比例高于我方项目，即"对外方投资比例高于我方的立项申请，原则上不予批准"。①

3.《临时性广告经营管理办法》

1995 年 6 月 1 日，国家工商行政管理局颁布实施《临时性广告经营管理办法》（以下简称《办法》），对临时性广告经营的程序与资质条件进行了规定。《办法》指出："临时性广告经营，是指某项活动的主办单位，面向社会筹集资金，并在活动中为出资者提供广告服务的经营行为。"

其一，审批类型。《办法》第三条要求：

"下列活动涉及临时性广告经营的，主办单位应当向工商行政管理机关申请，经批准后，方可进行：

"（一）体育比赛、体育表演活动；

"（二）文艺演出、文艺表演活动；

"（三）影视片制作活动；

"（四）展览会、博览会、交易会等活动；

"（五）评比、评选、推荐活动；

"（六）纪念庆典活动；

"（七）广告管理法规规定应当经过批准的其他活动。"

其二，审批条件。《办法》第五条规定：

"申请临时性广告经营，应当具备下列条件：

"（一）在我国法律、法规许可的范围内；

"（二）能够提供必要回报的广告媒介、服务形式；

"（三）广告经营单位具有与申请事项相符的经营资格，临时性广告经营机构应当配备广告专业人员和广告审查人员，并按照规定建立有关制度。"

其三，申请审批应当提交的材料。《办法》第六条规定：

"申请临时性广告经营，应当提交下列文件、证件：

---

① 《关于执行〈关于设立外商投资广告企业的若干规定〉有关问题的通知》第四条详细阐述了原因："广告业是投资小、效益高的高新技术产业。我国允许设立外商投资广告企业的目的，不是为了吸引外资，而是为了引进先进的技术和管理经验，促进我国广告业总体水平的提高。因此，对外方投资比例高于我方的立项申请，原则上不予批准。"

"（一）广告经营申请单位负责人签署的，包括广告经营时间、地点、广告经营范围、广告征集地域、广告收费标准等内容的申请报告；

"（二）活动主办单位委托广告经营单位承办广告业务的委托书和双方各自权利、义务的协议书；

"（三）主办单位就该项活动合法性、公益性所提出的可行性报告；

"（四）政府有关主管部门对可行性报告的批准文件；

"（五）广告经营单位的营业执照或广告经营许可证；

"（六）省级以上人民政府批准设立临时性广告经营机构及其职能的文件；

"（七）临时性广告经营机构的广告专业人员和广告审查人员名单、广告管理制度；

"（八）经主办单位和承办单位认可的经费预算书；

"（九）广告管理法规及有关法律、法规规定应当提交的其他文件、证件。"

其四，审批机关及分工。《办法》第七条规定：

"各级工商行政管理机关按下列分工办理临时性广告经营审批：

"（一）经国务院或中央和国家机关各部门、各人民团体同意举办的活动，活动举办地或广告征集涉及不同省（自治区、直辖市）的，由国家工商行政管理局审批；

"（二）经中央和国家机关各部门、各人民团体同意举办的活动，广告征集在一省（自治区、直辖市、计划单列市）内的，由所在省（自治区、直辖市或计划单列市）工商行政管理局审批；

"（三）经地方政府或其所属部门同意举办的活动，由活动举办地的省辖市及省辖市以上工商行政管理局或其授权的县及县以上工商行政管理局审批。"

其五，审批流程。《办法》第八条规定：

"临时性广告经营申请，应当在活动举办三十日前提出。工商行政管理机关在提交文件、证件齐备后予以受理，在受理后七日内作出批准或不批准的决定。

"经审查，符合临时性广告经营条件的，由工商行政管理机关发给《临时性广告经营许可证》。

"批准的主要事项有：活动申请者名称、活动名称、活动举办地、广告征集地、广告经营者名称、经营范围、经营期限。"

1998年12月3日，国家工商行政管理局修订《临时性广告经营管理办法》，但其主体内容并没有太大的变化。直到2007年10月8日，《国家工商行政管理总局关于废止有关工商行政管理规章的决定》最后废止了上述《办法》。

正是基于上述三部部门规章，我国建立起了完备的广告经营资质制度。"国家对市场主体资格的确立、审核和确认的法律制度，包括市场主体资格的实体条件和取得主体资格的程序条件，其表现是国家通过立法、规定市场主体资格的条件及取得程序，并通过审批和登记程序执行。"①

三、广告经营资质制度调整

2001年12月11日,中国正式加入WTO。众所周知,WTO规则主要是规范成员方政府的行政行为,即WTO"是一种以规则为基础,法律为手段的新的治理办法,其权利与义务的谈判者是政府,其义务的承担者是成员方政府,其约束的主要对象和被提出审议的主体也是政府"。在WTO规则的框架下,"完全的政府行政管理将逐步转向主要由社会管理和市场自身的管理为主。市场秩序将主要由市场的内在制度进行内部调节,并依靠非市场组织(如行业协会、仲裁机构等市场自律组织)来进行外部调节,政府职能将逐渐缩小,对市场的监管以监督和保护为主"②。

在此背景下,我国开始调整广告管理思路,从原有的政府管制,转向行业自治,更多地由市场自发调节,同时依靠行业协会进行外部调节。在加入WTO的5年保护期即将结束之时,一些原有的广告规章被废止,同时一些新的广告规章颁布实施,广告经营资质制度呈现出较为显著的变化。

1.《广告管理条例施行细则》(2004年版)

2004年11月30日,国家工商行政管理局对《广告管理条例施行细则》(以下简称《细则》)进行修订,并于2005年1月1日起正式施行。《细则》保留了有关广告经营资质的相关规定。

(1)经营广告业务应具备的条件

其一,企业。《细则》要求:

"申请经营广告业务的企业,除了符合企业登记条件外,还应具备下列条件:

"(一)有负责市场调查的机构和专业人员。

"(二)有熟悉广告管理法规的管理人员及广告设计、制作、编审人员。

"(三)有专职的财会人员。

"(四)申请承接或代理外商来华广告,应当具备经营外商来华广告的能力。"

其二,广播电台、电视台、报刊出版单位、事业单位等。《细则》规定:

"广播电台、电视台、报刊出版单位,事业单位以及法律、行政法规规定的其他单位办理广告经营许可登记,应当具备下列条件:

"(一)具有直接发布广告的媒介或手段。

① 曾兰平. 低准入制度对我国广告产业发展的不利影响[J]. 网络财富,2008(7):234-236.
② 何四娥,段彦波. WTO规则体系与我国政府的市场监管[J]. 兰州学刊,2004(6):231-233.

"(二)设有专门的广告经营机构。

"(三)有广告经营设备和经营场所。

"(四)有广告专业人员和熟悉广告法规的广告审查员。"

其三,中外合资、合作经营企业以及外资企业。《细则》要求:"中外合资经营企业、中外合作经营企业以及外资企业申请经营广告业务,按照《外商投资广告企业管理规定》,参照《条例》、本细则和其他有关规定办理。"

其四,个体工商户。《细则》规定:"申请经营广告业务的个体工商户,除应具备《城乡个体工商户管理暂行条例》规定的条件外,本人还应具有广告专业技能,熟悉广告管理法规。"

(2)广告经营者登记程序

其一,企业。《细则》规定:"设立经营广告业务的企业,向具有管辖权的工商行政管理局申请办理企业登记,发给营业执照。"

其二,广播电视台、电视台、报刊出版单位以及事业单位等。《细则》规定:"广播电台、电视台、报刊出版单位,事业单位以及其他法律、行政法规规定申请兼营广告业务应当办理广告经营许可登记的单位,向省、自治区、直辖市、计划单列市或其授权的县级以上工商行政管理局申请登记,发给《广告经营许可证》。"

其三,个体工商户。《细则》要求:"经营广告业务的个体工商户,向所在地工商行政管理局申请,经所在地工商行政管理局依法登记,发给营业执照。"

2.《外商投资广告企业管理规定》

2004年3月2日,国家工商行政管理局与商务部联合颁布《外商投资广告企业管理规定》(以下简称《规定》),该《规定》于2004年3月2日起正式实施,取代了同时废止的《关于设立外商投资广告企业的若干规定》。

(1)有关外商投资广告企业的基本态度

其一,有关中外合营广告企业的股权比。《规定》明确要求:"自本规定施行之日起①允许外资拥有中外合营广告企业多数股权,但股权比例最高不超过70%。"

其二,有关外资广告企业。《规定》明确同意:"2005年12月10日起,允许设立外资广告企业。"

其三,有关香港服务提供者和澳门服务提供者在内地设立独资广告公司。《规定》要求:"香港、澳门、台湾地区投资者在内地投资设立广告企业,参照本规定办理。"但《规定》的附件补充规定,"为了促进香港、澳门与内地建立更紧密的经贸关系,鼓励香港服

① 即2004年3月2日起,编者注。

务提供者和澳门服务提供者在内地投资设立广告企业","自2004年1月1日起,允许香港服务提供者和澳门服务提供者在内地设立独资广告公司"。

(2)设立外商投资广告企业的标准

《规定》对设立中外合营、外资以及设立分支机构的外商投资广告企业分别设定了相应的条件和标准。

其一,中外合营广告企业的条件。《规定》要求:

"设立中外合营广告企业,除符合有关法律、法规规定的条件外,还应具备以下条件:(一)合营各方应是经营广告业务的企业;(二)合营各方须成立并运营两年以上;(三)有广告经营业绩。"

其二,外资广告企业的条件。《规定》要求:

"设立外资广告企业,除符合有关法律、法规规定的条件外,还应具备以下条件:(一)投资方应是经营广告业务为主的企业;(二)投资方应成立并运营三年以上。"

其三,设立分支机构的外商投资广告企业的条件。《规定》要求:

"申请设立分支机构的外商投资广告企业,应具备以下基本条件:(一)注册资本全部缴清;(二)年广告营业额不低于2000万元人民币。"

(3)设立外商投资广告企业的程序

《规定》对设立中外合营广告企业、外资广告企业、外资广告企业设立分支机构也设定了相应的审批程序。

其一,中外合营广告企业的程序。《规定》要求:

"设立中外合营广告企业,按下列程序办理:

"(一)由中方主要合营者,向其所在地有外商投资企业核准登记权的工商行政管理局呈报第十二条规定的文件,由其提出初审意见,报国家工商行政管理总局授权的省级工商行政管理局审定,或经省、自治区、直辖市及计划单列市工商行政管理局核转,报国家工商行政管理总局审定。国家工商行政管理总局及其授权的省级工商行政管理局自收到全部呈报文件二十日内,作出同意或不同意的决定。

"(二)国家工商行政管理总局或其授权的省级工商行政管理局颁发《外商投资广告企业项目审定意见书》后,由中方主要合营者向拟设立企业所在地省级商务主管部门呈报第十三条规定的文件,经省级商务主管部门审查批准的,颁发《外商投资企业批准证书》;不予批准的,书面说明理由。

"(三)中方主要合营者持国家工商行政管理总局或其授权的省级工商行政管理局颁发的《外商投资广告企业项目审定意见书》、省级商务主管部门颁发的《外商投资企业批准证书》及法律、法规规定的其他文件,按企业登记注册的有关规定,向国家工商行政管理总局或有外商投资企业核准登记权的地方工商行政管理局办理企业登记注册手续。"

其二，外资广告企业的程序。《规定》要求：

"设立外资广告企业，按下列程序办理：

"（一）由外国投资者，向国家工商行政管理总局呈报第十四条规定的文件。国家工商行政管理总局自收到全部呈报文件二十日内，作出同意或不同意的决定。

"（二）国家工商行政管理总局颁发《外商投资广告企业项目审定意见书》后，由外国投资者向拟设立企业所在地省级商务主管部门呈报第十五条规定的文件，由省级商务主管部门在二十日内提出初审意见报商务部审批。商务部自收到全部呈报文件二十日内，作出同意或不同意的决定；经审查批准的，颁发《外商投资企业批准证书》。

"（三）外国投资者持国家工商行政管理总局颁发的《外商投资广告企业项目审定意见书》和商务部颁发的《外商投资企业批准证书》及法律、法规规定的其他文件，按企业登记注册的有关规定，向国家工商行政管理总局申请办理企业登记注册手续。"

其三，外资广告企业设立分支机构的程序。《规定》要求：

"外商投资广告企业申请设立分支机构，按下列程序办理：

"（一）由外商投资广告企业分别向其所在地省级商务主管部门、省级工商行政管理局呈报第十六条规定的文件。

"（二）所在地省级商务主管部门在征求同级工商行政管理局意见后，决定批准或不批准。决定批准的，同时将批准文件抄送设立地省级商务主管部门及省级工商行政管理局；不予批准的，书面说明理由。

"（三）外商投资广告企业持设立分支机构的批准文件及法律、法规规定的其他文件到其分支机构设立地有外商投资企业核准登记权的工商行政管理局办理分支机构登记注册手续。"

3.《广告经营许可证管理办法》

2004年11月30日，国家工商行政管理总局颁布《广告经营许可证管理办法》（以下简称《办法》）。该《办法》于2005年1月1日起正式实施，对《广告经营许可证》的申请条件与程序进行了规范。

其一，《广告经营许可证》的核定用语。《办法》规定：

"在《广告经营许可证》中，广告经营范围按下列用语核定：

"（一）广播电台：设计、制作广播广告，利用自有广播电台发布国内外广告。

"（二）电视台：设计、制作电视广告，利用自有电视台发布国内外广告。

"（三）报社：设计、制作印刷品广告，利用自有《××报》发布国内外广告。

"（四）期刊杂志社：设计和制作印刷品广告，利用自有《××》杂志发布广告。

"（五）兼营广告经营的其他单位:利用自有媒介（场地）发布××广告,设计、制作××广告。"

其二,申请《广告经营许可证》的条件。《办法》要求:

"申请《广告经营许可证》应当具备以下条件:

"（一）具有直接发布广告的媒介或手段;

"（二）设有专门的广告经营机构;

"（三）有广告经营设备和经营场所;

"（四）有广告专业人员和熟悉广告法规的广告审查员。"

其三,申请《广告经营许可证》的程序。《办法》明确规定:"国家工商行政管理总局主管《广告经营许可证》的监督管理工作。各级广告监督管理机关,分级负责所辖区域内《广告经营许可证》发证、变更、注销及日常监督管理工作。""申请《广告经营许可证》,应按下列程序办理:由申请者向所在地有管辖权的县级以上广告监督管理机关呈报第九条规定的申请材料。广告监督管理机关自受理之日起二十日内,作出是否予以批准的决定。批准的,颁发《广告经营许可证》;不予批准的,书面说明理由。"

四、广告经营资质制度终结

如前所述,加入 WTO 之后,我国广告经营资质制度经历了一次大规模调整。但其后,广告经营资质管理呈现出更加明显的放松管制的倾向,先后废止了上述法规和部门规章,使 20 世纪 90 年代建立起来的广告经营资质制度走向了终结。

1. 废止的部门规章及其影响

2004 年 6 月 30 日,《广告经营者、广告发布者资质标准及广告经营范围核定用语规范》被废止。

2007 年 10 月 8 日,《临时性广告经营管理办法》被废止。这意味着,体育比赛、体育表演活动,文艺演出、文艺表演活动,影视片制作活动,展览会、博览会、交易会等活动,纪念庆典活动等涉及临时性广告经营的,亦无须经过批准。

2015 年 6 月 29 日,《外商投资广告企业管理规定》也被废止。这意味着,外商投资广告企业投资方无资格限制,而且外商投资广告企业、外商投资广告企业设立分支机构均无须进行行政审批。

2016 年 4 月 29 日,《广告管理条例施行细则》也被宣布废止,《细则》有关经营广告业务应当具备的条件和广告经营者登记程序的规定也随之失效,这显然有利于"放宽广告准入条件、促进广告业的发展"①。

2.保留的法律法规和部门规章及其问题

1987 年 12 月 1 日起正式实施的《广告管理条例》至今依然有效,其第六条规定:"经营广告业务的单位和个体工商户(以下简称广告经营者),应当按照本条例和有关法规的规定,向工商行政管理机关申请,分别情况办理审批登记手续:(一)专营广告业务的企业,发给《企业法人营业执照》;(二)兼营广告业务的事业单位,发给《广告经营许可证》;(三)具备经营广告业务能力的个体工商户,发给《营业执照》;(四)兼营广告业务的企业,应当办理经营范围变更登记。"

而 2015 年 9 月 1 日起正式实施的《广告法》取消了《广告法》(1995 年版)第二十六条"从事广告经营的,应当具有必要的专业技术人员、制作设备,并依法办理公司或者广告经营登记,方可从事广告活动"的规定,而仅要求"广播电台、电视台、报刊出版单位从事广告发布业务的,应当设有专门从事广告业务的机构,配备必要的人员,具有与发布广告相适应的场所、设备,并向县级以上地方工商行政管理部门办理广告发布登记"。

基于《广告法》(2015 年版)的要求,《广告经营许可证管理办法》于 2016 年 12 月 1 日失效,取而代之的《广告发布登记管理规定》同时生效。这意味着,除按要求进行工商登记之外,有关广告经营资质的行政许可项目,只保留了针对广播电台、电视台、报刊出版单位的广告发布登记一项。

第二节　广告发布登记

如前所述,广告发布者是指为广告主或者广告主委托的广告经营者发布广告的自然人、法人或者其他组织。按照我国相关法律法规的要求,广告发布者中,广播电台、电视台、报刊出版单位应该办理相关登记,获得广告发布主体资质。

《广告法》(1995 年版)第二十六条第二款规定:"广播电台、电视台、报刊出版单位的广告业务,应当由其专门从事广告业务的机构办理,并依法办理兼营广告的登记。"在此框架下,2005 年 1 月 1 日起施行的《广告经营许可证管理办法》第二条明确要求:

"从事广告业务的下列单位,应依照本办法的规定向广告监督管理机关申请,领取《广告经营许可证》后,方可从事相应的广告经营活动:

---

① 废止 10 规章 5 部针对广告　修改 4 规章全部涉及外企[EB/OL]. (2016-04-05)[2017-10-09]. http://news.ifeng.com/a/20160405/48354045_0.shtml.

"（一）广播电台、电视台、报刊出版单位；

"（二）事业单位；

"（三）法律、行政法规规定应进行广告经营审批登记的单位。"

但是，《广告法》（2015年版）第二十九条对上述条文进行了修订，要求："广播电台、电视台、报刊出版单位从事广告发布业务的，应当设有专门从事广告业务的机构，配备必要的人员，具有与发布广告相适应的场所、设备，并向县级以上地方工商行政管理部门办理广告发布登记。"与此相配套的《广告发布登记管理规定》于2016年12月1日起施行。这意味着，《广告发布登记管理规定》正式取代延续了10余年的《广告经营许可证管理办法》。

一、广告发布登记程序

1. 申请登记的主体及登记机关

《广告发布登记管理规定》第二条规定："广播电台、电视台、报刊出版单位（以下统称广告发布单位）从事广告发布业务的，应当向所在地县级以上地方工商行政管理部门申请办理广告发布登记。"可见，从事广告发布业务的"广播电台、电视台、报刊出版单位"，是广告发布登记的主体。

《广告发布登记管理规定》第三条明确了广告发布登记的管理机关，即"国家工商行政管理总局主管全国广告发布登记的监督管理工作。县级以上地方工商行政管理部门负责辖区内的广告发布登记和相关监督管理工作"。而"县级以上地方工商行政管理部门"是广告发布登记机关。

2. 办理登记的条件

《广告发布登记管理规定》第四条要求：

"办理广告发布登记，应当具备下列条件：

"（一）具有法人资格；不具有法人资格的报刊出版单位，由其具有法人资格的主办单位申请办理广告发布登记；

"（二）设有专门从事广告业务的机构；

"（三）配有广告从业人员和熟悉广告法律法规的广告审查人员；

"（四）具有与广告发布相适应的场所、设备。"

3. 办理登记所需提交的材料

《广告发布登记管理规定》第五条要求：

"申请办理广告发布登记,应当向工商行政管理部门提交下列材料:

"(一)《广告发布登记申请表》;

"(二)相关媒体批准文件:广播电台、电视台应当提交《广播电视播出机构许可证》和《广播电视频道许可证》,报纸出版单位应当提交《报纸出版许可证》,期刊出版单位应当提交《期刊出版许可证》;

"(三)法人资格证明文件;

"(四)广告业务机构证明文件及其负责人任命文件;

"(五)广告从业人员和广告审查人员证明文件;

"(六)场所使用证明。"

4.登记程序及登记的有效期限

《广告发布登记管理规定》第五条同时还规定:"工商行政管理部门应当自受理申请之日起五个工作日内,作出是否准予登记的决定。准予登记的,应当将准予登记决定向社会公布;不予登记的,书面说明理由。"

根据《广告发布登记管理规定》第七条:"广告发布登记的有效期限,应当与广告发布单位依照本规定第五条第一款第二项规定所提交的批准文件①的有效期限一致。"

5.相关要求

在规范广告发布登记程序的同时,《广告发布登记管理规定》还对广告发布单位的经营行为提出了一些相关要求。

首先,广告发布单位应当使用自有的广告媒体资源发布广告。第六条规定:"广告发布单位应当使用自有的广播频率、电视频道、报纸、期刊发布广告。"

其次,广告发布单位应当建立健全广告业务档案制度。第十一条要求:"广告发布单位应当建立、健全广告业务的承接登记、审核、档案管理、统计报表等制度。"

另外,广告发布单位应当按要求报送上一年度广告经营情况。第十二条明确规定:"广告发布单位应当按照广告业统计报表制度的要求,按时通过广告业统计系统填报《广告业统计报表》,向工商行政管理部门报送上一年度广告经营情况。"

---

① 即广播电台、电视台应当提交《广播电视播出机构许可证》和《广播电视频道许可证》,报纸出版单位应当提交《报纸出版许可证》,期刊出版单位应当提交《期刊出版许可证》。

二、广告发布登记的变更、注销以及延期

1.变更登记

《广告发布登记管理规定》第八条要求:"广告发布登记事项发生变化的,广告发布单位应当自该事项发生变化之日起三十日内向工商行政管理部门申请变更登记。

"申请变更广告发布登记应当提交《广告发布变更登记申请表》和与变更事项相关的证明文件。

"工商行政管理部门应当自受理变更申请之日起五个工作日内作出是否准予变更的决定。准予变更的,应当将准予变更决定向社会公布;不予变更的,书面说明理由。"

2.注销登记

《广告发布登记管理规定》第九条要求:

"有下列情形之一的,广告发布单位应当及时向工商行政管理部门申请注销登记:

"(一)广告发布登记有效期届满且广告发布单位未申请延续的;

"(二)广告发布单位法人资格依法终止的;

"(三)广告发布登记依法被撤销或者被吊销的;

"(四)广告发布单位由于情况发生变化不具备本规定第四条规定的条件的;

"(五)广告发布单位停止从事广告发布的;

"(六)依法应当注销广告发布登记的其他情形。"

3.延期

《广告发布登记管理规定》第十条规定:"广告发布登记有效期届满需要延续的,广告发布单位应当于有效期届满三十日前向工商行政管理部门提出延续申请。工商行政管理部门应当在广告发布登记有效期届满前作出是否准予延续的决定。准予延续的,应当将准予延续的决定向社会公布;不予延续的,书面说明理由;逾期未作决定的,视为准予延续。"

三、广告发布登记的监督管理

工商行政管理部门作为广告发布登记的主管机关,承担着广告发布登记的监督管理责任。除针对广告发布登记违法行为的处罚(详见补充资料 13.1)以外,《广告发布登记管理规定》还对工商行政管理部门的监督管理方法和流程提出了具体要求。

1. 抽查

《广告发布登记管理规定》第十三条明确要求：

"工商行政管理部门应当依照有关规定对辖区内的广告发布单位采取抽查等形式进行监督管理。抽查内容包括：

"（一）是否按照广告发布登记事项从事广告发布活动；

"（二）广告从业人员和广告审查人员情况；

"（三）广告业务承接登记、审核、档案管理、统计报表等基本管理制度的建立和执行情况；

"（四）是否按照规定报送《广告业统计报表》；

"（五）其他需要进行抽查的事项。"

2. 抄告

《广告发布登记管理规定》第十四条要求："工商行政管理部门依照广告法的规定吊销广告发布单位的广告发布登记的，应当自决定作出之日起10日内抄告为该广告发布单位进行广告发布登记的工商行政管理部门。"

3. 公示

《广告发布登记管理规定》第十六条要求："工商行政管理部门应当将准予广告发布登记、变更登记、注销登记等广告发布登记信息通过本部门门户网站或者政府公共服务平台向社会公布。无法通过上述途径公布的，应当通过报纸等大众传播媒介向社会公布。"

补充资料 13.1

广告发布登记违法处罚

编者根据《广告发布登记管理规定》的相关规定，将广告发布登记违法处罚方式列表如下：

表 13-6 广告发布登记违法处罚方式

执法主体	违法情节	处罚措施
工商行政管理部门	广告发布单位①未办理广告发布登记,擅自从事广告发布业务的	依照《广告法》第六十条的规定查处,即"责令改正,没收违法所得,违法所得一万元以上的,并处违法所得一倍以上三倍以下的罚款;违法所得不足一万元的,并处五千元以上三万元以下的罚款"
	以欺骗、贿赂等不正当手段取得广告发布登记的	依法予以撤销(广告发布登记),处一万元以上三万元以下罚款
	广告发布登记事项发生变化,未按规定办理变更登记的	责令限期变更;逾期仍未办理变更登记的,处一万元以上三万元以下罚款
	不按规定报送《广告业统计报表》的	予以警告,责令改正;拒不改正的,处一万元以下罚款

第三节 广告企业资质等级评(认)定

为了引导广告企业规范发展,促进广告业整体素质的提高,除了设定准入门槛之外,我国也着手建立了资质等级评(认)定制度。所谓资质等级评(认)定,就是"由具有一定权威的组织,依据一定的科学标准,遵循一定的工作程序,对广告企业的经营素质进行分类逐项考核评审,并作出不同的量化结论",就是"对广告企业业务综合能力的识别和鉴定的过程"。②

广告企业资质等级评(认)定制度,历经三个主要阶段,即 20 世纪 90 年代开始,我国政府开始着手建立广告企业资质等级制度,并由工商行政管理部门直接负责广告企业资质等级认定工作;2003 年开始,为了顺应 WTO 的要求,广告企业资质认定工作转由中国广告协会实施;2013 年之后,原有的广告企业资质认定被中国广告协会证明商标使用管理所取代。

一、广告企业资质等级评定

1997 年 12 月 30 日,国家工商行政管理局制定并发布《关于印发〈综合性广告企业资质等级标准〉(试行)和〈广告制作企业资质等级标准〉(试行)的通知》,要求由各省、自治区、直辖市及计划单列市工商行政管理局负责对广告企业资质等级进行评定,并将广

---

① 根据《广告发布登记管理规定》,广告发布单位特指广播电台、电视台、报刊出版单位。
② 罗志上. 广告企业资质量化及前瞻分析[J]. 中国工商管理研究,1998(7):40-41.

告企业分为综合性广告企业和广告制作企业两类,且设定了一级、二级、三级等级标准。

1. 综合性广告企业

《综合性广告企业资质等级标准(试行)》对综合性广告企业设定了 17 个评价指标,并以不同标准确定为 3 个等级(见表 13-6)。

表 13-6　综合性广告企业资质等级标准(1997 年)

一级企业	二级企业	三级企业
企业成立时间 3 年以上,成立以来资产得到增值,企业利润率高于行业平均水平	企业成立时间 3 年以上,企业成立以来资产得到增值,企业利润率高于行业平均水平	企业成立时间 2 年以上,企业成立以来资产得到增值,企业利润率高于行业平均水平
注册资本不低于 400 万元	注册资本不低于 200 万元	注册资本不低于 100 万元
广告专业设备净值 200 万元以上	广告专业设备净值 100 万元以上	广告专业设备净值 50 万元以上
广告年营业收入不低于 1200 万元	广告年营业收入不低于 800 万元	广告年营业收入不低于 400 万元
具有开展包括市场调查、广告创意、广告制作、媒体实施、广告效果测定、企业形象策划、市场营销策划等内容的整体广告策划服务能力和经营实绩	具有开展包括市场调查、广告创意、广告制作、媒体实施、广告效果测定、企业形象策划、市场营销策划等内容的整体广告策划服务能力和经营实绩	具有开展包括市场调查、广告创意、广告制作、媒体实施、广告效果测定等内容的广告策划服务能力和经营实绩
企业总经理等业务负责人具有 3 年以上广告经营管理经验和大专以上文化学历	企业总经理等业务负责人具有 3 年以上广告经营管理经验和大专以上文化学历	企业总经理等业务负责人具有 2 年以上广告经营管理经验和大专以上文化学历;
具有大专以上文化学历人员占员工总数 80% 以上	具有大专以上文化学历人员占员工总数 70% 以上	具有大专以上文化学历人员占员工总数 60% 以上
具有至少 5 个业务合作关系 2 年以上的固定客户	具有至少 3 个业务合作关系 2 年以上的固定客户	具有至少 2 个业务合作关系 2 年以上的固定客户
为 8 个以上品牌提供综合代理服务	为 5 个以上品牌提供综合代理服务	为 3 个以上品牌提供综合代理服务
为 3 个以上国内品牌提供过境外(包括港、澳、台地区)广告服务	为国内品牌提供过境外(包括港、澳、台地区)广告服务	/
企业提供综合性代理服务所得营业收入占总营业收入的 70% 以上,纯媒介代理服务营业收入和其他营业收入低于总营业收入的 30%	企业提供综合性代理服务所得营业收入占总营业收入的 70% 以上,纯媒介代理服务营业收入和其他营业收入低于总营业收入的 30%	企业提供综合性代理服务所得营业收入占总营业收入的 70% 以上,纯媒介代理服务营业收入和其他营业收入低于总营业收入的 30%

续　表

一级企业	二级企业	三级企业
企业至少在平面、广播、影视、户外广告媒体中的 3 种媒体为客户提供过广告设计、制作、代理发布服务	企业至少在平面、广播、影视、户外广告媒体中的 3 种媒体为客户提供广告设计、制作、代理发布服务	企业至少在平面、广播、影视、户外广告媒体中的 2 种媒体为客户提供广告设计、制作、代理发布服务
具有跨省开展促销、公关等广告经营活动的能力和实绩	具有跨省开展促销、公关等广告经营活动的能力和实绩	/
创作发布过在全国或国际性广告作品评比中获奖作品	创作发布过在全国或国际性广告作品评比中获奖作品	/
中外合资、合作广告企业至少应为 5 个以上国内企业(不包括各类外商投资企业)提供过境外(包括港、澳、台地区)广告服务	中外合资、合作广告企业至少应为 3 个以上国内企业(不包括各类外商投资企业)提供过境外(包括港、澳、台地区)广告服务	中外合资、合作广告企业为国内企业(不包括各类外商投资企业)提供过境外(包括港、澳、台地区)广告服务
广告经营资格连续 2 年以上检查合格		
具有为公益事业作出贡献的实绩		

2.广告制作企业

《广告制作企业资质等级标准(试行)》对广告制作企业设定了 12 个评价指标,以不同标准确定 3 个等级(见表 13-7)。

表 13-7　广告制作企业资质等级标准(1997 年)

一级企业	二级企业	三级企业
企业成立时间 3 年以上,企业成立以来资产得到增值,企业利润率高于行业平均水平	企业成立时间 3 年以上,企业成立以来资产得到增值,企业利润率高于行业平均水平	企业成立时间 2 年以上,企业成立以来资产得到增值,企业利润率高于行业平均水平
注册资本不低于 400 万元	注册资本不低于 200 万元	注册资本不低于 100 万元
广告设计、制作设备净值 500 万元以上	广告设计、制作设备净值 300 万元以上	广告设计、制作设备净值 200 万元以上
广告年营业收入 600 万元以上	广告年营业收入 400 万元以上	广告年营业收入 200 万元以上
具有与制作影视广告、广播广告、平面广告、户外广告相适应的专业技术人员、专业技术设备、专业工作场地,其中专业技术人员占员工总数比例 50%以上	具有与制作影视广告、广播广告、平面广告、户外广告相适应的专业技术人员、专业技术设备、专业工作场地,其中专业技术人员占员工总数比例 50%以上	具有与制作影视广告、广播广告、平面广告、户外广告相适应的专业技术人员、专业技术设备、专业工作场地,其中专业技术人员占员工总数比例 50%以上

一级企业	二级企业	三级企业
企业年制作广告作品 50 件以上	企业年制作广告作品 30 件以上	企业年制作广告作品 20 件以上
企业年制作国际品牌广告作品占总作品比例 10% 以上	企业年制作国际品牌广告作品占总作品比例 10% 以上	企业为国际品牌设计、制作过广告作品
企业总经理等业务负责人具有 3 年以上广告经营管理经验和大专以上文化学历	企业总经理等业务负责人具有 2 年以上广告制作经验和大专以上文化学历	企业总经理等业务负责人具有 2 年以上广告制作经验和大专以上文化学历
具有大专文化学历人员占员工总数比例 80% 以上	具有大专文化学历人员占员工总数 70% 以上	具有大专文化学历人员占员工总数比例 60% 以上
企业设计、制作过 8 件以上在全国或国际广告作品评比中获奖作品	企业设计、制作过 5 件以上在全国或国际广告作品评比中获奖作品	企业设计、制作过 3 件以上在全国或国际广告作品评比中获奖作品
广告经营资格连续 2 年检查合格		
具有为公益事业作出贡献的实绩		

　　政府主导的广告企业资质评定,本质上是一种政府监管,是广告"企业登记管理工作的完善和进一步深化",是"同一管理行为的连贯和延伸"。"企业登记管理主要解决广告公司的入市问题,资质量化考核,主要解决广告企业入世后的经营水平和服务能力。"①

二、广告企业资质等级认定

　　在我国加入 WTO 之后,为了与国际广告市场接轨,国家工商行政管理总局决定改革政府主导的广告企业等级评定制度,由中国广告协会负责广告企业资质等级认定。

　　2003 年,中国广告协会颁布《中国广告业企业资质认定暂行办法》,并组成由广告管理者、广告经营者、广告发布者、广告主、广告学者等参加的广告企业资质认定委员会,建立全国广告经营资质评价体系,并实施广告企业资质认定工作。

　　经过几年的试点,中国广告协会于 2007 年正式颁布《中国广告业企业资质认定办法》(以下简称《办法》),并配套出台了《中国广告业企业资质等级标准》(以下简称《标准》),后分别于 2008 年 5 月 27 日、2010 年 5 月 28 日修订,形成了较为完善的广告企业资质认定程序和认定标准。

---

　　①　罗志上. 广告企业资质量化及前瞻分析[J]. 中国工商管理研究,1998(7):40-41.

　　《办法》规定:"根据中国广告业发展的实际情况,引导企业向专业化、规模化方向发展,对申请资质等级的企业按实际经营内容与核心竞争力的情况分为三类。"同时,将中国广告业企业资质等级分为3级:中国一级广告企业、中国二级广告企业、中国三级广告企业。

1.综合服务类广告企业资质等级标准

　　所谓综合服务类广告企业,是"指以品牌服务为核心,为广告主提供广告传播全过程、全方位服务的企业。服务内容包括市场调查、品牌传播策略、创意策划、设计制作、公关活动、媒体策划与媒体广告资源购买、广告效果研究等"。对此,《标准》设置了10个评价指标,以不同标准来认定3个等级(见表13-8)。

表 13-8　综合服务类广告企业资质等级标准(2010 年)

中国一级广告企业	中国二级广告企业	中国三级广告企业
企业成立 3 年以上,采用现代企业制度,近 2 年来资产净值有所增加	企业成立 3 年以上,采用现代企业制度,近 2 年来资产净值有所增加	企业成立 2 年以上,采用现代企业制度,近 2 年来资产净值有所增加
注册资本 200 万元以上	注册资本 100 万元以上	注册资本 50 万元以上
广告专业设备净值 180 万元以上,有固定的经营场所	广告专业设备净值 80 万元以上,有固定的经营场所	广告专业设备净值 40 万元以上,有固定的经营场所
广告年营业收入连续 2 年均不低于 3000 万元(媒体代理、销售的营业收入除外),照章纳税	广告年营业收入连续 2 年均不低于 1000 万元(媒体代理、销售的营业收入除外),照章纳税	广告年营业收入连续 2 年均不低于 500 万元(媒体代理、销售的营业收入除外),照章纳税
企业主要经营者及业务部门负责人具有大专以上学历及相应的广告经营业绩。注重自主创新和企业品牌建设,培育企业核心竞争力,诚信经营	企业主要经营者及业务部门负责人,具有大专以上学历及相应的广告经营业绩。注重自主创新和企业品牌建设,诚信经营	企业主要经营者及业务部门负责人有大专以上学历及相应的广告经营业绩。注重企业品牌建设,诚信经营
有职工 40 人以上,其中 80% 以上的人员具有大专以上学历或专业技术资格证书。建立广告审查管理制度,有专职广告审查人员。企业每年都有一定的人才培训经费投入	有职工 20 人以上,其中 70% 以上的人员具有大专以上学历或专业技术资格证书。建立广告审查管理制度,有专职广告审查人员。企业每年都有一定的人才培训经费投入	有职工 15 人以上,其中 60% 以上的人员具有大专以上学历或专业技术资格证书。建立广告审查管理制度,有专职广告审查人员。企业每年都有一定的人才培训经费投入

续　表

一级企业	二级企业	三级企业
有成功服务 2 年以上的客户 3 个;在过去 2 年内曾为 8 个以上品牌提供策划创意、设计制作等服务;有 2 个品牌为成功案例,有效提升品牌知名度,广告效果明显	有成功服务 2 年以上的客户 2 个;在过去 2 年内曾为 5 个以上品牌提供策划创意、设计制作等服务;有 2 个品牌为成功案例,有效提升品牌知名度,广告效果明显	有成功服务 2 年以上的客户 1 个;在过去 2 年内曾为 3 个以上品牌提供策划创意、设计制作等服务;有 1 个品牌为成功案例,有效提升品牌知名度,广告效果明显
企业在平面、广播、影视、户外等广告媒体中为客户提供过广告策划、创意制作、代理发布等综合性服务	企业在平面、广播、影视、户外等广告媒体中为客户提供过广告策划、创意制作、代理发布等综合性服务	企业在平面、广播、影视、户外等广告媒体中为客户提供过广告策划、创意制作、代理发布等综合性服务
近 3 年制作发布过的广告作品,在正省级以上的活动评比中获得等级奖 6 件以上	近 3 年制作发布过的广告作品,在正省级以上评比中获得过等级奖	近 3 年制作发布过的广告作品,在正省级以上评比中获得过入围以上奖项
企业为广告行业、社会公益事业作出了贡献,在本行业有较高的影响力和公信力	企业为广告行业、社会公益事业作出了一定的贡献,在本行业有影响力和公信力	企业为广告行业、社会公益事业作出了一定的贡献,在本行业有一定的影响力和公信力

2.媒体服务类广告企业资质等级标准

所谓媒体服务类广告企业,是"指为媒体提供代理、销售、品牌运营以及为广告主提供媒体策划、媒体广告资源购买等专项服务的企业"。对此,《标准》设置了 8 个评价指标,以不同标准来认定 3 个等级(见表 13-9)。

表 13-9　媒体服务类广告企业资质等级标准(2010 年)

中国一级广告企业	中国二级广告企业	中国三级广告企业
企业成立 3 年以上,采用现代企业制度,近 2 年来资产净值有所增加	企业成立 3 年以上,采用现代企业制度,近 2 年来资产净值有所增加	企业成立 2 年以上,采用现代企业制度,近 2 年来资产净值有所增加
注册资本 200 万元以上	注册资本 100 万元以上	注册资本 50 万元以上
广告专业设备净值 180 万元以上,有固定的经营场所	广告专业设备净值 80 万元以上,有固定的经营场所	广告专业设备净值 40 万元以上,有固定的经营场所
广告年营业收入连续 2 年均不低于 6000 万元(指纯媒体服务的营业收入),照章纳税	广告年营业收入连续 2 年均不低于 1500 万元(指纯媒体服务的营业收入),照章纳税	广告年营业收入连续 2 年均不低于 800 万元(指纯媒体服务的营业收入),照章纳税

续　表

一级企业	二级企业	三级企业
企业主要经营者及业务部门负责人具有大专以上学历及相应的广告经营业绩。注重自主创新和企业品牌建设,培育企业核心竞争力,诚信经营	企业主要经营者及业务部门负责人具有大专以上学历及相应的广告经营业绩。注重自主创新和企业品牌建设,诚信经营	企业主要经营者及业务部门负责人具有大专以上学历及相应的广告经营业绩。注重企业品牌建设,诚信经营
有职工40人以上,其中80%以上的人员具有大专以上学历或专业技术资格证书。建立广告审查管理制度,有专职广告审查人员。企业每年都有一定的人才培训经费投入	有职工20人以上,其中70%以上的人员具有大专以上学历或专业技术资格证书。建立广告审查管理制度,有专职广告审查人员。企业每年都有一定的人才培训经费投入	有职工15人以上,其中60%以上的人员具有大专以上学历或者专业技术资格证书。建立广告审查管理制度,有专职广告审查人员。企业每年都有一定的人才培训经费投入
有成功服务2年以上的客户5个;在过去2年内曾为12个以上品牌提供媒体策划、媒体广告资源购买或代理发布服务;有2个品牌为成功案例,有效提升品牌知名度,广告效果明显	有成功服务2年以上的客户3个;在过去2年内曾为8个以上品牌提供媒体策划、媒体广告资源购买或代理发布服务;有2个品牌为成功案例,有效提升品牌知名度,广告效果明显	有成功服务2年以上的客户1个;在过去2年内曾为5个以上品牌提供媒体策划、媒体广告资源购买或代理发布服务;有1个品牌为成功案例,有效提升品牌知名度,广告效果明显
企业为广告行业、社会公益事业作出了较大贡献,在本行业有较高的影响力和公信力	企业为广告行业、社会公益事业作出了贡献,在本行业有影响力和公信力	企业为广告行业、社会公益事业作出了一定的贡献,在本行业有一定的影响力和公信力

3.设计制作类广告企业资质等级标准

设计制作类广告企业,是"指以广告设计、制作为主要业务内容的专项服务型企业。服务内容包括影视广告、平面广告、互动(网络)广告、霓虹灯广告等创意设计制作;企业与品牌形象识别系统设计等"。对此,《标准》设置了9个评价指标,以不同标准来认定3个等级(见表13-10)。

表 13-10　设计制作类广告企业资质等级标准(2010年)

中国一级广告企业	中国二级广告企业	中国三级广告企业
企业成立3年以上,采用现代企业制度,近2年来资产净值有所增加	企业成立3年以上,采用现代企业制度,近2年来资产净值有所增加	企业成立2年以上,采用现代企业制度,近2年来资产净值有所增加
注册资本200万元以上	注册资本100万元以上	注册资本50万元以上
广告专业设备净值180万元以上,有固定的经营场所	广告专业设备净值80万元以上,有固定的经营场所	广告专业设备净值40万元以上,有固定的经营场所

一级企业	二级企业	三级企业
广告年营业收入连续 2 年均不低于 2500 万元（指广告创意与设计制作的营业收入），照章纳税	广告年营业收入连续 2 年均不低于 700 万元（指广告创意与设计制作的营业收入），照章纳税	广告年营业收入连续 2 年均不低于 300 万元（指广告创意与设计制作的营业收入），照章纳税
企业主要经营者及业务部门负责人具有大专以上学历及相应的广告经营业绩。注重自主创新和企业品牌建设，培育企业核心竞争力，诚信经营	企业主要经营者及业务部门负责人具有大专以上学历及相应的广告经营业绩。注重自主创新和企业品牌建设，诚信经营	企业主要经营者及业务部门负责人具有大专以上学历及相应的广告经营业绩。诚信经营
有职工 20 人以上，其中 80% 以上的人员具有大专以上学历或专业技术资格证书。建立广告审查管理制度，有专职广告审查人员。企业每年都有一定的人才培训经费投入	有职工 10 人以上，其中 70% 以上的人员具有大专以上学历或专业技术资格证书。建立广告审查管理制度，有专职广告审查人员。企业每年都有一定的人才培训经费投入	有职工 8 人以上，其中 60% 以上的人员具有大专以上学历或者专业技术资格证书。建立广告审查管理制度，有专职广告审查人员。企业每年都有一定的人才培训经费投入
有成功服务 2 年以上的客户 3 个；在过去 2 年内曾为 8 个以上品牌，提供广告创意设计与制作服务；有 2 个品牌为成功案例，有效提升品牌知名度，广告效果明显	有成功服务 2 年以上的客户 2 个；在过去 2 年内曾为 5 个以上品牌提供广告创意设计与制作服务；有 2 个品牌为成功案例，有效提升品牌知名度，广告效果明显	有成功服务 2 年以上的客户 1 个；在过去 2 年内曾为 3 个以上品牌提供广告创意设计与制作服务；有 1 个品牌为成功案例，有效提升品牌知名度，广告效果明显
近 3 年制作发布过的广告作品，在正省级以上评比中获等级奖 8 件以上	近 3 年制作发布过的广告作品，在正省级以上评比中获得等级奖 4 件以上	近 3 年制作发布过的广告作品，在正省级以上评比中获得过等级奖
企业为广告行业、社会公益事业作出了一定的贡献，在本行业有较高的影响力和公信力	企业为广告行业、社会公益事业作出了一定的贡献，在本行业有影响力和公信力	企业为广告行业、社会公益事业作出了一定的贡献，在本行业有一定的影响力和公信力

三、中国广告协会"CNAAⅠ""CNAAⅡ""CNAAⅢ"证明商标使用

经过向业界和政府有关部门规范调研，并结合国内外证明商标管理和使用经验，中国广告协会依据《中华人民共和国商标法》向国家工商行政管理局申请了"一级广告企业""二级广告企业""三级广告企业"证明商标，并于 2012 年 7 月正式获得核准注册。

在此基础上，2013 年 5 月 13 日，中国广告协会发布《关于印发中国广告协会证明商标使用管理相关规定的通知》，并配套出台《中国广告协会"CNAAⅠ"（"CNAAⅡ""CNAAⅢ"）证明商标使用管理工作规则》（以下简称《规则》）、《中国广告协会"CNAAⅠ"（"CNAAⅡ""CNAAⅢ"）证明商标使用管理工作规程》（以下简称《工作规程》）、《中

国广告协会"CNAAⅠ"("CNAAⅡ""CNAAⅢ")证明商标使用条件细则》(以下简称《细则》)。

也就是说,从2013年起,原有的广告企业资质认定工作正式停止,取而代之的是中国广告协会"CNAAⅠ"("CNAAⅡ""CNAAⅢ")证明商标使用管理。广告企业根据自身发展需求自愿提交申请,自愿接受审查,自愿签订证明商标使用许可,并自愿决定是否支付证明商标使用许可服务费。

此后,《规则》《工作规程》和《细则》经过了几次修订。在此,编者以现行有效的《规则》(2015年版)、《工作规程》(2017年版)和《细则》(2017年版),梳理中国广告协会证明商标使用管理制度的主要内容。

1.证明商标使用规则

其一,证明商标的功能。《规则》指出,"CNAAⅠ""CNAAⅡ""CNAAⅢ"是"经过国家工商行政管理总局商标局注册的证明商标,用于证明广告企业的专业服务能力和特定品质"。证明商标的"标识由图案和中英文字组合而成",图案为"CNAAⅠ""CNAAⅡ""CNAAⅢ",分别表明"一级广告企业"(Advertising Agency-Level 1)、"二级广告企业"(Advertising Agency-Level 2)、"三级广告企业"(Advertising Agency-Level 3)的特定品质(见图13-1)。

图13-1　证明商标标识

其二,证明商标的权属。《规则》强调,中国广告协会是"CNAAI"("CNAAⅡ""CNAAⅢ")证明商标的注册人,对该商标享有专用权。申请使用"CNAAI"("CNAAⅡ""CNAAⅢ")证明商标的,应当按照本规则的规定,经中国广告协会审核批准。

其三,证明商标被许可使用者的权利和义务。根据规定,证明商标被许可使用者的权利包括:①在企业相关宣传途径中使用该商标,进行企业的品牌宣传;②优先参加中国广告协会主办或协办的国内外培训交流、行业赛事等活动;③使用该商标受到侵权时,可向中国广告协会申诉,要求其对企业的正当权益给予必要的法律支持;④对证明商标管理费的使用进行监督。证明商标被许可使用者的义务则包括:①维护证明商标所指企业的专业服务能力,维护市场声誉,按照标准为客户提供专业、优质的服务;②接受中国广告协会、社会公众与相关部门对企业服务质量和商标使用的监督;③应有专人负责该证明商标标识的管理、使用工作,确保证明商标标识不失控、不挪用、不流失,不得向他人转让、出售、馈赠证明商标标识,不得许可他人使用证明商标。

2.证明商标使用管理工作规程

其一,证明商标使用审查工作机构(见图13-2)。

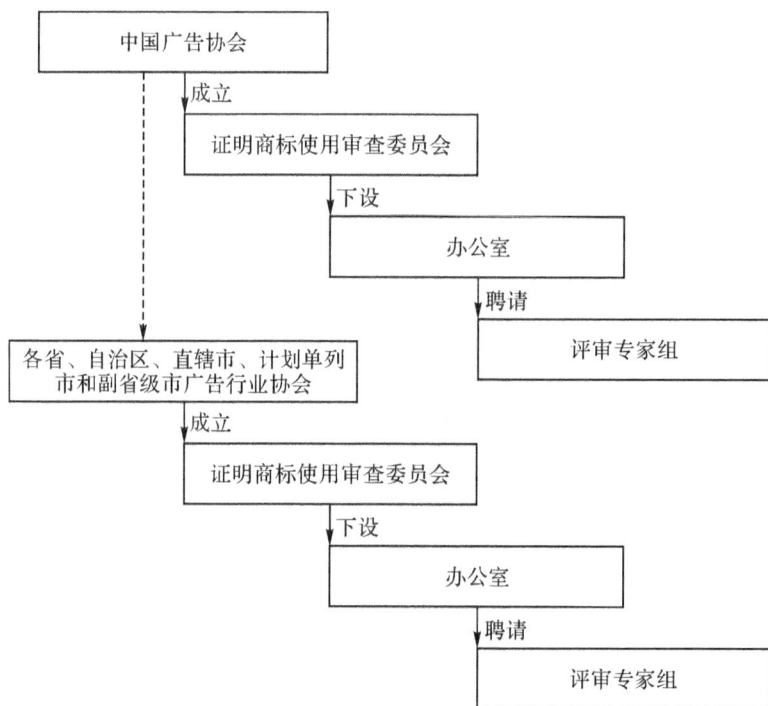

图13-2 证明商标使用审查工作机构

根据《工作规程》的规定,中国广告协会成立证明商标使用审查委员会,其职责是审查确定申请使用"CNAAⅠ""CNAAⅡ""CNAAⅢ"证明商标的企业,其成员包括政府监管部门、行业协会、广告主、媒体、广告企业、高等院校等相关人员。

审查委员会下设办公室,负责处理证明商标使用管理的日常事务。根据工作需要,办公室可聘请业内人员组成评审专家组。其职责是对申请使用"CNAAⅠ"证明商标的企业进行评审并提出书面意见与建议,研究申请使用证明商标中的有关问题。评审专家组成员包括广告企业负责人和高等院校的专家教授。

审查委员会及评审专家组成员,原则上3年调整一次。审查委员会主任由中国广告协会分管证明商标使用管理工作的领导担任,主持召开专家组和审查委员会的会议。

各省、自治区、直辖市、计划单列市和副省级市行业协会参照以上条款,成立证明商标使用审查工作机构。

其二,证明商标使用申请及评审。按《规则》和《工作规程》的规定,"CNAAⅠ"的申请及评审,与"CNAAⅡ""CNAAⅢ"不同,因此编者其分别陈述。

①"CNAAⅠ"申请及评审。

申请使用"CNAAⅠ"证明商标的企业材料,由各省、自治区、直辖市、计划单列市和副省级市行业协会初审后,下载已审核企业名单列表,加盖协会公章,上传备档。截止时间为每年 6 月 30 日。

办公室对申请材料进行初审,组织召开专家组评审会议,根据《规则》和《细则》的规定和量化评分细则,对企业情况进行综合评审。

办公室根据初审情况和专家组评分意见与建议,形成完整的审查报告,组织召开证明商标使用审查委员会会议,对申请使用证明商标的企业情况进行终审。审查委员会会议必须有半数以上专家参加方为有效。在经过充分讨论后,即可付诸表决,二分之一以上委员同意为通过。对有争议的个案,有一位委员提出,2 位委员附议,可付诸表决,三分之二以上的委员同意方可通过。

②"CNAAⅡ""CNAAⅢ"申请及评审。

申请使用"CNAAⅡ""CNAAⅢ"证明商标的企业材料,由各省、自治区、直辖市、计划单列市和副省级市行业协会评审后,下载已审核企业名单列表,加盖协会公章,上传备档。截止时间为每年 8 月 31 日。

申请使用"CNAAⅡ""CNAAⅢ"证明商标的企业,由中国广告协会委托企业所在的省、自治区、直辖市、计划单列市和副省级市行业协会对其申请材料进行审查,提出意见后报中国广告协会。办公室核查后提交审查委员会会议核准。

在国家工商行政管理总局注册的广告企业或所在省、自治区、直辖市、计划单列市和副省级市行业协会尚未组织开展"CNAAⅠ""CNAAⅡ""CNAAⅢ"证明商标使用管理工作的广告企业,可直接向中国广告协会提出申请。

其三,证明商标使用手续。

根据《规则》的要求,符合证明商标"CNAAⅠ"("CNAAⅡ""CNAAⅢ")使用条件的,应当办理相关手续:

①双方签订《中国广告协会"CNAAⅠ"("CNAAⅡ""CNAAⅢ")证明商标使用许可合同》;

②申请领取《中国广告协会"CNAAⅠ"("CNAAⅡ""CNAAⅢ")证明商标准用证》;

③申请领取"CNAAⅠ"("CNAAⅡ""CNAAⅢ")证明商标标识;

④申请人交纳管理费。

3.证明商标使用条件

申请使用证明商标的广告企业,应当是"在中国境内注册、取得独立法人资格和营业执照,从事设计、制作、发布、代理国内外各类广告业务的企业"。此外,《细则》将申请使用证明商标的广告企业按实际经营内容与核心竞争力的情况分为 4 类(综合服务类、媒体服务类、设计制作类①、数字营销类),并设置了一级、二级、三级广告企业标准。

其一,综合服务类广告企业。综合服务类广告企业,是指以品牌服务为核心,为广告主提供广告传播全过程、全方位服务的企业。服务内容包括市场调查、品牌传播策划、创意设计制作、公关活动、媒体策划与媒体广告资源购买、广告效果评估等。企业核心竞争力体现为提供整合营销策划与全方位广告传播服务的能力和质量。对此,《细则》设置了 10 个评价标准,按 3 个等级来设定相应条件(见表 13-11)。

表 13-11　综合服务类广告企业使用证明商标的条件②

CNAA Ⅰ (一级广告企业) 证明商标使用条件	CNAA Ⅱ (二级广告企业) 证明商标使用条件	CNAA Ⅲ (三级广告企业) 证明商标使用条件
企业成立 3 年以上,采用现代企业制度,管理规范、制度健全;近 2 年来资产净值有所增加	企业成立 3 年以上,采用现代企业制度,管理规范、制度健全;近 2 年来资产净值有所增加	企业成立 2 年以上,采用现代企业制度,管理规范、制度健全;近 2 年来资产净值有所增加
注册资本 500 万元以上	注册资本 100 万元以上	注册资本 50 万元以上
广告专业设备净值 180 万元以上,有固定的经营场所	广告专业设备净值 80 万元以上,有固定的经营场所	广告专业设备净值 40 万元以上,有固定的经营场所
广告年营业收入连续 2 年均不低于 3300 万元(自有媒体及代理媒体广告资源销售的营业收入除外),照章纳税	广告年营业收入连续 2 年均不低于 1000 万元(自有媒体及代理媒体广告资源销售的营业收入除外),照章纳税	广告年营业收入连续 2 年均不低于 500 万元(自有媒体及代理媒体广告资源销售的营业收入除外),照章纳税
企业主要经营者及业务部门负责人具有大专以上学历及相应的广告经营业绩。注重自主创新和企业品牌建设,培育企业核心竞争力,无不诚信记录	企业主要经营者及业务部门负责人具有大专以上学历及相应的广告经营业绩。注重自主创新和企业品牌建设,无不诚信记录	企业主要经营者及业务部门负责人有大专以上学历及相应的广告经营业绩。注重企业品牌建设,无不诚信记录
有职工 40 人以上,其中 80% 以上的人员具有大专以上学历或具有国家认可的专业技术人员职业资格。建立广告审查管理制度,有至少 2 名专职广告审查人员。企业职工的培训经费投入每年人均不低于 2000 元	有职工 20 人以上,其中 70% 以上的人员具有大专以上学历或具有国家认可的专业技术人员职业资格。建立广告审查管理制度,有至少 1 名专职广告审查人员。企业职工的培训经费投入每年人均不低于 1000 元	有职工 15 人以上,其中 60% 以上的人员具有大专以上学历或具有国家认可的专业技术人员职业资格。建立广告审查管理制度,有至少 1 名专职广告审查人员。企业职工的培训经费投入每年人均不低于 500 元

① 其中,设计制作类又分为两小类,即设计制作类广告企业和设计创作类标识企业。
② 在本表的 10 个评价指标中,前 1—4 条标准为企业申请使用证明商标的准入条件。

续　表

CNAAⅠ（一级广告企业）证明商标使用条件	CNAAⅡ（二级广告企业）证明商标使用条件	CNAAⅢ（三级广告企业）证明商标使用条件
成功服务 2 年以上的客户不少于 3 个；在过去 2 年内为不少于 8 个品牌提供整合营销策划、创意设计制作等综合服务；通过专业服务，有效提升品牌知名度，广告效果明显，获得客户肯定	成功服务 2 年以上的客户不少于 2 个；在过去 2 年内为不少于 5 个品牌提供整合营销策划、创意设计制作等综合服务；通过专业服务，有效提升品牌知名度，广告效果明显，获得客户肯定	成功服务 2 年以上的客户不少于 1 个；在过去 2 年内为不少于 3 个品牌提供整合营销策划、创意设计制作等综合服务；通过专业服务，有效提升品牌知名度，广告效果明显，获得客户肯定
企业在平面、广播、影视、户外等广告媒体中为客户提供过广告策划、创意制作、代理发布等综合性服务	企业在平面、广播、影视、户外等广告媒体中为客户提供过广告策划、创意制作、代理发布等综合性服务	企业在平面、广播、影视、户外等广告媒体中为客户提供过广告策划、创意制作、代理发布等综合性服务
近 3 年制作发布过的广告作品或营销案例，在副省级市以上的政府部门或行业协会等组织的广告赛事活动中获得等级奖 6 件以上	近 3 年制作发布过的广告作品或营销案例，在副省级市以上的政府部门或行业协会等组织的广告赛事活动中获得等级奖 3 件以上	近 3 年制作发布过的广告作品或营销案例，在副省级市以上的政府部门或行业协会等组织的广告赛事活动中获得等级奖 1 件以上
企业关注行业发展、热心社会公益，并为此作出突出贡献，在本行业有较高的影响力和公信力。近 3 年创意、制作或发布公益广告不少于 4 件	企业关注行业发展、热心社会公益，并为此作出重要贡献，在本行业有影响力和公信力。近 3 年创意、制作或发布公益广告不少于 3 件	企业关注行业发展、热心社会公益，并为此作出一定贡献，在本行业有一定的影响力和公信力。近 3 年创意、制作或发布公益广告不少于 1 件

其二，媒体服务类广告企业。媒体服务类广告企业，是指为媒体提供广告资源销售（包括自有媒体或代理媒体广告资源），以及为广告主提供媒体策划、媒体广告资源购买等专项服务型广告企业。企业核心竞争力体现为：为媒体提供代理、销售、品牌运营以及为广告主提供媒体策划、媒体广告资源购买等专项服务的专业化水平，以及其规模化、网络化、跨地域性的媒体资源与经营能力。对此，《细则》设置了 8 个评价标准，按 3 个等级来设定相应条件（见表 13-12）。

表 13-12　媒体服务类广告企业使用证明商标的条件①

CNAAⅠ（一级广告企业）证明商标使用条件	CNAAⅡ（二级广告企业）证明商标使用条件	CNAAⅢ（三级广告企业）证明商标使用条件
企业成立 3 年以上，采用现代企业制度，管理规范、制度健全；近 2 年来资产净值有所增加	企业成立 3 年以上，采用现代企业制度，管理规范、制度健全；近 2 年来资产净值有所增加	企业成立 2 年以上，采用现代企业制度，管理规范、制度健全；近 2 年来资产净值有所增加
注册资本 500 万元以上	注册资本 100 万元以上	注册资本 50 万元以上

---

① 在本表的 8 个评价指标中，前 1—4 条标准为企业申请使用证明商标的准入条件。

CNAA I（一级广告企业）证明商标使用条件	CNAA II（二级广告企业）证明商标使用条件	CNAA III（三级广告企业）证明商标使用条件
广告专业设备净值180万元以上，有固定的经营场所	广告专业设备净值80万元以上，有固定的经营场所	广告专业设备净值40万元以上，有固定的经营场所
广告年营业收入连续2年均不低于7000万元（指纯媒体服务的营业收入），照章纳税	广告年营业收入连续2年均不低于1800万元（指纯媒体服务的营业收入），照章纳税	广告年营业收入连续2年均不低于800万元（指纯媒体服务的营业收入），照章纳税
企业主要经营者及业务部门负责人具有大专以上学历及相应的广告经营业绩。注重自主创新和企业品牌建设，培育企业核心竞争力，无不诚信记录	企业主要经营者及业务部门负责人具有大专以上学历及相应的广告经营业绩。注重自主创新和企业品牌建设，无不诚信记录	企业主要经营者及业务部门负责人具有大专以上学历及相应的广告经营业绩。注重企业品牌建设，无不诚信记录
有职工40人以上，其中80%以上的人员具有大专以上学历或具有国家认可的专业技术人员职业资格。建立广告审查管理制度，有至少2名专职广告审查人员。企业职工的培训经费投入每年人均不低于2000元	有职工20人以上，其中70%以上的人员具有大专以上学历或具有国家认可的专业技术人员职业资格。建立广告审查管理制度，有至少1名专职广告审查人员。企业职工的培训经费投入每年人均不低于1000元	有职工15人以上，其中60%以上的人员具有大专以上学历或具有国家认可的专业技术人员职业资格。建立广告审查管理制度，有至少1名专职广告审查人员。企业职工的培训经费投入每年人均不低于500元
成功服务2年以上的客户不少于5个；在过去2年内为不少于12个品牌提供媒体策划、媒体广告资源购买或代理发布服务；通过专业服务，有效提升品牌知名度，广告效果明显，获得客户肯定	成功服务2年以上的客户不少于3个；在过去2年内为不少于8个品牌提供媒体策划、媒体广告资源购买或代理发布服务；通过专业服务，有效提升品牌知名度，广告效果明显，获得客户肯定	成功服务2年以上的客户不少于1个；在过去2年内为不少于5个品牌提供媒体策划、媒体广告资源购买或代理发布服务；通过专业服务，有效提升品牌知名度，广告效果明显，获得客户肯定
企业关注行业发展、热心社会公益，并为此作出突出贡献，在本行业有较高的影响力和公信力。近3年创意、制作或发布公益广告不少于8件	企业关注行业发展、热心社会公益，并为此作出重要贡献，在本行业有影响力和公信力。近3年创意、制作或发布公益广告不少于5件	企业关注行业发展、热心社会公益，并为此作出一定贡献，在本行业有一定的影响力和公信力。近3年创意、制作或发布公益广告不少于2件

其三，设计制作类广告企业和标识企业。设计制作类广告企业，是指以广告设计、制作为主要业务内容的专项服务型广告企业。根据服务内容的不同，《细则》将此类企业分为两小类，一是设计制作类广告企业，二是设计制作类标识企业。

其服务内容包括影视广告、平面广告、互动（网络）广告、售点广告的创意设计、制作，企业与品牌形象识别系统设计、包装设计等。企业核心竞争力体现为专业化的设计、制作水平。对此，《细则》设置了9个评价标准，按3个等级来设定相应条件（见表13-13）。

表 13-13　设计制作类广告企业使用证明商标的条件①

CNAAⅠ(一级广告企业)证明商标使用条件	CNAAⅡ(二级广告企业)证明商标使用条件	CNAAⅢ(三级广告企业)证明商标使用条件
企业成立 3 年以上,采用现代企业制度,管理规范、制度健全;近 2 年来资产净值有所增加	企业成立 3 年以上,采用现代企业制度,管理规范、制度健全;近 2 年来资产净值有所增加	企业成立 2 年以上,采用现代企业制度,管理规范、制度健全;近 2 年来资产净值有所增加
注册资本 500 万元以上	注册资本 100 万元以上	注册资本 50 万元以上
广告专业设备净值 180 万元以上,有固定的经营场所	广告专业设备净值 80 万元以上,有固定的经营场所	广告专业设备净值 40 万元以上,有固定的经营场所
广告年营业收入连续 2 年均不低于 2600 万元(指广告创意与设计制作的营业收入),照章纳税	广告年营业收入连续 2 年均不低于 700 万元(指广告创意与设计制作的营业收入),照章纳税	广告年营业收入连续 2 年均不低于 300 万元(指广告创意与设计制作的营业收入),照章纳税
企业主要经营者及业务部门负责人具有大专以上学历及相应的广告经营业绩。注重自主创新和企业品牌建设,培育企业核心竞争力,无不诚信记录	企业主要经营者及业务部门负责人具有大专以上学历及相应的广告经营业绩。注重自主创新和企业品牌建设,无不诚信记录	企业主要经营者及业务部门负责人具有大专以上学历及相应的广告经营业绩。无不诚信记录
有职工 20 人以上,其中 80% 以上的人员具有大专以上学历或具有国家认可的专业技术人员职业资格。建立广告审查管理制度,有至少 2 名专职广告审查人员。企业职工的培训经费投入每年人均不低于 2000 元	有职工 10 人以上,其中 70% 以上的人员具有大专以上学历或具有国家认可的专业技术人员职业资格。建立广告审查管理制度,有至少 1 名专职广告审查人员。企业职工的培训经费投入每年人均不低于 1000 元	有职工 8 人以上,其中 60% 以上的人员具有大专以上学历或具有国家认可的专业技术人员职业资格。建立广告审查管理制度,有至少 1 名专职广告审查人员。企业职工的培训经费投入每年人均不低于 500 元
成功服务 2 年以上的客户不少于 3 个;在过去 2 年内为不少于 8 个品牌提供广告创意设计与制作服务;通过专业服务,有效提升品牌知名度,广告效果明显,获得客户肯定	成功服务 2 年以上的客户不少于 2 个;在过去 2 年内为不少于 5 个品牌提供广告创意设计与制作服务;通过专业服务,有效提升品牌知名度,广告效果明显,获得客户肯定	成功服务 2 年以上的客户不少于 1 个;在过去 2 年内为不少于 3 个品牌提供广告创意设计与制作服务;通过专业服务,有效提升品牌知名度,广告效果明显,获得客户肯定
近 3 年制作发布过的广告作品,在副省级市以上的政府部门或行业协会等组织的广告赛事活动中获得等级奖 8 件以上	近 3 年制作发布过的广告作品,在副省级市以上的政府部门或行业协会等组织的广告赛事活动中获得等级奖 4 件以上	近 3 年制作发布过的广告作品,在副省级市以上的政府部门或行业协会等组织的广告赛事活动中获得等级奖 1 件以上

---

① 在本表的 9 个评价指标中,前 1—4 条标准为企业申请使用证明商标的准入条件。

CNAAⅠ(一级广告企业) 证明商标使用条件	CNAAⅡ(二级广告企业) 证明商标使用条件	CNAAⅢ(三级广告企业) 证明商标使用条件
企业关注行业发展、热心社会公益,并为此作出突出贡献,在本行业有较高的影响力和公信力。近3年创意、制作或发布公益广告不少于4件	企业关注行业发展、热心社会公益,并为此作出重要贡献,在本行业有影响力和公信力。近3年创意、制作或发布公益广告不少于2件	企业关注行业发展、热心社会公益,并为此作出一定贡献,在本行业有一定的影响力和公信力。近3年创意、制作或发布公益广告不少于1件

　　而设计制作类标识企业是指以室内外广告牌(灯箱)、商业招牌、导视牌、品牌形象货架、展示道具、城市家具、空间陈列、环境艺术、视觉图形等所有非平面(印刷或影视)视觉的有形产品(作品)的设计、制作和相关技术的应用,通过视觉途径达到传递商业、非商业信息或提升环境形象的目的的企业。企业核心竞争力体现为专业化的设计或制作水平。对此,《细则》设置了9个评价标准,按三个等级来设定相应条件。(见表13-14)

13-14　设计制作类标识企业使用证明商标的条件①

CNAAⅠ(一级广告企业) 证明商标使用条件	CNAAⅡ(二级广告企业) 证明商标使用条件	CNAAⅢ(三级广告企业) 证明商标使用条件
企业成立5年以上,采用现代企业制度,管理规范、制度健全;企业通过ISO9001质量管理体系认证;近2年来资产净值有所增加	企业成立3年以上,采用现代企业制度,管理规范、制度健全;近2年资产净值有所增加	企业成立2年以上,采用现代企业制度,管理规范、制度健全;近2年来资产净值有所增加
注册资本1000万元以上	注册资本300万元以上	注册资本50万元以上
企业固定资产净值200万元以上,有固定的经营场所	企业固定资产净值80万元以上,有固定的经营场所	企业固定资产净值40万元以上,有固定的经营场所
广告年营业收入(纳税收入)连续2年均不低于2500万元,照章纳税	广告年营业收入(纳税收入)连续2年均不低于800万元,照章纳税	广告年营业收入(纳税收入)连续2年均不低于300万元,照章纳税
企业主要经营者及业务部门负责人具有大专以上学历或5年以上的广告标识行业经营管理经验。注重自主创新和企业品牌建设,培育企业核心竞争力,无不诚信记录	企业主要经营者及业务部门负责人具有大专以上学历或3年以上的广告标识行业经营管理经验。注重自主创新、企业品牌建设;注重培育企业核心竞争力;企业无不诚信记录	企业主要经营者及业务部门负责人具有大专以上学历或3年以上的广告标识行业经营管理经验。注重自主创新、企业品牌建设;注重培育企业核心竞争力;企业无不诚信记录

---

①　前1—4条标准为企业申请使用证明商标的准入条件。

续 表

CNAA Ⅰ(一级广告企业)证明商标使用条件	CNAA Ⅱ(二级广告企业)证明商标使用条件	CNAA Ⅲ(三级广告企业)证明商标使用条件
有职工30人以上,其中80%以上的人员具有大专以上学历。企业中、高级职称人员数量3人(含)以上(仅指设计师与工程师)。国家认可的专业技术职业资格人员10人(含)以上。企业职工的培训经费投入每年人均不低2000元	有职工10人以上,其中70%以上的人员具有大专以上学历。企业中、高级职称人员数量1人(含)以上(仅指设计师与工程师)。国家认可的专业技术职业资格人员3人(含)以上。企业职工的培训经费投入每年人均不低于1000元	有职工8人以上,其中60%以上的人员具有大专以上学历。国家认可的专业技术职业资格人员1人(含)以上。企业职工的培训经费投入每年人均不低于500元
在过去2年内成功服务知名客户(品牌)不少于3个。为同一客户(品牌)完成不少3个项目的标识设计或制作服务。完成的单项合同金额不少于300万的项目不少于3个	在过去2年内成功服务知名客户(品牌)不少于2个。完成的单项合同金额不少于100万的项目不少于2个	在过去2年内成功服务知名客户(品牌)不少于1个。完成的单项合同金额不少于20万的项目不少于2个
近3年内,在省级及省级以上的政府部门或行业协会等组织的相关评选活动中获得等级奖或获得国家专利3件(含)以上	近3年内,在省级及省级以上的政府部门或行业协会等组织的相关评选活动中获得等级奖或获得国家专利1件(含)以上	/
企业关注行业发展、积极参加各级行业组织、热心社会公益,并为此作出突出贡献,在本行业有较高的影响力和公信力。企业积极支持并捐助各类公益事业,获得过相关荣誉	企业关注行业发展、积极参加各级行业组织、热心社会公益,并为此作出突出贡献。企业积极支持并捐助各类公益事业,获得过相关荣誉	企业关注行业发展、积极参加各级行业组织、热心社会公益,并积极支持并捐助各类公益事业

其四,数字营销类广告企业。数字营销类广告企业,是指基于以互联网为代表的数字交互式媒体进行品牌营销传播活动的专项服务型广告企业,通过数字化多媒体渠道实现营销传播的精准化、可量化和数据化。企业核心竞争力体现为利用数字媒体的特性进行品牌传播活动的专业策划能力与执行水平。对此,《细则》设置了9个评价标准,按3个等级来设定相应条件(见表13-15)。

表 13-15　数字营销类广告企业使用证明商标的条件①

CNAA I（一级广告企业）证明商标使用条件	CNAA II（二级广告企业）证明商标使用条件	CNAA III（三级广告企业）证明商标使用条件
企业成立 3 年以上,采用现代企业制度,管理规范、制度健全;近 2 年来资产净值有所增加	企业成立 3 年以上,采用现代企业制度,管理规范、制度健全;近 2 年来资产净值有所增加	企业成立 2 年以上,采用现代企业制度,管理规范、制度健全;近 2 年来资产净值有所增加
注册资本 500 万元以上	注册资本 100 万元以上	注册资本 50 万元以上
广告专业设备净值 180 万元以上,有固定的经营场所	广告专业设备净值 80 万元以上,有固定的经营场所	广告专业设备净值 40 万元以上,有固定的经营场所
广告年营业收入连续 2 年均不低于 2500 万元（网络等数字媒体的代理、销售营业收入除外）,照章纳税	广告年营业收入连续 2 年均不低于 700 万元（网络等数字媒体的代理、销售营业收入除外）,照章纳税	广告年营业收入连续 2 年均不低于 300 万元（网络等数字媒体的代理、销售营业收入除外）,照章纳税
企业主要经营者及业务部门负责人具有大专以上学历及相应的广告经营业绩。注重自主创新、技术研发和企业品牌建设,培育企业核心竞争力,无不诚信记录	企业主要经营者及业务部门负责人具有大专以上学历及相应的广告经营业绩。注重自主创新和技术研发,无不诚信记录	企业主要经营者及业务部门负责人具有大专以上学历及相应的广告经营业绩。注重自主创新和技术研发,无不诚信记录
有职工 20 人以上,其中 80% 以上的人员具有大专以上学历或具有国家认可的专业技术人员职业资格。建立广告审查管理制度,有至少 2 名专职广告审查人员。企业职工的培训经费投入每年人均不低于 2000 元	有职工 10 人以上,其中 70% 以上的人员具有大专以上学历或具有国家认可的专业技术人员职业资格。建立广告审查管理制度,有至少 1 名专职广告审查人员。企业职工的培训经费投入每年人均不低于 1000 元	有职工 8 人以上,其中 60% 以上的人员具有大专以上学历或具有国家认可的专业技术人员职业资格。建立广告审查管理制度,有至少 1 名专职广告审查人员。企业职工的培训经费投入每年人均不低于 500 元
成功服务 2 年以上的客户不少于 3 个;在过去 2 年内为不少于 8 个品牌提供数字营销服务;通过专业服务,有效提升品牌知名度,广告效果明显,获得客户肯定	成功服务 2 年以上的客户不少于 2 个;在过去 2 年内为不少于 5 个品牌提供数字营销服务;通过专业服务,有效提升品牌知名度,广告效果明显,获得客户肯定	成功服务 2 年以上的客户不少于 1 个;在过去 2 年内为不少于 3 个品牌提供数字营销服务;通过专业服务,有效提升品牌知名度,广告效果明显,获得客户肯定
近 3 年实施过的数字营销案例,在副省级市以上的政府部门或行业协会等组织的广告赛事活动中获得等级奖 4 件以上	近 3 年实施过的数字营销案例,在副省级市以上的政府部门或行业协会等组织的广告赛事活动中获得等级奖 2 件以上	近 3 年实施过的数字营销案例,在副省级市以上的政府部门或行业协会等组织的广告赛事活动中获得等级奖 1 件以上

① 在本表的 9 个评价指标中,前 1—4 条标准为企业申请使用证明商标的准入条件。

CNAAⅠ(一级广告企业) 证明商标使用条件	CNAAⅡ(二级广告企业) 证明商标使用条件	CNAAⅢ(三级广告企业) 证明商标使用条件
企业关注行业发展、热心社会公益,并为此作出突出贡献,在本行业有较高的影响力和公信力。近3年创意、制作或发布公益广告或网络公益营销事件不少于4件	企业关注行业发展、热心社会公益,并为此作出重要贡献,在本行业有影响力和公信力。近3年创意、制作或发布公益广告或网络公益营销事件不少于2件	企业关注行业发展、热心社会公益,并为此作出一定贡献,在本行业有一定的影响力和公信力。近3年创意、制作或发布公益广告或网络公益营销事件不少于1件

延伸阅读:

1. 曾兰平. 低准入制度对我国广告产业发展的不利影响[J]. 网络财富,2008(7):234-236.

2. 盛世豪. 试论我国市场准入制度的现状与改革取向[J]. 中共浙江省委党校学报,2001(3):35-40.

3. 侯茜. 中国市场准入制度法律问题研究[D]. 重庆:重庆大学,2004.

4. 戴霞. 市场准入法律制度研究[D]. 重庆:西南政法大学,2006.

5. 谢乐军. 证明商标保护中的几个问题[J]. 中华商标,2001(6):14-16.

6. 张军,卫聪玲. 证明商标与集体商标之比较[J]. 知识产权,2001(6):26-27.

7. 卫聪玲,张军. 论证明商标[J]. 经济问题,2001(6):25-27.

第十四章　《中华人民共和国广告法》

　　1994 年 10 月 27 日,第八届全国人民代表大会常务委员会第十次会议通过《中华人民共和国广告法》(以下简称《广告法》),该法于 1995 年 2 月 1 日起正式实施,使我国成为世界上为数不多有专门广告法的国家之一。应该说,《广告法》在规范广告经营行为,维护广告市场秩序,保护消费者合法权益方面,发挥了重要作用。但是,随着我国广告业的飞速发展,广告经营环境发生了巨大的变化,《广告法》无法完全适应广告营销实践中出现的新情况和新问题。

　　鉴于此,在 2004 年,国家工商行政管理局就开始启动了《广告法》修订草案的起草工作。经过 5 年的酝酿,2009 年 8 月,《广告法(修订送审稿)》正式呈报国务院审议。2014 年 2 月 28 日至 3 月 24 日,国务院法制办将修订草案征求意见稿上网公开征求社会意见。2014 年 6 月 4 日,国务院召开常务会议讨论通过了《广告法(修订草案)》。[①] 最终,新《广告法》于 2015 年 4 月 24 日由第十二届全国人民代表大会常务委员会第十四次会议审议通过,并于 2015 年 9 月 1 日起正式实施。

　　《广告法》(2015 年版)包括总则、广告内容准则、广告行为规范、监督管理、法律责任,以及附则 6 个部分。在此,编者基本沿袭《广告法》(2015 年版)本身的结构,同时按照条文之间的内在逻辑,局部调整了其顺序,通过立法目的、适用范围及基本概念,广告内容和形式准则,广告行为规范,广告监督管理 4 个部分(广告法律责任作为补充资料 14.2),兼顾与《广告法》(1995 年版)的比较,来梳理《广告法》(2015 年版)的主体内容。

表 14-1　《广告法》相关信息一览表

序　号	名　称	颁布机构	颁布日期	施行日期	有效性
1	《广告法》	全国人民代表大会常务委员会	1994-10-27	1995-02-01	修订
			2015-04-24	2015-09-01	有效

---

　　① 史新章.《广告法》修订解读[J]. 工商行政管理,2014(16):41-43.

第一节 立法目的、适用范围及基本概念

本节基本上对应《广告法》(2015年版)的第一章"总则",但根据条文之间的内在逻辑,编者将这部分概括为3个方面,即立法目的、适用范围和基本概念。

一、立法目的

所谓立法目的,就是立法宗旨,是指制定一部法律所要达到的目标。立法目的是立法者通过制定法律文本,意图调控社会关系的内在动机,是法律创制也是法律实施的内在动因,决定了一部法律其他具体规范的内容,统领着一部法律的全部规范的价值取向。[①]

《广告法》(2015年版)第一条规定:"为了规范广告活动,保护消费者的合法权益,促进广告业的健康发展,维护社会经济秩序,制定本法。"可见,《广告法》的立法目的主要有4个方面。

1.规范广告活动

改革开放以来,我国广告业取得了长足发展,但在快速发展的同时,也存在一些问题。广告主、广告经营者、广告发布者、广告代言人的广告行为存在不规范的地方,在广告活动中存在违法行为。这些问题不仅严重损害了消费者的合法权益,妨碍了广告业的健康发展,而且严重干扰了社会主义市场经济秩序,损害了社会公共利益。鉴于此,《广告法》的根本目的之一,就是要加强广告监督管理,健全广告行为规则,规范广告市场主体的经营行为,保证广告市场经济有序运行。

2.保护消费者的合法权益

广告活动是商品生产者、服务提供者与消费者之间的一种经济活动。广告的根本目的是通过信息传播,促进市场交易行为。由于信息不对称,消费者在交易行为中本来处于弱势地位。而虚假违法广告,显然会强化双方的信息不对称,加剧消费者的弱势地位。因此,《广告法》力图通过规范广告活动,预防和打击虚假违法广告,来保护消费者的知情权、公平交易权等合法权益。

---

① 国家工商总局广告监督管理司. 中华人民共和国广告法释义[M]. 中国法制出版社,2016.

3.促进广告业的健康发展

广告业是现代服务业的重要组成部分,在促进生产、引导消费等方面具有积极作用。广告业的发展与广告业的规范密不可分,只有严厉惩治虚假违法广告,营造健康诚信的市场环境,广告业才能实现可持续的发展。因此,《广告法》通过规范广告活动,明确各方的权利和义务,为广告业的健康发展起到保障作用。

4.维护社会经济秩序

随着我国社会主义市场经济建设的深入,广告在经济生活中的作用越来越大。维护社会经济秩序,是国家经济立法的基本目的之一,也是国家经济管理职能的重要体现。规范有序的广告活动,则是社会经济活动正常运转的润滑剂。因此,《广告法》力图通过规范和监督广告活动,达到维护社会经济秩序的目的。

二、适用范围

1.商业广告

《广告法》(2015年版)第二条第一款规定:"在中华人民共和国境内,商品经营者或者服务提供者通过一定媒介和形式直接或者间接地介绍自己所推销的商品或者服务的商业广告活动,适用本法。"

看来,《广告法》(2015年版)基本延续了《广告法》(1995年版)的适用范围,将商业广告作为主要调整对象。但与此同时,《广告法》还间接地对广告的概念进行了定义。

其一,广告的目的是介绍自己所推销的商品或者服务。介绍的方式,可以是直接介绍,包括直接宣传产品或者服务本身,也可以间接地通过宣传广告主的信誉、形象或者经营理念达到推销商品或者服务的目的。

其二,广告必须通过一定的媒介和形式。广告作为一种信息传播活动,必须依托于一定的媒介载具,通过一定的形式才能得到传播。虽然实践领域的"广告",可能是无所不包的,但作为《广告法》调整的对象,必须要有清晰的界定,因此,"一定的媒介和形式"就成为确定广告概念边界的核心要素。根据《广告管理条例施行细则》(2004年版)第二条,常见的广告媒介和形式包括但不限于以下范围:

"(一)利用报纸、期刊、图书、名录等刊登广告。

"(二)利用广播、电视、电影、录像、幻灯等播映广告。

"(三)利用街道、广场、机场、车站、码头等的建筑物或空间设置路牌、霓虹灯、电子显示牌、橱窗、灯箱、墙壁等广告。

"(四)利用影剧院、体育场(馆)、文化馆、展览馆、宾馆、饭店、游乐场、商场等场所内外设置、张贴广告。

"(五)利用车、船、飞机等交通工具设置、绘制、张贴广告。

"(六)通过邮局邮寄各类广告宣传品。

"(七)利用馈赠实物进行广告宣传。

"(八)利用其他媒介和形式刊播、设置、张贴广告。"①

当然,随着科技的发展,媒介形式越来越多元化,互联网等新媒体日益成为重要的广告媒体,而且孕育了形式多样的广告形式。

其三,"承担费用"不再是广告的核心要件。《广告法》(2015 年版)删除了《广告法》(1995 年版)关于广告主"承担费用"的内容,并非否定广告的商业性和有偿性,而只是不再将"承担费用"作为认定商业广告的必要条件。在广告经营活动中,新的、间接的收费方法不断被创设出来,广告收费模式日益多样化和复杂化。因此,要证明广告主"承担费用",变得极其复杂。加上随着社会经济发展,广告媒体形态也在不断地多元化,可以成为广告媒介的不再只是广播、电视、报刊等大众媒体,从企业自制的印刷品广告,到企业的官方微博、微信以及自设网站等,通过自媒体传播商品或者服务信息现象越来越普遍,而这些广告活动本身不存在广告费用。②

2.公益广告

公益广告具有引领道德风尚、传播先进文化、推动社会和谐的重要功能。但在现阶段,与商业广告相比,我国公益广告的管理、激励措施不健全,公益广告的选题质量、创意和制作水平不高,广告主和广告媒体发布公益广告的意识有待提升,这些问题都制约了公益广告的发展。③

鉴于此,《广告法》(2015 年版)在附则中做了补充性的规定:"国家鼓励、支持开展公益广告宣传活动,传播社会主义核心价值观,倡导文明风尚。大众传播媒介有义务发布公益广告。广播电台、电视台、报刊出版单位应当按照规定的版面、时段、时长发布公益广告。公益广告的管理办法,由国务院工商行政管理部门会同有关部门制定。"④

可见,《广告法》(2015 年版)虽然还是以商业广告作为主要调整对象,但同时兼顾了

---

① 虽然《广告管理条例施行细则》已经于 2016 年 4 月 29 日被废止,但其有关广告媒介和形式的表述依然具有参考价值。因此,笔者特此引用,以帮助读者理解广告的媒介和形式类型。

② 国家工商总局广告监督管理司.中华人民共和国广告法释义[M].中国法制出版社,2016.

③ 新广告法解读:《广告法》修订的背景和主要内容[EB/OL].(2015-05-21)[2017-10-09].http://www.sdaic.gov.cn/sdgsj/xxgk/zcjd/xfjd/769754/index.html.

④ 详见本书第十五章。

公益广告①,体现了国家鼓励、支持公益广告,同时规范公益广告的基本态度。

三、基本概念

《广告法》(1995 年版)中只有广告主、广告经营者和广告发布者 3 类广告活动主体,而《广告法》(2015 年版)增加了 1 类特殊的广告活动主体——广告代言人,并明确了广告代言人的定义,为规范广告代言人的相关行为做好了铺垫。

1.广告主

《广告法》(2015 年版)第二条第二款规定:"本法所称广告主,是指为推销商品或者服务,自行或者委托他人设计、制作、发布广告的自然人、法人或者其他组织。"这基本上沿用了《广告法》(1995 年版)对广告主的界定。

2.广告经营者

《广告法》(2015 年版)第二条第三款规定:"本法所称广告经营者,是指接受委托提供广告设计、制作、代理服务的自然人、法人或者其他组织。"这与《广告法》(1995 年版)对于广告经营者的界定基本上相同。

3.广告发布者

《广告法》(2015 年版)第二条第四款规定:"本法所称广告发布者,是指为广告主或者广告主委托的广告经营者发布广告的自然人、法人或者其他组织。"

值得一提的是,与《广告法》(1995 年版)不同②,《广告法》(2015 年版)的上述规定确认了"自然人"作为广告发布者的合法身份,回应了新媒体(尤其是自媒体)发展的客观现实,同时也为新媒体(尤其是自媒体)广告监管铺平了道路。

4.广告代言人

《广告法》(2015 年版)增加了对"广告代言人"概念的界定,即"本法所称广告代言人,是指广告主以外的,在广告中以自己的名义或者形象对商品、服务作推荐、证明的自然人、法人或者其他组织"。

---

① 不包括公益广告之外的其他非商业广告。

② 《广告法》(1995 年版)第二条第五款规定:"本法所称广告发布者,是指为广告主或者广告主委托的广告经营者发布广告的法人或者其他经济组织。"可见,根据《广告法》(1995 年版)的定义,自然人(个人)并不是法定的广告发布者类型。

作为《广告法》修订的突出成果之一,《广告法》(2015 年版)明确地界定了广告代言人,同时将广告代言人这一特殊的主体纳入规制范围。根据上述定义,不仅是明星、名人等个人,而且包括企事业单位、机构或组织均可以作为广告代言人,"在广告中以自己的名义或者形象对商品、服务作推荐、证明",因而应当承担推荐或证明的相关义务。

第二节 广告内容和形式准则

虽然《广告法》(2015 年版)将此部分命名为"广告内容准则",但编者认为,这一部分不仅是对广告内容的规范,也涉及了广告形式问题。而且,广告内容与广告形式本来就如影相随、不可分割。

一、广告内容和形式的基本要求

1.基本原则

《广告法》(2015 年版)对广告内容和形式提出了总体性要求。对此,编者将其归纳为 3 项基本原则,即真实健康、准确清晰和可识别性。

其一,真实健康。《广告法》(2015 年版)第三条要求:"广告应当真实、合法,以健康的表现形式表达广告内容,符合社会主义精神文明建设和弘扬中华民族优秀传统文化的要求。"同时,第四条第一款也要求:"广告不得含有虚假或者引人误解的内容,不得欺骗、误导消费者。"对此,第四条第二款还明确了广告主的主体责任,即"广告主应当对广告内容的真实性负责"。

其二,准确清晰。《广告法》(2015 年版)第八条规定:"广告中对商品的性能、功能、产地、用途、质量、成分、价格、生产者、有效期限、允诺等或者对服务的内容、提供者、形式、质量、价格、允诺等有表示的,应当准确、清楚、明白。广告中表明推销的商品或者服务附带赠送的,应当明示所附带赠送商品或者服务的品种、规格、数量、期限和方式。法律、行政法规规定广告中应当明示的内容,应当显著、清晰表示。"第十一条也规定:"广告内容涉及的事项需要取得行政许可的,应当与许可的内容相符合。广告使用数据、统计资料、调查结果、文摘、引用语等引证内容的,应当真实、准确,并表明出处。引证内容有适用范围和有效期限的,应当明确表示。"

其三,可识别性。《广告法》(2015 年版)第十四条明确规定:"广告应当具有可识别性,能够使消费者辨明其为广告。大众传播媒介不得以新闻报道形式变相发布广告。通过大众传播媒介发布的广告应当显著标明'广告',与其他非广告信息相区别,不得使消费者产生误解。广播电台、电视台发布广告,应当遵守国务院有关部门关于时长、方式的规定,并应当对广告时长作出明显提示。"第十九条具体要求:"广播电台、电视台、报刊音像出版单位、互联网信息服务提供者不得以介绍健康、养生知识等形式变相发布医疗、药品、医疗器械、保健食品广告。"

2.禁止性规范

《广告法》(2015年版)还对广告内容和形式在总体上设定了禁止性规定。其第九条明确规定:

"广告不得有下列情形:

"(一)使用或者变相使用中华人民共和国的国旗、国歌、国徽,军旗、军歌、军徽;

"(二)使用或者变相使用国家机关、国家机关工作人员的名义或者形象;

"(三)使用'国家级'、'最高级'、'最佳'等用语;

"(四)损害国家的尊严或者利益,泄露国家秘密;

"(五)妨碍社会安定,损害社会公共利益;

"(六)危害人身、财产安全,泄露个人隐私;

"(七)妨碍社会公共秩序或者违背社会良好风尚;

"(八)含有淫秽、色情、赌博、迷信、恐怖、暴力的内容;

"(九)含有民族、种族、宗教、性别歧视的内容;

"(十)妨碍环境、自然资源或者文化遗产保护;

"(十一)法律、行政法规规定禁止的其他情形。"

第十条规定:"广告不得损害未成年人和残疾人的身心健康。"

同时,第十三条要求:"广告不得贬低其他生产经营者的商品或者服务。"

二、虚假广告定义及其典型形态

1.虚假广告的定义

与《广告法》(1995年版)不同,《广告法》(2015年版)增加了有关虚假广告的条款,并界定了虚假广告的概念,即第二十八条规定:"广告以虚假或者引人误解的内容欺骗、误导消费者的,构成虚假广告。"

2.虚假广告的典型形态

同时,《广告法》(2015年版)还明确了虚假广告的典型形态,即:

"广告有下列情形之一的,为虚假广告:

"(一)商品或者服务不存在的;

"(二)商品的性能、功能、产地、用途、质量、规格、成分、价格、生产者、有效期限、销售状况、曾获荣誉等信息,或者服务的内容、提供者、形式、质量、价格、销售状况、曾获荣誉等信息,以及与商品或者服务有关的允诺等信息与实际情况不符,对购买行为有实质性影响的;

"(三)使用虚构、伪造或者无法验证的科研成果、统计资料、调查结果、文摘、引用语等信息作证明材料的;

"(四)虚构使用商品或者接受服务的效果的;

"(五)以虚假或者引人误解的内容欺骗、误导消费者的其他情形。"

对虚假广告进行明确的界定,以及对虚假广告典型形态的列举,提高了《广告法》的可操作性,有利于加强对虚假广告的治理。

补充资料 14.1

虚假广告罪及立案追诉标准

《中华人民共和国刑法》(以下简称《刑法》)第二百二十二条明确规定:"广告主、广告经营者、广告发布者违反国家规定,利用广告对商品或者服务作虚假宣传,情节严重的,处 2 年以下有期徒刑或者拘役,并处或者单处罚金。"这是《刑法》中唯一的一项与广告直接相关的条款。

2001 年 4 月 18 日颁布实施的《最高人民检察院、公安部关于经济犯罪案件追诉标准的规定》规定:

"广告主、广告经营者、广告发布者违反国家规定,利用广告对商品或者服务作虚假宣传,涉嫌下列情形之一的,应予追诉:

"1.违法所得数额在十万元以上的;

"2.给消费者造成的直接经济损失数额在五十万元以上的;

"3.虽未达到上述数额标准,但因利用广告作虚假宣传,受过行政处罚两次以上,又利用广告作虚假宣传的;

"4.造成人身伤残或者其他严重后果的。"

2010 年 5 月 7 日颁布实施的《最高人民检察院、公安部关于公安机关管辖的刑事案件立案追诉标准的规定(二)》废止了上述文件,同时调整了虚假广告罪的立案追诉标准:

"广告主、广告经营者、广告发布者违反国家规定,利用广告对商品或者服务作虚假宣传,涉嫌下列情形之一的,应予立案追诉:

"(一)违法所得数额在十万元以上的;

"(二)给单个消费者造成直接经济损失数额在五万元以上的,或者给多个消费者造成直接经济损失数额累计在二十万元以上的;

"(三)假借预防、控制突发事件的名义,利用广告作虚假宣传,致使多人上当受骗,违法所得数额在三万元以上的;

"(四)虽未达到上述数额标准,但两年内因利用广告作虚假宣传,受过行政处罚两次以上,又利用广告作虚假宣传的;

"(五)造成人身伤残的;

"(六)其他情节严重的情形。"

三、特定产品或服务广告的准则

《广告法》(2015年版)充实和细化了特定产品或服务的广告内容和形式规范,修订完善或新增保健食品、医疗、药品、医疗器械、教育培训、招商投资、房地产、农作物种子等广告的准则。[①]

1. 涉及专利产品或专利方法的广告

《广告法》(2015年版)第十二条要求:"广告中涉及专利产品或者专利方法的,应当标明专利号和专利种类。未取得专利权的,不得在广告中谎称取得专利权。禁止使用未授予专利权的专利申请和已经终止、撤销、无效的专利作广告。"

2. 医疗、药品、医疗器械广告[②]

《广告法》(2015年版)第十五条强调:"麻醉药品、精神药品、医疗用毒性药品、放射性药品等特殊药品,药品类易制毒化学品,以及戒毒治疗的药品、医疗器械和治疗方法,不得作广告。"同时规定:"前款规定以外的处方药,只能在国务院卫生行政部门和国务院药品监督管理部门共同指定的医学、药学专业刊物上作广告。"

第十六条规定:

"医疗、药品、医疗器械广告不得含有下列内容:

"(一)表示功效、安全性的断言或者保证;

"(二)说明治愈率或者有效率;

---

① 我国还颁布了一系列有关保健食品、医疗、药品、医疗器械、房地产、烟草、酒类等商品或者服务的广告内容和形式的规范,具体详见本书的其他章节。

② 其他法律法规有关医疗、药品、医疗机械广告的具体规定,详见本书第二章、第三章、第四章。

"（三）与其他药品、医疗器械的功效和安全性或者其他医疗机构比较；

"（四）利用广告代言人作推荐、证明；

"（五）法律、行政法规规定禁止的其他内容。"

该条文还要求："药品广告的内容不得与国务院药品监督管理部门批准的说明书不一致，并应当显著标明禁忌、不良反应。处方药广告应当显著标明'本广告仅供医学药学专业人士阅读'，非处方药广告应当显著标明'请按药品说明书或者在药师指导下购买和使用'。推荐给个人自用的医疗器械的广告，应当显著标明'请仔细阅读产品说明书或者在医务人员的指导下购买和使用'。医疗器械产品注册证明文件中有禁忌内容、注意事项的，广告中应当显著标明'禁忌内容或者注意事项详见说明书'。"

另外，第十七条还规定："除医疗、药品、医疗器械广告外，禁止其他任何广告涉及疾病治疗功能，并不得使用医疗用语或者易使推销的商品与药品、医疗器械相混淆的用语。"

3. 保健食品广告[①]

《广告法》（2015 年版）第十八条规定：

"保健食品广告不得含有下列内容：

"（一）表示功效、安全性的断言或者保证；

"（二）涉及疾病预防、治疗功能；

"（三）声称或者暗示广告商品为保障健康所必需；

"（四）与药品、其他保健食品进行比较；

"（五）利用广告代言人作推荐、证明；

"（六）法律、行政法规规定禁止的其他内容。"

同时，还规定："保健食品广告应当显著标明'本品不能代替药物'。"

另外，第二十条要求："禁止在大众传播媒介或者公共场所发布声称全部或者部分替代母乳的婴儿乳制品、饮料和其他食品广告。"

4. 农药、兽药、饲料和饲料添加剂广告

《广告法》（2015 年版）第二十一条规定：

"农药、兽药、饲料和饲料添加剂广告不得含有下列内容：

"（一）表示功效、安全性的断言或者保证；

"（二）利用科研单位、学术机构、技术推广机构、行业协会或者专业人士、用户的名

---

① 其他法律法规有关保健食品广告的具体规定，详见本书第五章。

义或者形象作推荐、证明；

"(三)说明有效率；

"(四)违反安全使用规程的文字、语言或者画面；

"(五)法律、行政法规规定禁止的其他内容。"

5.烟草广告①

《广告法》(2015 年版)第二十二条规定："禁止在大众传播媒介或者公共场所、公共交通工具、户外发布烟草广告。禁止向未成年人发送任何形式的烟草广告。禁止利用其他商品或者服务的广告、公益广告,宣传烟草制品名称、商标、包装、装潢以及类似内容。烟草制品生产者或者销售者发布的迁址、更名、招聘等启事中,不得含有烟草制品名称、商标、包装、装潢以及类似内容。"

6.酒类广告②

《广告法》(2015 年版)第二十三条要求：

"酒类广告不得含有下列内容：

"(一)诱导、怂恿饮酒或者宣传无节制饮酒；

"(二)出现饮酒的动作；

"(三)表现驾驶车、船、飞机等活动；

"(四)明示或者暗示饮酒有消除紧张和焦虑、增加体力等功效。"

7.教育、培训广告

《广告法》(2015 年版)第二十四条规定：

"教育、培训广告不得含有下列内容：

"(一)对升学、通过考试、获得学位学历或者合格证书,或者对教育、培训的效果作出明示或者暗示的保证性承诺；

"(二)明示或者暗示有相关考试机构或者其工作人员、考试命题人员参与教育、培训；

"(三)利用科研单位、学术机构、教育机构、行业协会、专业人士、受益者的名义或者形象作推荐、证明。"

---

① 其他法律法规有关烟草广告的规定,详见本书第七章。
② 其他法律法规有关酒类广告的规定,详见本书第六章。

8.招商等有投资回报预期的商品或者服务广告

《广告法》(2015年版)第二十五条要求:

"招商等有投资回报预期的商品或者服务广告,应当对可能存在的风险以及风险责任承担有合理提示或者警示,并不得含有下列内容:

"(一)对未来效果、收益或者与其相关的情况作出保证性承诺,明示或者暗示保本、无风险或者保收益等,国家另有规定的除外;

"(二)利用学术机构、行业协会、专业人士、受益者的名义或者形象作推荐、证明。"

9.房地产广告①

《广告法》(2015年版)第二十六条规定:

"房地产广告,房源信息应当真实,面积应当表明为建筑面积或者套内建筑面积,并不得含有下列内容:

"(一)升值或者投资回报的承诺;

"(二)以项目到达某一具体参照物的所需时间表示项目位置;

"(三)违反国家有关价格管理的规定;

"(四)对规划或者建设中的交通、商业、文化教育设施以及其他市政条件作误导宣传。"

10.农作物种子、林木种子、草种子、种畜禽、水产苗种和种养殖广告

《广告法》(2015年版)第二十七条规定:

"农作物种子、林木种子、草种子、种畜禽、水产苗种和种养殖广告关于品种名称、生产性能、生长量或者产量、品质、抗性、特殊使用价值、经济价值、适宜种植或者养殖的范围和条件等方面的表述应当真实、清楚、明白,并不得含有下列内容:

"(一)作科学上无法验证的断言;

"(二)表示功效的断言或者保证;

"(三)对经济效益进行分析、预测或者作保证性承诺;

"(四)利用科研单位、学术机构、技术推广机构、行业协会或者专业人士、用户的名义或者形象作推荐、证明。"

---

① 其他法律法规有关房地产广告的规定,详见本书第八章。

第三节　广告行为规范

本节除了部分内容①之外,大体上对应《广告法》(2015年版)的第三章"广告行为规范"。在编者看来,这部分主要涉及2个方面,即一般性的广告经营规范和特殊广告活动规范。

一、一般性的广告经营规范

1.基本原则和要求

《广告法》(2015年版)基本上沿用了《广告法》(1995年版)有关经营活动基本原则的条款,并主要涉及"诚实信用,公平竞争"。即《广告法》(2015年版)第五条规定:"广告主、广告经营者、广告发布者从事广告活动,应当遵守法律、法规,诚实信用,公平竞争。"同时,第三十一条也要求:"广告主、广告经营者、广告发布者不得在广告活动中进行任何形式的不正当竞争。"

另外,《广告法》(2015年版)第三十七条也延续了《广告法》(1995年版)的规定,要求:"法律、行政法规规定禁止生产、销售的产品或者提供的服务,以及禁止发布广告的商品或者服务,任何单位或者个人不得设计、制作、代理、发布广告。"

2.广告经营资格(质)②

对于广告经营资格(质),《广告法》(2015年版)只是提出了概括性的要求。其第三十二条规定:"广告主委托设计、制作、发布广告,应当委托具有合法经营资格的广告经营者、广告发布者。"

同时,《广告法》(2015年版)取消了广告企业许可,但保留并细化了广告发布登记制度,从机构、人员、场所、设备等方面对广播电台、电视台、报刊出版单位提出了要求。

---

① 笔者认为,第一章"总则"中的第五条(即"广告主、广告经营者、广告发布者从事广告活动,应当遵守法律、法规,诚实信用,公平竞争")应该是对广告经营活动的基本要求,因而列入本节内容;另外,第三章"广告行为规范"中的第四十一条(即"县级以上地方人民政府应当组织有关部门加强利用户外场所、空间、设施等发布户外广告的监督管理,制定户外广告设置规划和安全要求。户外广告的管理办法,由地方性法规、地方政府规章规定")显然不属于广告行为规范,因此笔者将其调整到了下一节。

② 详见本书第十三章。

《广告法》(2015年版)第二十九条规定:"广播电台、电视台、报刊出版单位从事广告发布业务的,应当设有专门从事广告业务的机构,配备必要的人员,具有与发布广告相适应的场所、设备,并向县级以上地方工商行政管理部门办理广告发布登记。"

3.广告经营活动

从某种程度上说,对广告经营活动主体之间关系的调整,是规范广告经营活动的核心。对此,《广告法》(2015年版)与《广告法》(1995年版)基本一致,对广告经营活动的三大主体提出了具体的要求。

其一,要求三方之间订立书面合同。第三十条规定:"广告主、广告经营者、广告发布者之间在广告活动中应当依法订立书面合同。"

其二,要求广告经营者和广告发布者建立健全广告业务档案制度。第三十四条规定:"广告经营者、广告发布者应当按照国家有关规定,建立健全广告业务的承接登记、审核、档案管理制度。广告经营者、广告发布者依据法律、行政法规查验有关证明文件,核对广告内容。对内容不符或者证明文件不全的广告,广告经营者不得提供设计、制作、代理服务,广告发布者不得发布。"

其三,要求广告经营者和广告发布者公布收费标准和收费办法。第三十五条规定:"广告经营者、广告发布者应当公布其收费标准和收费办法。"这一点与《广告法》(1995年版)不同,取消了"广告收费应当合理、公开,收费标准和收费办法应当向物价和工商行政管理部门备案"的规定,而更多地将广告收费交由市场自行调整。

其四,要求广告发布者提供的相关资料应当真实。第三十六条规定:"广告发布者向广告主、广告经营者提供的覆盖率、收视率、点击率、发行量等资料应当真实。"

二、特殊广告活动规范

1.广告使用他人名义或者形象

与《广告法》(1995年版)相似,《广告法》(2015年版)第三十三条要求:"广告主或者广告经营者在广告中使用他人名义或者形象的,应当事先取得其书面同意;使用无民事行为能力人、限制民事行为能力人的名义或者形象的,应当事先取得其监护人的书面同意。"

2.广告代言人

正如前所述,广告代言人是《广告法》修订的突出成果之一。《广告法》(2015年版)第三十八条对广告代言人的代言活动提出了明确的要求。

其一,"广告代言人在广告中对商品、服务作推荐、证明,应当依据事实,符合本法和有关法律、行政法规规定,并不得为其未使用过的商品或者未接受过的服务作推荐、证明"。这实际上就是要求广告代言人必须使用(接受)过其在广告中推荐、证明的商品(服务)。

其二,"不得利用不满十周岁的未成年人作为广告代言人"。也就是说,十周岁以下的未成年人,被排除在广告代言人之外。这与下述"未成年人保护"的条款精神一致。

其三,"对在虚假广告中作推荐、证明受到行政处罚未满三年的自然人、法人或者其他组织,不得利用其作为广告代言人"。可以说,这一规定其实是针对广告代言人有过虚假广告代言的处罚,即在虚假广告中作推荐、证明受到行政处罚的自然人、法人或者其他组织,三年内不得作为广告代言人。

3.未成年人保护

虽然《广告法》(1995年版)已有"广告不得损害未成年人的身心健康"的规定,但并没有具体的条款。对此,《广告法》(2015年版)进行了补充,设定了3项禁止性规范。

其一,中小学、幼儿园相关广告禁止。《广告法》(2015年版)第三十九条规定:"不得在中小学校、幼儿园内开展广告活动,不得利用中小学生和幼儿的教材、教辅材料、练习册、文具、教具、校服、校车等发布或者变相发布广告,但公益广告除外。"

其二,特殊类别广告禁止。《广告法》(2015年版)第四十条第一款要求:"在针对未成年人的大众传播媒介上不得发布医疗、药品、保健食品、医疗器械、化妆品、酒类、美容广告,以及不利于未成年人身心健康的网络游戏广告。"

其三,特殊广告内容禁止。《广告法》(2015年版)第四十条第二款规定:

"针对不满十四周岁的未成年人的商品或者服务的广告不得含有下列内容:

"(一)劝诱其要求家长购买广告商品或者服务;

"(二)可能引发其模仿不安全行为。"

4.户外广告设置①

与《广告法》(1995年版)基本一致,《广告法》(2015年版)第四十二条对设置户外广告作出了禁止性规定:

"有下列情形之一的,不得设置户外广告:

"(一)利用交通安全设施、交通标志的;

"(二)影响市政公共设施、交通安全设施、交通标志、消防设施、消防安全标志使

---

① 详见本书第九章。

用的;

"(三)妨碍生产或者人民生活,损害市容市貌的;

"(四)在国家机关、文物保护单位、风景名胜区等的建筑控制地带,或者县级以上地方人民政府禁止设置户外广告的区域设置的。"

5.向住宅、交通工具等或以电子信息方式发送的广告

《广告法》(2015年版)第四十三条要求:"任何单位或者个人未经当事人同意或者请求,不得向其住宅、交通工具等发送广告,也不得以电子信息方式向其发送广告。以电子信息方式发送广告的,应当明示发送者的真实身份和联系方式,并向接收者提供拒绝继续接收的方式。"

6.互联网广告

《广告法》(2015年版)明确地将互联网广告纳入监管范畴,同时对互联网广告提出了两条基本要求。即第四十四条规定:"利用互联网从事广告活动,适用本法的各项规定。利用互联网发布、发送广告,不得影响用户正常使用网络。在互联网页面以弹出等形式发布的广告,应当显著标明关闭标志,确保一键关闭。"

7."第三方平台"义务

在日常实践中,一些广告是在车站、商场、公园等公共场所发送的,也有些是利用电信传输平台或互联网媒体平台发送、发布的,这些公共场所的管理者或者电信业务经营者、互联网信息服务提供者在此类广告中没有接受广告主或广告经营者的委托从事广告发布活动时,应视为以上主体仅为他人发送、发布广告的活动提供了一个信息传输的场所或者第三方平台。但是,第三方平台的管理者、信息渠道的提供者也应负有相应的法律义务。① 鉴于此,《广告法》(2015年版)要求:"公共场所的管理者或者电信业务经营者、互联网信息服务提供者对其明知或者应知的利用其场所或者信息传输、发布平台发送、发布违法广告的,应当予以制止。"

第四节　广告监督管理

与《广告法》(1995年版)不同,《广告法》(2015年版)第四章"监督管理"专门对广告

---

① 国家工商总局广告监督管理司. 中华人民共和国广告法释义[M]. 中国法制出版社,2016.

监督管理进行规范,同时加上第一章"总则"中的有关条文,从两个维度上确认了我国的广告管理体制:一方面,再次明确了广告监督管理主管部门及其层级的分工,而且公开地规定了广告监督管理主管部门的职权;另一方面,赋予了相关行政管理部门作为广告审查机关或广告立法(行政规章)机关的合法性,并确认了广告行业自律和社会监督的合法地位。

一、广告主管部门

1.广告主管部门及其分工

《广告法》(2015 年版)第六条规定,"国务院工商行政管理部门主管全国的广告监督管理工作","县级以上地方工商行政管理部门主管本行政区域的广告监督管理工作"。

可见,《广告法》(2015 年版)放弃了《广告法》(1995 年版)"县级以上人民政府工商行政管理部门是广告监督管理机关"的提法,而将"工商行政管理部门"定位为广告监督管理工作的主管机关。这也正是编者提出"广告监督管理主管部门"概念的原因。

至于广告监督管理主管部门的层级及分工,上述规定非常明确,国家工商行政管理总局主管全国的广告监督管理工作,而县级以上地方工商行政管理局则主管本行政区域的广告监督管理工作。

2.广告主管部门的职权

为了有利于"工商行政管理部门履行广告监督管理职责",《广告法》(2015 年版)第四十九条明确了广告监督管理主管部门可以行使下列职权:

"(一)对涉嫌从事违法广告活动的场所实施现场检查;

"(二)询问涉嫌违法当事人或者其法定代表人、主要负责人和其他有关人员,对有关单位或者个人进行调查;

"(三)要求涉嫌违法当事人限期提供有关证明文件;

"(四)查阅、复制与涉嫌违法广告有关的合同、票据、账簿、广告作品和其他有关资料;

"(五)查封、扣押与涉嫌违法广告直接相关的广告物品、经营工具、设备等财物;

"(六)责令暂停发布可能造成严重后果的涉嫌违法广告;

"(七)法律、行政法规规定的其他职权。工商行政管理部门应当建立健全广告监测制度,完善监测措施,及时发现和依法查处违法广告行为。"

同时,《广告法》(2015 年版)第五十一条还强调:"工商行政管理部门依照本法规定行使职权,当事人应当协助、配合,不得拒绝、阻挠。"

3.广告主管部门及参与广告管理的其他部门的义务

在赋予职权的同时,也明确规定了广告监督管理机关应当承担的法定义务。《广告法》(2015年版)第五十三条要求:"任何单位或者个人有权向工商行政管理部门和有关部门投诉、举报违反本法的行为。工商行政管理部门和有关部门应当向社会公开受理投诉、举报的电话、信箱或者电子邮件地址,接到投诉、举报的部门应当自收到投诉之日起七个工作日内,予以处理并告知投诉、举报人。工商行政管理部门和有关部门不依法履行职责的,任何单位或者个人有权向其上级机关或者监察机关举报。接到举报的机关应当依法作出处理,并将处理结果及时告知举报人。有关部门应当为投诉、举报人保密。"

同时,第五十二条也规定:"工商行政管理部门和有关部门及其工作人员对其在广告监督管理活动中知悉的商业秘密负有保密义务。"

二、参与广告管理的相关行政部门

《广告法》(2015年版)确定了广告监督管理主管部门之外,还规定"国务院有关部门在各自的职责范围内负责广告管理相关工作","县级以上地方人民政府有关部门在各自的职责范围内负责广告管理相关工作"。也就是说,《广告法》明确了广告监督管理工作,不仅由工商行政管理部门主管,同时也有相关行政部门的参与。

1.广告审查机关

虽然我国已经大规模删减行政许可事项,但至今仍然保留医疗、药品、医疗器械、农药、兽药和保健食品等广告的行政审查,而负责这些广告审查的行政部门包括卫生行政部门、药品监督管理部门、中医药管理部门,事实上均参与了广告监督管理工作。

对此,《广告法》(2015年版)第四十六条明确规定:"发布医疗、药品、医疗器械、农药、兽药和保健食品广告,以及法律、行政法规规定应当进行审查的其他广告,应当在发布前由有关部门(以下称广告审查机关)对广告内容进行审查;未经审查,不得发布。"

同时,第四十七条还对广告行审查的基本流程作出了规定,即"广告主申请广告审查,应当依照法律、行政法规向广告审查机关提交有关证明文件。广告审查机关应当依照法律、行政法规规定作出审查决定,并应当将审查批准文件抄送同级工商行政管理部门。广告审查机关应当及时向社会公布批准的广告"。

为了强化广告审查机关的权威性,《广告法》(2015年版)第四十八条还强调:"任何单位或者个人不得伪造、变造或者转让广告审查批准文件。"

2.大众传播媒介的主管部门

众所周知,大众传播媒介是广告传播的重要载体,因此,广告监督管理离不开大众传播媒介的监督管理。尤其是在我国,大众传播媒介至今保留着"国家所有"的性质,由有关行政部门直接管理,因此这些行政部门事实性地参与了广告监督管理,甚至具有一定的广告立法权[①]。

《广告法》(2015 年版)第五十条明确规定:"国务院工商行政管理部门会同国务院有关部门,制定大众传播媒介广告发布行为规范。"这里所说的"有关部门",显然至少应该包括整合了原新闻出版总署、国家广电总局的"国家新闻出版广电总局"[②]。

3.相关国家部委

在国家层面,一些相关部委通过特殊的制度与机制,直接或间接地参与了广告监督管理工作。

自 2005 年以来,我国开始建立整治虚假违法广告部际联席会议制度,国家工商行政管理总局会同中宣部、公安部、工业和信息化部、卫生计生委、国家新闻出版广电总局、国家食品药品监督管理总局、国家中医药管理局共同组织整治虚假违法广告部际联席会议,充分发挥各部门职能作用,形成打击虚假违法广告的综合治理机制。

2015 年 6 月,为了贯彻实施新修订的《广告法》,国家工商行政管理总局、中宣部、中央网信办、公安部、工业和信息化部、卫生计生委、国家新闻出版广电总局、国家食品药品监督管理总局、国家中医药管理局九部委联合发布整治虚假违法广告部际联席会议工作制度,明确各成员单位分工,全面落实广告监督管理机关、广告审查机关和有关主管部门的法定职责。[③]

4.地方相关部门

在地方层面,相关党政部门也直接或间接地参与了广告监督管理工作。在整治虚假违法广告部际联席会议制度的框架下,各地方亦出台整治虚假违法广告联席会议工作制度。在整治虚假违法广告部际联席会议制度的框架下,各地方亦出台整治虚假违

---

① 国务院各部、委、局通过颁布行政规章,而事实性地拥有"立法权"。

② 根据国家新闻出版广电总局的官网,其主要职责包括"指导监管广播电视广告播放"。国家新闻出版广电总局(国家版权局)主要职责介绍[EB/OL]. (2013-12-20)[2017-10-09]. http://www.gapp.gov.cn/govpublic/65/184180.shtml.

③ 整治虚假违法广告部际联席会议制度发布[EB/OL]. (2015-08-13)[2017-10-09]. http://www.gov.cn/xinwen/2015-08/13/content_2912359.htm.

法广告联席会议工作制度。以苏州为例,苏州市于 2017 年 10 月建立整治虚假违法广告工作联动机制,联席会议由苏州市工商局牵头,苏州市委宣传部、苏州市网信办、苏州市公安局、苏州市卫计委、苏州市文广新局、苏州市食药监局、中国银监会苏州监管分局、苏州通管办等有关单位共同参与,充分发挥各自职能作用,加强与其他部门协调配合,共同加大治理虚假违法广告力度。①

必须特别说明的是,户外广告作为特殊的广告类型,其管理涉及了不同的行政部门。根据《广告法》(2015 年版)第四十一条的要求,"县级以上地方人民政府应当组织有关部门加强对利用户外场所、空间、设施等发布户外广告的监督管理,制定户外广告设置规划和安全要求。户外广告的管理办法,由地方性法规、地方政府规章规定"。也就是说,户外广告管理以地方性管理为主,并主要由地方性法规、地方政府规章来规范,因此各个地方的户外广告管理机构不尽相同,甚至户外广告主管机构亦不相同。以北京为例,"市、县(区)两级市政管理行政主管部门是北京市户外广告的主管部门",且"市市政管理行政主管部门负责本市户外广告的设置规划和监督管理工作。区、县市政管理行政主管部门负责本行政区域内户外广告的设置规划和监督管理工作",同时,"户外广告的登记②、内容审查和监督管理,依照《广告法》和有关法规、规章的规定执行。规划、交通、园林、公安交通、建设、环保、质量技术监督、安全生产等有关行政主管部门按照各自的职责,依法对户外广告进行监督管理"③。

三、社会组织

随着市场经济的深入发展,社会组织在协助政府加强社会管理方面发挥着越来越重要的作用。鉴于此,近年来,我国积极鼓励行业组织和消费者组织,通过行业自律和社会监督参与社会管理。《广告法》的修订也回应了这种变化,以法律的形式明确了广告行业组织和消费者组织在广告监督管理体系中的地位和作用。

1.广告行业组织

《广告法》(2015 年版)第七条规定:"广告行业组织依照法律、法规和章程的规定,制

① 关于印发《苏州市整治虚假违法广告联席会议工作制度》的通知[EB/OL]. (2017-10-23)[2018-04-12]. http://www.szsgsj.gov.cn/suzhoubaweb/show/sj/bawebfile/628147478.html, 2017-10-23.

② 《户外广告登记管理规定》第三条规定:"县以上人民政府工商行政管理局是户外广告的登记管理机关。"但是,2016 年 2 月 19 日国务院颁布《关于第二批取消 152 项中央指定地方实施行政审批事项的决定》,明确取消了户外广告登记。

③ 北京市人民政府,《北京市户外广告设置管理办法》,2004 年 10 月 1 日起实施。

定行业规范,加强行业自律,促进行业发展,引导会员依法从事广告活动,推动广告行业诚信建设。"

以中国广告协会为例,该协会是"由广告主、广告经营者、广告发布者、广告代言人(经纪公司)、广告(市场)调查机构、广告设备器材供应机构等经营单位,以及地方性广告行业组织、广告教学及研究机构等自愿结成的行业性、全国性、非营利性社会组织",其基本职能是"提供服务、反映诉求、制定标准、规范行为"①。基于此,中国广告协会通过行业自律等形式,事实性地参与了广告监督管理。中国广告协会颁布了《中国广告协会行业自律规则》②,对广告内容和广告行为提出了具体的自律规则要求,并明确规定了对违反规则的行为采取劝诫、批评等自律措施。这显然是对政府广告监督管理的补充。

2.消费者组织

《广告法》(2015年版)第五十四条规定:"消费者协会和其他消费者组织对违反本法规定,发布虚假广告侵害消费者合法权益,以及其他损害社会公共利益的行为,依法进行社会监督。"

根据《中华人民共和国消费者权益保护法》,"消费者协会和其他消费者组织是依法成立的对商品和服务进行社会监督的保护消费者权益的社会团体"。"消费者协会履行下列职能:(一)向消费者提供消费信息和咨询服务;(二)参与有关行政部门对商品和服务的监督、检查;(三)就有关消费者合法权益的问题,向有关行政部门反映、查询,提出建议;(四)受理消费者的投诉,并推投诉事项进行调查、调解;(五)投诉事项涉及商品和服务质量问题的,可以提请鉴定部门鉴定,鉴定部门应当告知鉴定结论;(六)就损害消费者合法权益的行为,支持受损害的消费者提起诉讼;(七)对损害消费者合法权益的行为,通过大众传播媒介予以揭露、批评。"

以消费者组织为核心的广告社会监督,是广告监督管理的重要组成部分,与政府行政监管、广告行业自律一起,构建起完整的社会共治体系,共同推动广告行业规范、健康发展。

补充资料 14.2

《广告法》中有关"法律责任"的规定

---

① 中国广告协会英文名称为 CHINA ADVERTISING ASSOCIATION,缩写为 CAA。中国广告协会简介[EB/OL].(2017-01-03)[2017-10-09]. http://www.china-caa.org/cnaa/aboutcaa/1.
② 《中国广告协会行业自律规则》于2008年1月12日起施行,1994年12月7日颁布的《中国广告协会自律规则》同时废止。中国广告协会行业自律规则[EB/OL].(2017-01-03)[2017-10-09]. http://www.china-caa.org/cnaa/zilv/1.

表14-2 《广告法》(2015年版)中有关"法律责任"的规定

条款	主要情节	补充情节（或引用相应条款）	行政和民事责任	刑事责任
第五十五条	违反本法规定，发布虚假广告的		由工商行政管理部门责令停止发布广告，责令广告主在相应范围内消除影响，处广告费用三倍以上五倍以下的罚款，广告费用无法计算或者明显偏低的，处二十万元以上一百万元以下的罚款	构成犯罪的，依法追究刑事责任
		两年内有三次以上违法行为或者有其他严重情节的	处广告费用五倍以上十倍以下的罚款，广告费用无法计算或者明显偏低的，处一百万元以上二百万元以下的罚款，并可由广告审查机关撤销广告审查批准文件、一年内不受理其广告审查申请	
	医疗机构有前款规定违法行为，情节严重的		除由工商行政管理部门依照本法处罚外，卫生行政部门可以吊销诊疗科目或者吊销医疗机构执业许可证。广告经营者、广告发布者明知或者应知广告虚假仍设计、制作、代理、发布的，由工商行政管理部门没收广告费用，并处广告费用三倍以上五倍以下的罚款，广告费用无法计算或者明显偏低的，处二十万元以上一百万元以下的罚款	构成犯罪的，依法追究刑事责任
		两年内有三次以上违法行为或者有其他严重情节的	处广告费用五倍以上十倍以下的罚款，广告费用无法计算或者明显偏低的，处一百万元以上二百万元以下的罚款，并可以由有关部门暂停广告发布业务、吊销营业执照、吊销广告发布登记证件	

续表

条款	主要情节	补充情节（或引用相应条款）	行政和民事责任	刑事责任
第五十六条	违反本法规定，发布虚假广告，欺骗、误导消费者，使购买商品或者接受服务的消费者的合法权益受到损害的	/	由广告主依法承担民事责任	/
		广告经营者、广告发布者不能提供广告主的真实名称、地址和有效联系方式的	消费者可以要求广告经营者、广告发布者先行赔偿	/
		关系消费者生命健康的商品或者服务的虚假广告，造成消费者损害的	其广告经营者、广告发布者、广告代言人应当与广告主承担连带责任	/
		前款规定以外的商品或者服务的虚假广告，造成消费者损害的	其广告经营者、广告发布者、广告代言人，明知或者应知广告虚假仍设计、制作、代理、发布或者作推荐、证明的，应当与广告主承担连带责任	/
第五十七条	（一）发布有本法第九条、第十条规定的禁止情形的广告的	广告不得有下列情形：（一）使用或者变相使用中华人民共和国的国旗、国歌、国徽、军旗、军歌、军徽；（二）使用或者变相使用国家机关、国家机关工作人员的名义或者形象；（三）使用"国家级""最高级""最佳"等用语；（四）损害国家的尊严或者利益，泄露国家秘密；（五）妨碍社会安定，损害社会公共利益；（六）危害人身、财产安全，泄露个人隐私；（七）妨碍社会公共秩序或者违背社会良好风尚；（八）含有淫秽、色情、赌博、迷信、恐怖、暴力的内容；（九）含有民族、种族、宗教、性别歧视的内容；（十）妨碍环境、自然资源或者文化遗产保护；（十一）法律、行政法规规定禁止的其他情形（第九条）	由工商行政管理部门责令停止发布广告，对广告主处二十万元以上一百万元以下的罚款，情节严重的，并可以吊销营业执照，由广告审查机关撤销广告审查批准文件、一年内不受理其广告审查申请；对广告经营者、广告发布者，由工商行政管理部门没收广告费用，处二十万元以上一百万元以下的罚款，情节严重的，并可以吊销营业执照、吊销广告发布登记证件	/
		广告不得损害未成年人和残疾人的身心健康（第十条）		

续表

条款	主要情节	补充情节（或引用相应条款）	行政和民事责任	刑事责任
第五十七条	（二）违反本法第十五条规定发布处方药广告、药品类易制毒化学品广告、戒毒治疗的医疗器械和治疗方法广告的	麻醉药品、精神药品、医疗用毒性药品、放射性药品等特殊药品、药品类易制毒化学品，以及戒毒治疗的药品、医疗器械和治疗方法，不得作广告。前款规定以外的处方药，只能在国务院卫生行政部门和国务院药品监督管理部门共同指定的医学、药学专业刊物上作广告（第十五条）		
	（三）违反本法第二十条或者声称全部或者部分替代母乳的婴儿乳制品、饮料和其他食品广告的	禁止在大众传播媒介或者公共场所发布声称全部或者部分替代母乳的婴儿乳制品、饮料和其他食品广告（第二十条）		
	（四）违反本法第二十二条规定发布烟草广告的	禁止在大众传播媒介、公共场所、公共交通工具、户外发布烟草广告。禁止向未成年人发送任何形式的烟草广告。禁止利用其他商品或者服务的广告、公益广告，宣传烟草制品名称、商标、包装、装潢以及类似内容。烟草制品生产者或者销售者发布的迁址、更名、招聘等启事中，不得含有烟草制品名称、商标、包装、装潢以及类似内容（第二十二条）		
	（五）违反本法第三十七条规定，利用广告推销禁止生产、销售的产品或者提供的服务，或者发布禁止发布广告的商品或者服务的	法律、行政法规规定禁止生产、销售的产品或者提供的服务，以及禁止发布广告的商品或者服务，任何单位或者个人不得设计、制作、代理、发布广告（第三十七条）		

续表

条款	主要情节	补充情节（或引用相应条款）	行政和民事责任	刑事责任
第五十七条	（六）违反本法第四十条第一款规定，在针对未成年人的大众传播媒介上发布医疗、药品、保健食品、医疗器械、化妆品、酒类、美容广告，以及不利于未成年人身心健康的网络游戏广告的	在针对未成年人的大众传播媒介上不得发布医疗、药品、保健食品、医疗器械、化妆品、酒类、美容广告，以及不利于未成年人身心健康的网络游戏广告。针对不满十四周岁的未成年人的商品或者服务的广告不得含有下列内容：（一）劝诱其要求家长购买广告商品或者服务；（二）可能引发其模仿不安全行为的（第四十条）		/
第五十八条	（一）违反本法第十六条规定发布医疗、药品、医疗器械广告的	医疗、药品、医疗器械广告不得含有下列内容：（一）表示功效、安全性的断言或者保证；（二）说明治愈率或者有效率；（三）与其他药品、医疗器械的功效和安全性或者其他医疗机构比较；（四）利用广告代言人作推荐、证明；（五）法律、行政法规规定禁止的其他内容。药品广告的内容不得与国务院药品监督管理部门批准的说明书不一致，并应当显著标明"禁忌、不良反应"。处方药广告应当显著标明"本广告仅供医学药学专业人士阅读"，非处方药广告应当显著标明"请按药品说明书或者在药师指导下购买和使用"。推荐给个人自用的医疗器械产品说明书应当注明"请仔细阅读产品说明书或者在医务人员的指导下购买和使用"。医疗、器械产品注册证明文件中有禁忌内容、注意事项的，广告中应当显著标明"禁忌内容或者注意事项详见说明书"（第十六条）	由工商行政管理部门责令停止发布广告，责令广告主在相应范围内消除影响，处广告费用一倍以上三倍以下的罚款，广告费用无法计算或者明显偏低的，处十万元以上二十万元以下的罚款；情节严重的，处广告费用三倍以上五倍以下的罚款，广告费用无法计算或者明显偏低的，处二十万元以上一百万元以下的罚款，可以吊销营业执照，并由广告审查机关撤销其广告审查批准文件、一年内不受理其广告审查申请	/

续 表

条款	主要情节	补充情节（或引用相应条款）	行政和民事责任	刑事责任
第五十八条	（二）违反本法第十七条规定，在广告中涉及疾病治疗功能，以及使用医疗用语或者易使推销的商品与药品、医疗器械相混淆的用语的	除医疗、药品、医疗器械广告外，禁止其他任何广告涉及疾病治疗功能，并不得使用医疗用语或者易使推销的商品与药品、医疗器械相混淆的用语（第十七条）		
	（三）违反本法第十八条规定发布保健食品广告的	保健食品广告不得含有下列内容：（一）表示功效、安全性的断言或者保证；（二）涉及疾病预防、治疗功能；（三）声称或者暗示广告商品为保障健康所必需；（四）与药品、其他保健食品进行比较；（五）利用广告代言人作推荐、证明；（六）法律、行政法规规定禁止的其他内容。保健食品广告应当显著标明"本品不能代替药物"（第十八条）		
	（四）违反本法第二十一条规定发布农药、兽药、饲料和饲料添加剂广告的	农药、兽药、饲料和饲料添加剂广告不得含有下列内容：（一）表示功效、安全性的断言或者保证；（二）利用科研单位、学术机构、技术推广机构、行业协会或者专业人士、用户的名义或者形象作推荐、证明；（三）说明有效率；（四）违反安全使用规程的文字、语言或者画面；（五）法律、行政法规规定禁止的其他内容（第二十一条）		
	（五）违反本法第二十三条规定发布酒类广告的	酒类广告不得含有下列内容：（一）诱导、怂恿饮酒或者宣传无节制饮酒；（二）出现饮酒的动作；（三）表现驾驶车、船、飞机等活动；（四）明示或者暗示饮酒有消除紧张和焦虑、增加体力等功效（第二十三条）		

续　表

条　款	主要情节	补充情节（或引用相应条款）	行政和民事责任	刑事责任
第五十八条	（六）违反本法第二十四条规定发布教育、培训广告的	教育、培训广告不得含有下列内容：（一）对升学、通过考试、获得学位学历或者合格证书，或者对教育、培训的效果作出明示或者暗示的保证性承诺；（二）明示或者暗示有相关考试机构或者其工作人员、考试命题人员参与教育、培训；（三）利用科研单位、学术机构、教育机构、行业协会、专业人士、受益者的名义或者形象作推荐、证明（第二十四条）		
	（七）违反本法第二十五条规定发布招商等有投资回报预期的商品或者服务广告的	招商等有投资回报预期的商品或者服务广告，应当对可能存在的风险以及风险责任承担合理提示或者警示，并不得含有下列内容：（一）对未来效果、收益或者与其相关的情况作出保证性承诺，明示或者暗示保本、无风险或者保收益等；国家另有规定的除外；（二）利用学术机构、行业协会、专业人士、受益者的名义或者形象作推荐、证明（第二十五条）		／
	（八）违反本法第二十六条规定发布房地产广告的	房地产广告，房源信息应当真实，面积应当表明为建筑面积或者套内建筑面积，并不得含有下列内容：（一）升值或者投资回报的承诺；（二）以项目到达某一具体参照物的交通时间表示项目位置；（三）违反国家有关价格管理的规定；（四）对规划或者建设中的交通、商业、文化教育设施以及其他市政条件作误导宣传（第二十六条）		

续 表

条款	主要情节	补充情节（或引用相应条款）	行政和民事责任	刑事责任
第五十八条	（九）违反本法第二十七条规定发布农作物种子、林木种子、草种子、种畜禽、水产苗种种畜养殖广告的	农作物种子、林木种子、草种子、种畜禽、水产苗种和种养殖广告关于品种名称、生产性能、生长量或者产量、品质、抗性、特殊使用价值、经济价值、适宜种植或者养殖的范围和条件等方面的表述应当真实、清楚、明白，并不得含有下列内容：（一）作科学上无法验证的断言；（二）表示功效的断言或者保证；（三）对经济效益进行分析、预测或者作保证性承诺；（四）利用科研单位、学术机构、技术推广机构、行业协会或者专业人士、用户的名义或者形象作推荐、证明（第二十七条）		
	（十）违反本法第三十八条第二款规定，利用不满十周岁的未成年人作为广告代言人的	不得利用不满十周岁的未成年人作为广告代言人（第三十八条第二款）		
	（十一）违反本法第三十八条第三款规定，利用自然人、法人或者其他组织作为广告代言人的	对在虚假广告中作推荐、证明受到行政处罚未满三年的自然人、法人或者其他组织，不得利用其作为广告代言人（第三十八条第三款）		
	（十二）违反本法第三十九条规定，在中小学校、幼儿园内或者利用与中小学生、幼儿有关的物品发布广告的	不得在中小学校、幼儿园内开展广告活动，不得利用中小学生和幼儿的教材、教辅材料、练习册、文具、教具、校服、校车等发布或者变相发布广告；但公益广告除外（第三十九条）		

续 表

条款	主要情节	补充情节（或引用相应条款）	行政和民事责任	刑事责任
第五十八条	（十三）违反本法第四十条第二款规定，发布针对不满十四周岁的未成年人的商品或者服务的广告的	针对不满十四周岁的未成年人的商品或者服务的广告不得含有下列内容：（一）劝诱其要求家长购买广告商品或者服务；（二）可能引发其模仿不安全行为（第四十条第二款）		
	（十四）违反本法第四十六条规定，未经审查发布广告的	发布医疗、药品、医疗器械、农药、兽药和保健食品广告，以及法律、行政法规规定应当进行审查的其他广告，应当在发布前由有关部门（以下称广告审查机关）对广告内容进行审查；未经审查，不得发布（第四十六条）		
	医疗机构有前款规定违法行为，情节严重的		除由工商行政管理部门依照本法处罚外，卫生行政部门可以吊销诊疗科目或者吊销医疗机构执业许可证（广告经营者、广告发布者明知或者应知有本条第一款规定违法行为仍设计、制作、代理、发布的，由工商行政管理部门没收广告费用，并处广告费用一倍以上三倍以下的罚款，广告费用无法计算或者明显偏低的，处十万元以上二十万元以下的罚款；情节严重的，处广告费用三倍以上五倍以下的罚款，广告费用无法计算或者明显偏低的，处二十万元以上一百万元以下的罚款，并可以由有关部门暂停广告发布业务、吊销营业执照、吊销广告发布登记证件）	

续 表

条款	主要情节	补充情节（或引用相应条款）	行政和民事责任	刑事责任
第五十九条	（一）广告内容违反本法第八条规定的	广告中对商品的性能、功能、产地、用途、质量、成分、价格、生产者、有效期限、允诺等或者对服务的内容、提供者、形式、质量、价格、允诺等有表示的，应当准确、清楚、明白。广告中表明推销的商品或者服务附带赠送的，应当明示所附带赠送的商品或者服务的品种、规格、数量、期限和方式。法律、行政法规规定广告中应当明示的内容，应当显著、清晰表示（第八条）	由工商行政管理部门责令停止发布广告，对广告主处十万元以下的罚款。广告经营者、广告发布者明知或者应知有前款规定违法行为仍设计、制作、代理、发布的，由工商行政管理部门处十万元以下的罚款	/
	（二）广告引证内容违反本法第十一条规定的	广告内容涉及的事项需要取得行政许可的，应当与许可的内容相符合。广告使用数据、统计资料、调查结果、文摘、引用语等引证内容的，应当真实、准确，并表明出处。引证内容有适用范围和有效期限的，应当明确表示（第十一条）		
	（三）涉及专利的广告违反本法第十二条规定的	广告中涉及专利产品或者专利方法的，应当标明专利号和专利种类。未取得专利权的，不得在广告中谎称取得专利权。禁止使用未授予专利权的专利申请和已经终止、撤销、无效的专利作广告（第十二条）		
	（四）违反本法第十三条规定，广告贬低其他生产经营者的商品或者服务的	广告不得贬低其他生产经营者的商品或者服务（第十三条）		

续 表

条款	主要情节	补充情节(或引用相应条款)	行政和民事责任	刑事责任
第五十九条	广告违反本法第十四条规定，不具有可识别性的，或者违反本法第十九条规定，变相发布医疗、药品、医疗器械、保健食品广告的	广告应当具有可识别性，能够使消费者辨明其为广告。大众传播媒介不得以新闻报道形式变相发布广告。通过大众传播媒介发布的广告应当显著标明“广告”，与其他非广告信息相区别，不得使消费者产生误解。广播电台、电视台发布广告，应当遵守国务院有关部门关于时长、方式的规定，并应当对广告时长作出明显提示(第十四条) 广播电台、电视台、报刊音像出版单位、互联网信息服务提供者不得以介绍健康、养生知识等形式变相发布医疗、药品、医疗器械、保健食品广告(第十九条)	由工商行政管理部门责令改正，对广告发布者处十万元以下的罚款	/
第六十条	违反本法第二十九条规定，广播电台、电视台、报刊出版单位未办理广告发布登记，擅自从事广告发布业务的	广播电台、电视台、报刊出版单位从事广告发布业务的，应当设有专门从事广告业务的机构，配备必要的人员，具有与发布广告相适应的场所、设备，并向县级以上地方工商行政管理部门办理广告发布登记(第二十九条)	由工商行政管理部门责令改正，没收违法所得，违法所得一万元以上的，并处违法所得一倍以上三倍以下的罚款；违法所得不足一万元的，并处五千元以上三万元以下的罚款	/
第六十一条	违反本法第三十四条规定，广告经营者、广告发布者未按照国家有关规定建立、健全广告业务管理制度的，或者未对广告内容进行核对的	广告经营者、广告发布者应当按照国家有关规定，建立、健全广告业务的承接登记、审核、档案管理制度。广告经营者、广告发布者依据法律、行政法规查验有关证明文件，核对广告内容。对内容不符或者证明文件不全的广告，广告经营者不得提供设计、制作、代理服务，广告发布者不得发布(第三十四条)	由工商行政管理部门责令改正，可以处五万元以下的罚款	/
	违反本法第三十五条规定，广告经营者、广告发布者未公布其收费标准和收费办法的	广告经营者、广告发布者应当公布其收费标准和收费办法(第三十五条)	由价格主管部门责令改正，可以处五万元以下的罚款	

续 表

条款	主要情节（或引用相应条款）	补充情节（或引用相应条款）	行政和民事责任	刑事责任
第六十二条	广告代言人有下列情形之一的：(一)违反本法第十六条第一款第四项规定,在医疗、药品、医疗器械广告中推荐、证明的;(二)违反本法第十八条第一款第五项规定,在保健食品广告中作推荐、证明的;(三)违反本法第三十八条第一款规定,为其未使用过的商品或者未接受过的服务作推荐、证明的;(四)明知或者应知广告虚假仍在广告中对商品、服务作推荐、证明的	医疗、药品、医疗器械广告不得"利用广告代言人作推荐、证明"(第十六条第一款第四项)保健食品广告不得"利用广告代言人作推荐、证明"(第十八条第一款第五项)广告代言人在广告中对商品、服务作推荐、证明,应当依据事实,符合本法和有关法律、行政法规规定,并不得为其未使用过的商品或者未接受过的服务作推荐、证明(第三十八条第一款)	由工商行政管理部门没收违法所得,并处违法所得一倍以上二倍以下的罚款	/
第六十三条	违反本法第四十三条规定发送广告的	任何单位或者个人未经当事人同意或者请求,不得向其住宅、交通工具等发送广告,也不得以电子信息方式向其发送广告。以电子信息方式发送广告的,应当明示发送者的真实身份和联系方式,并向接收者提供拒绝继续接收的方式(第四十三条)	由有关部门责令停止违法行为,对广告主处五千元以上三万元以下的罚款	/
第六十四条	违反本法第四十四条第二款规定,利用互联网发布广告,未显著标明关闭标志,确保一键关闭的	利用互联网页面以弹出等形式发布的广告,应当显著标明关闭标志,确保一键关闭(第四十四条第二款)	由工商行政管理部门责令改正,对广告主处五千元以上三万元以下的罚款	
	违反本法第四十五条规定,公共场所的管理者和电信业务经营者、互联网信息服务提供者,明知或者应知广告活动违法不予制止的	公共场所的管理者或者电信业务经营者、互联网信息服务提供者对其明知或者应知的利用其场所或者信息传输、发布平台发布违法广告的,应当予以制止(第四十五条)	由工商行政管理部门没收违法所得,违法所得五万元以上的,并处违法所得一倍以上三倍以下的罚款;违法所得不足五万元的,并处一万元以上五万元以下的罚款;情节严重的,由有关部门依法停止相关业务	/

续 表

条款	主要情节	补充情节（或引用相应条款）	行政和民事责任	刑事责任
第六十五条	违反本法规定，隐瞒真实情况或者提供虚假材料申请广告审查的		广告审查机关不予受理或者不予批准，予以警告；一年内不受理该广告申请人的广告审查申请。以欺骗、贿赂等不正当手段取得广告审查批准的，广告审查机关予以撤销，处十万元以上二十万元以下的罚款，三年内不受理该申请人的广告审查申请	/
第六十六条	违反本法规定，伪造、变造或者转让广告审查批准文件的		由工商行政管理部门没收违法所得，并处一万元以上十万元以下的罚款	/
第六十七条	有本法规定的违法行为的		由工商行政管理部门记入信用档案，并依照有关法律、行政法规规定予以公示	/
第六十八条	广播电台、电视台、报刊音像出版单位发布违法广告，或者以新闻报道形式变相发布广告，或者以介绍健康、养生知识等形式变相发布医疗、药品、医疗器械、保健食品广告		工商行政管理部门依照本法给予处罚的，应当通报新闻出版广电部门以及其他有关部门。新闻出版广电部门以及其他有关部门应当依法对负有责任的主管人员和直接责任人员给予处分；情节严重的，并可以暂停媒体的广告发布业务。新闻出版广电部门以及其他有关部门未依照本款规定对广播电台、电视台、报刊音像出版单位进行处理的，对负有责任的主管人员和直接责任人员依法给予处分	/

续表

条款	主要情节	补充情节（或引用相应条款）	行政和民事责任	刑事责任
第六十九条	广告主、广告经营者、广告发布者违反本法规定，有下列侵权行为之一的：（一）在广告中损害未成年人或者残疾人的身心健康的；（二）假冒他人专利的；（三）贬低其他生产经营者的商品、服务的；（四）在广告中未经同意使用他人名义或者形象的；（五）其他侵犯他人合法民事权益的	/	依法承担民事责任	/
第七十条	因发布虚假广告，或者有其他本法规定的违法行为，被吊销营业执照的公司、企业的法定代表人，对违法行为负有个人责任的	/	自该公司、企业被吊销营业执照之日起三年内不得担任公司、企业的董事、监事、高级管理人员	/
第七十一条	违反本法规定，拒绝、阻挠工商行政管理部门监督检查，或者有其他构成违反治安管理行为的	/	依法给予治安管理处罚	构成犯罪的，依法追究刑事责任
第七十二条	广告审查机关对违法的广告内容作出审查批准决定的	/	对负有责任的主管人员和直接责任人员，由任免机关或者监察机关依法给予处分	构成犯罪的，依法追究刑事责任

续 表

条 款	主要情节	补充情节（或引用相应条款）	行政和民事责任	刑事责任
第七十三条	工商行政管理部门对在履行广告监测职责中发现的违法广告行为或者对经投诉、举报的违法广告行为，不依法予以查处的	/	对负有责任的主管人员和直接责任人员，依法给予处分	构成犯罪的，依法追究刑事责任
	工商行政管理部门和负责广告管理相关工作的有关部门的工作人员玩忽职守、滥用职权、徇私舞弊的	/	依法给予处分	

延伸阅读：

1. 宋亚辉. 虚假广告的立法修订与解释适用[J]. 浙江学刊，2015（6）:161-170.

2. 杨立新，韩煦. 我国虚假广告责任的演进及责任承担[J]. 法律适用，2016（11）:42-51.

3. 李龙. 论新《广告法》中有关绝对化用语条款的缺陷与完善[J]. 法制与社会，2016(25):276-277.

4. 倪崛. 广告文案中"绝对化用语"、"统计数据"的法律解析[J]. 中国广告，2015(10):102-104.

5. 邹伟明. 新《广告法》语境下绝对化用语的执法路径[N]. 中国工商报，2016-05-24(007).

6. 刘双舟. 《广告法》中绝对化用语禁令的理解与适用[N]. 中国工商报，2016-08-09(007).

7. 曾咏梅. 论商业广告代言人的法律责任[J]. 中国人民大学学报，2009(1):89-95.

8. 王岩. 虚假广告代言人法律责任研究[J]. 北方法学，2010(3):91-98.

9. 李军林. 广告代言人法律责任制度的建构[J]. 当代传播，2012(4):95-97.

第十五章　公益广告法规

公益广告是传播先进文化、引领文明风尚的重要载体,在社会主义核心价值体系建设和社会主义和谐社会构建中发挥着越来越重要的作用。

改革开放以来,我国颁布了一些法律法规,部分条款涉及了与公益广告有关的规定。但直到 2016 年 1 月 15 日《公益广告促进和管理暂行办法》(以下简称《暂行办法》)出台,我国才开始有了专门的公益广告法规(部门规章)。当然,2015 年 9 月 1 日起施行的《广告法》,明确了国家对公益广告的基本态度,确认了广播电台、电视台、报刊出版单位的责任和义务,同时为公益广告的管理办法提供了立法依据。[①]

因此,本章将以《暂行办法》为主体,通过公益广告概念及要求、公益广告制度两个小节,来梳理我国公益广告的法律规范。

表 15-1　公益广告相关法规一览表

序　号	名　称	颁布机构	颁布日期	施行日期	有效性
1	《广告法》	全国人民代表大会常务委员会	1994-10-27	1995-02-01	修订
			2015-04-24	2015-09-01	有效
2	《公益广告促进和管理暂行办法》	国家工商行政管理总局、国家互联网信息办公室、工业和信息化部、住房和城乡建设部、交通运输部、国家新闻出版广电总局	2016-01-15	2016-03-01	有效

---

① 《广告法》(2015 年版)第七十四条规定:"国家鼓励、支持开展公益广告宣传活动,传播社会主义核心价值观,倡导文明风尚。大众传播媒介有义务发布公益广告。广播电台、电视台、报刊出版单位应当按照规定的版面、时段、时长发布公益广告。公益广告的管理办法,由国务院工商行政管理部门会同有关部门制定。"

第一节　公益广告概念及要求

对于什么是公益广告,学界一直存在争议。实践领域一直存在"伪公益广告"现象,即以公益广告之名、行商业广告之实,严重妨碍了公众对公益广告的正确认知,同时也影响了公益广告的健康发展。鉴于此,《暂行办法》对公益广告进行了明确的界定,并提出了原则性要求和具体的标注要求。

一、公益广告的概念界定

《暂行办法》第二条明确规定:"本办法所称公益广告,是指传播社会主义核心价值观,倡导良好道德风尚,促进公民文明素质和社会文明程度提高,维护国家和社会公共利益的非营利性广告。政务信息、服务信息等各类公共信息以及专题宣传片等不属于本办法所称的公益广告。"这一规定,至少有两层意思。

其一,公益广告必须是非营利性广告。有些商业广告虽然内容涉及社会责任、公共利益或道德风尚,但其本质依然是营利性的,因而这些广告不属于公益广告范畴。《暂行办法》第六条也明确指出:"公益广告内容应当与商业广告内容相区别,商业广告中涉及社会责任内容的,不属于公益广告。"

其二,公益广告涉及传播社会主义核心价值观,倡导良好道德风尚,促进公民文明素质和社会文明程度提高,维护国家和社会公共利益的内容。政务信息、服务信息等公共信息,以及专题宣传片等,均不属于公益广告。

二、公益广告的基本要求

《暂行办法》从价值观、立场、语言文字和艺术表现形式 4 个方面,对公益广告提出了原则性要求。第五条规定:

"公益广告应当保证质量,内容符合下列规定:

"(一)价值导向正确,符合国家法律法规和社会主义道德规范要求;

"(二)体现国家和社会公共利益;

"(三)语言文字使用规范;

"(四)艺术表现形式得当,文化品位良好。"

三、公益广告的商业标注

为了鼓励企业出资设计、制作、发布和冠名公益广告,《暂行办法》第七条规定,"企业出资设计、制作、发布或者冠名的公益广告,可以标注企业名称和商标标识",但同时为了规范此类商业标注行为,《暂行办法》第七条还要求:

"(一)不得标注商品或者服务的名称以及其他与宣传、推销商品或者服务有关的内容,包括单位地址、网址、电话号码、其他联系方式等;

"(二)平面作品标注企业名称和商标标识的面积不得超过广告面积的 1/5;

"(三)音频、视频作品显示企业名称和商标标识的时间不得超过 5 秒或者总时长的 1/5,使用标版形式标注企业名称和商标标识的时间不得超过 3 秒或者总时长的 1/5;

"(四)公益广告画面中出现的企业名称或者商标标识不得使社会公众在视觉程度上降低对公益广告内容的感受和认知;

"(五)不得以公益广告名义变相设计、制作、发布商业广告。"

《暂行办法》第七条还规定:"违反前款规定的,视为商业广告。"可见,公益广告的商业标注要求,反过来可以称为鉴别公益广告的标准。凡是不符合上述标注要求的,均可以认定为商业广告。

第二节　公益广告管理制度及发布规范

《暂行办法》不仅对公益广告的概念进行了界定,提出了基本要求,而且构建了公益广告管理机构及各项制度,切实有效地推进公益广告工作。

一、公益广告管理机构

对于公益广告的管理机构以及各机构的分工,《暂行办法》第四条明确规定:

"公益广告活动在中央和各级精神文明建设指导委员会指导协调下开展。

"工商行政管理部门履行广告监管和指导广告业发展职责,负责公益广告工作的规划和有关管理工作。

"新闻出版广电部门负责新闻出版和广播电视媒体公益广告制作、刊播活动的指导和管理。

"通信主管部门负责电信业务经营者公益广告制作、刊播活动的指导和管理。

"网信部门负责互联网企业公益广告制作、刊播活动的指导和管理。

"铁路、公路、水路、民航等交通运输管理部门负责公共交通运载工具及相关场站公益广告刊播活动的指导和管理。

"住房城乡建设部门负责城市户外广告设施设置、建筑工地围挡、风景名胜区公益广告刊播活动的指导和管理。

　　"精神文明建设指导委员会其他成员单位应当积极做好公益广告有关工作,涉及本部门职责的,应当予以支持,并做好相关管理工作。"

补充资料 15.1

　　中央精神文明建设指导委员会①

　　1997 年 4 月 21 日,中共中央发出《关于成立中央精神文明建设指导委员会的通知》(以下简称"通知")。《通知》指出,根据党的十四届六中全会通过的《中共中央关于加强社会主义精神文明建设若干重要问题的决议》,中央决定成立中央精神文明建设指导委员会。同年 5 月 26 日,中央精神文明建设指导委员会在北京成立,作为党中央指导全国精神文明建设工作的议事机构,主要负责督促检查各地、各部门贯彻落实党的十四届六中全会精神和中央关于精神文明建设的一系列方针、政策的情况,协调解决精神文明建设主要是思想道德和文化建设方面的有关问题,深入调查研究、总结推广交流先进经验,为中央决策提供建议。

　　中央精神文明建设指导委员会办公室(正部级机构))设在中央宣传部,并由中央宣传部代管,是中央精神文明建设指导委员会的办事机构,负责处理委员会的日常工作,其主要任务包括:

　　(1)按照中央精神文明建设指导委员会的工作安排,做好组织协调、督促落实工作;

　　(2)调查了解党的十四届六中全会决议贯彻落实的情况,研究分析精神文明建设的新情况新问题,及时向中央精神文明建设指导委员会反映并提出建议;

　　(3)组织精神文明建设工作经验的交流推广;

　　(4)负责委员会的文秘、会务工作。管理中央级"文化事业建设费";

　　(5)完成委员会交办的其他事项。

二、公益广告管理制度

　　为了落实《广告法》(2015 年版)有关"国家鼓励、支持开展公益广告宣传活动"的规定,《暂行办法》构建了稿源、发布、年度规划、检查(监测)及测评(考评)等公益广告管理制度。

---

　　①　中央精神文明建设指导委员会[EB/OL]. (2017-01-09)[2017-10-09]. http://www.baike.com/wiki/%E4%B8%AD%E5%A4%AE%E7%B2%BE%E7%A5%9E%E6%96%87%E6%98%8E%E5%BB%BA%E8%AE%BE%E6%8C%87%E5%AF%BC%E5%A7%94%E5%91%98%E4%BC%9A.

1. 稿源制度

《暂行办法》第三条明确要求:"国家鼓励、支持开展公益广告活动,鼓励、支持、引导单位和个人以提供资金、技术、劳动力、智力成果、媒介资源等方式参与公益广告宣传。"

第八条规定:"公益广告稿源包括公益广告通稿、公益广告作品库稿件以及自行设计制作稿件。"其中,"公益广告主管部门建立公益广告作品库,稿件供社会无偿选择使用"。同时,"单位和个人自行设计制作发布公益广告,公益广告主管部门应当无偿提供指导服务"。

另外,为了依法保护公益广告著作权,《暂行办法》第十四条还要求:"公益广告设计制作者依法享有公益广告著作权,任何单位和个人应依法使用公益广告作品,未经著作权人同意,不得擅自使用或者更改使用。"

不难发现,这些规定的目的就是要保障公益广告的稿源,从源头上确保公益广告的社会机制能够良性运转。

补充资料 15.2

中央媒体隆重推出"讲文明树新风"公益广告①

为充分运用公益广告生动鲜活地宣传贯彻党的十八大精神,树立社会主义核心价值观,自 2012 年 12 月 20 日起,中央主要媒体隆重推出"讲文明树新风"公益广告。

围绕"民族复兴·中国梦"这一鲜明主题,人民日报、光明日报、经济日报、工人日报、中国青年报、中国妇女报、环球时报、新华每日电讯、参考消息等主要报纸,以彩色整版或半版篇幅刊出公益广告,气势恢宏,主题鲜明;中央人民广播电台各频率在黄金时段推出的公益广告,以平民视角、百姓口吻展望"中国梦",亲切感人;中央电视台将在各频道全方位、高频次地连续播出同名公益广告。中国文明网、人民网、新华网、中国广播网、中国网络电视台、光明网、中国经济网等网站均在首页显著位置推出"讲文明树新风"公益广告专题。

据悉,这次由中宣部、中央文明办组织中央主要新闻媒体以及互联网站开展的公益广告宣传活动,将着重围绕积极培育社会主义核心价值观和社会道德行为规范、建设生态文明以及与人民群众密切相关的交通安全、食品安全、健康知识等内容,制作刊播内容丰富多彩的公益广告。

各媒体和主要网站都将持续拿出重要版面、重点时段、醒目位置刊播"讲文明树新风"公益广告。公益广告宣传将在元旦、春节期间形成热潮,大力弘扬社会正气,营造文

---

① 气势恢宏主题鲜明 中央媒体隆重推出"讲文明树新风"公益广告[EB/OL].(2012-12-20)[2018-04-12].http://www.xinhuanet.com/politics/2012/12/20/c_114100983.htm,2012-12-20.

明和谐的社会氛围。

2. 发布制度

《广告法》(2015 年版)第七十四条第二款规定："大众传播媒介有义务发布公益广告。广播电台、电视台、报刊出版单位应当按照规定的版面、时段、时长发布公益广告。"

《暂行办法》第八条第二款也规定："各类广告发布媒介均有义务刊播精神文明建设指导委员会审定的公益广告通稿作品。"(具体的发布规范,详见下一节)

可见,公益广告发布成为各类广告发布媒介的法定义务,这无疑是从渠道上解决公益广告发布问题。

3. 年度规划制度

为了保证公益广告工作有序进行,《暂行办法》第十二条还建立了年度规划制度,即"公益广告主管部门应当制定并公布年度公益广告活动规划"。

同时,要求"公益广告发布者应当于每季度第一个月 5 日前,将上一季度发布公益广告的情况报当地工商行政管理部门备案。广播、电视、报纸、期刊以及电信业务经营者、互联网企业等还应当将发布公益广告的情况分别报当地新闻出版广电、通信主管部门、网信部门备案"。

补充资料 15.3

广播电视公益广告专项资金扶持项目①

国家新闻出版广电总局 2016 年 2 月发布《关于做好 2015—2016 年度广播电视公益广告扶持项目评审工作的通知》,决定将加大扶持力度,将扶持资金增加到 1500 万元。

2015—2016 年度广播电视公益广告扶持项目继续设"广播类优秀作品""电视类优秀作品"和"优秀传播机构"共 3 类常规性扶持项目,由总局专项资金给予扶持。同时,另设"知识产权专项作品"和"防治艾滋病专项作品"两类专项扶持项目,专门对知识产权和防治艾滋病主题公益广告进行专项评审,由总局或相关部委专项资金给予扶持。此外,总局将分别与国家税务总局和国家禁毒委共同开展"税务"和"禁毒"主题公益广告作品征集展播活动,并评选出一定数量的优秀作品、优秀组织机构和优秀传播机构,

---

① 杨骁. 总局:1500 万元扶持广播电视公益广告[EB/OL]. (2016-02-23)[2017-10-09]. http://news. xinhuanet. com/politics/2016-02/23/c_128745121. htm.

由国家税务总局和国家禁毒委给予专项资金扶持。

"广播类优秀作品""电视类优秀作品""优秀传播机构"扶持项目均设3个类别,其中,一类不超过3个,二类不超过15个,三类若干。"广播类优秀作品"扶持项目,每部一类作品扶持资金5万元,每部二类作品扶持资金3万元,每部三类作品扶持资金1万元。"电视类优秀作品"扶持项目,每部一类作品扶持资金20万元,每部二类作品扶持资金15万元,每部三类作品扶持资金10万元。"优秀传播机构"扶持项目,每个一类传播机构扶持资金20万元,每个二类传播机构扶持资金15万元,每个三类传播机构扶持资金10万元。

各有关部门、影视制作机构、互联网企业、播出机构、高等院校、行业组织及个人,均可申请2015—2016年度"广播类优秀作品"和"电视类优秀作品"扶持项目。符合条件的,可申请相关专项扶持项目。各级广播电台、电视台、网络广播电视台及其他对广播电视公益广告传播作出突出贡献的机构,均可申请2015—2016年度"优秀传播机构"扶持项目。

4.检查(监测)及测评(考评)制度

《暂行办法》第十二条还要求:"工商行政管理部门对广告媒介单位发布公益广告情况进行监测和检查,定期公布公益广告发布情况。"

同时,第十三条明确规定:"发布公益广告情况纳入文明城市、文明单位、文明网站创建工作测评。广告行业组织应当将会员单位发布公益广告情况纳入行业自律考评。"

每年,中央文明办都会委托国家统计局对全国文明城市(区)和提名资格城市进行城市文明程度指数测评,公益广告就是《全国城市文明程度指数测评体系》中的重要项目(详见补充资料15.4)。

补充资料 15.4

城市文明程度指数测评体系中的公益广告指标[①]

2013年版《全国城市文明程度指数测评体系》共设置4个测评类别:重点工作、公共环境、公共秩序、公共关系。其中,"重点工作"共10项测评项目,第2项为"讲文明树新风"公益广告,具体测评内容及要求如下(见表15-2)。

---

① 《全国城市文明程度指数测评体系》(2013年版)责任分解表[EB/OL]. (2013-07-04)[2017-10-09]. http://wmdw.jswmw.com/home/content/? 3903-1722905.html.

表 15-2　全国城市文明程度指数测评体系中的公益广告指标(2013 年版)

序 号	测评内容	测评定量标准及定性说明
1	报纸、广播、电视、期刊、互联网等媒体刊播公益广告情况	(各级各类媒体刊播标准) 报纸类:省会、副省级城市各党报、晚报、都市报每月刊登总量不少于 6 个整版,地级市不少于 4 个整版
		广播类:省会、副省级城市、地级市各电台主要频率每天播出 6 次以上,黄金时段至少 3 次
		电视类:省会、副省级城市电视台综合频道每天播出 10 次以上,其中黄金时段不少于 3 次;其他各频道每天播出不少于 15 次,其中黄金时段不少于 4 次。地级、县级市电视台各频道每天播出 15 次以上,其中黄金时段不少于 4 次
		期刊类:省会、副省级城市、地级市各时政类期刊每期至少刊登 1 个页面;其他大众生活、文摘类期刊每两期至少刊登 1 个页面
		互联网:省会、副省级城市、地级市各新闻网站和商业网站在首页位置长期集中宣传展示
2	在城市交通运载工具、公共场所、主干道、商业大街和大型商场、宾馆、饭店显著位置,用电子显示屏、楼宇电视、固定广告牌等媒介刊播公益广告情况	公共场所是指广场、公园、旅游景区、车站、码头、机场、赛场
		显著位置,特指顾客聚集、行走频次高的地方,如大堂、前台、电梯口等
		公益广告占城市户外广告包括固定广告牌、电子显示屏、城市客运车辆的比例≥20%
3	公共场所、主干道、商业大街、居民小区的醒目位置设立"遵德守礼"提示牌情况	醒目位置特指人流集中、出入必经的地方
		提示牌的大小、形状要与周边环境协调融合
4	工地围栏公益广告	面积占围栏面积不少于 30%

三、公益广告发布规范

《广告法》(2015 年版)第七十四条规定:"大众传播媒介有义务发布公益广告。广播电台、电视台、报刊出版单位应当按照规定的版面、时段、时长发布公益广告。"对此,《暂行办法》对于公益广告的发布版面、时段、时长等做了详细的规定。

1.广播电台、电视台

《暂行办法》第九条要求:"广播电台、电视台按照新闻出版广电部门规定的条(次),在每套节目每日播出公益广告。其中,广播电台在 6:00 至 8:00 之间、11:00 至 13:00 之间,电视台在 19:00 至 21:00 之间,播出数量不得少于主管部门规定的条(次)。"

对此，《广播电视广告播出管理办法》①第十六条有明确的规定："播出机构每套节目每日公益广告播出时长不得少于商业广告时长的 3%。其中，广播电台在 11：00 至13：00之间、电视台在 19：00 至 21：00 之间，公益广告播出数量不得少于 4 条（次）。"

2.报纸

《暂行办法》第九条要求："中央主要报纸平均每日出版 16 版（含）以上的，平均每月刊登公益广告总量不少于 8 个整版；平均每日出版少于 16 版多于 8 版的，平均每月刊登公益广告总量不少于 6 个整版；平均每日出版 8 版（含）以下的，平均每月刊登公益广告总量不少于 4 个整版。省（自治区、直辖市）和省会、副省级城市党报平均每日出版 12版（含）以上的，平均每月刊登公益广告总量不少于 6 个整版；平均每日出版 12 版（不含）以下的，平均每月刊登公益广告总量不少于 4 个整版。其他各级党报、晚报、都市报和行业报，平均每月刊登公益广告总量不少于 2 个整版。"

3.期刊

《暂行办法》第九条规定："中央主要时政类期刊以及各省（自治区、直辖市）和省会、副省级城市时政类期刊平均每期至少刊登公益广告 1 个页面；其他大众生活、文摘类期刊，平均每两期至少刊登公益广告 1 个页面。"

4.网站

《暂行办法》第九条要求："政府网站、新闻网站、经营性网站等应当每天在网站、客户端以及核心产品的显著位置宣传展示公益广告。其中，刊播时间应当在 6：00 至 24：00之间，数量不少于主管部门规定的条（次）。鼓励网站结合自身特点原创公益广告，充分运用新技术新手段进行文字、图片、视频、游戏、动漫等多样化展示，论坛、博客、微博客、即时通讯工具等多渠道传播，网页、平板电脑、手机等多终端覆盖，长期宣传展示公益广告。

"电信业务经营者要运用手机媒体及相关经营业务经常性刊播公益广告。"

5.各类社会媒介

《暂行办法》第十条要求："有关部门和单位应当运用各类社会媒介刊播公益广告。

"机场、车站、码头、影剧院、商场、宾馆、商业街区、城市社区、广场、公园、风景名胜区等公共场所的广告设施或者其他适当位置，公交车、地铁、长途客车、火车、飞机等公

---

① 《广播电视广告播出管理办法》于 2009 年 9 月 10 日由国家广播电影电视总局颁布，自 2010年 1 月 1 日起正式实施。详见本书第十章。

共交通工具的广告刊播介质或者其他适当位置,适当地段的建筑工地围挡、景观灯杆等构筑物,均有义务刊播公益广告通稿作品或者经主管部门审定的其他公益广告。此类场所公益广告的设置发布应当整齐、安全,与环境相协调,美化周边环境。

"工商行政管理、住房城乡建设等部门鼓励、支持有关单位和个人在商品包装或者装潢、企业名称、商标标识、建筑设计、家具设计、服装设计等日常生活事物中,合理融入社会主流价值,传播中华文化,弘扬中国精神。"

6.户外广告

针对户外广告,《暂行办法》第十一条对其发布公益广告的比例提出了要求,即"住房城乡建设部门编制户外广告设施设置规划,应当规划一定比例公益广告空间设施。发布广告设施招标计划时,应当将发布一定数量公益广告作为前提条件"。

由于户外广告管理主要依靠地方性法规和规章,因此各地方户外广告中有关公益广告发布的规定不尽相同。编者检索发现,有些地方对于户外广告发布公益广告的比例,作出了明确的规定。如,上海要求户外广告以及流动户外广告内容中,"公益广告内容所占的面积或者时间比例不得低于10%"[1]。而有些地方只是作出了原则性的规定。如宁波,只是要求"设置户外广告的,应当保证一定的时间或者版面用于公益宣传"[2]。当然,还有些地方虽然未设定具体的比例指标,但对于户外广告的闲置期限作出了严格的要求。如长沙,要求"在户外公益广告设施上只能发布公益广告内容,不得发布任何形式的商业广告。在户外商业广告设施上,户外广告设置人应当按照有关规定发布一定数量或比例的公益广告。户外商业广告设施闲置期超过10日的,应当发布公益广告"[3]。

7.增加设施和渠道

《暂行办法》第十一条规定:"国家支持和鼓励在生产、生活领域增加公益广告设施和发布渠道,扩大社会影响。"

2016年7月15日,浙江省精神文明建设委员会办公室发布《浙江省城市文明程度指数测评体系》[4]。该体系共设置4个测评类别,即公益宣传,公共环境和秩序,市民素

---

[1] 《上海市户外广告设施管理办法》《上海市流动户外广告设置管理规定》于2010年12月28日由上海市政府第93次常务会议通过,自2011年1月1日起施行。

[2] 《宁波市户外广告设施设置管理办法》于2014年7月31日由宁波市人民政府第48次常务会议审议通过,现予发布,自2014年10月1日起施行。

[3] 《长沙市户外广告设置管理办法》于2010年4月9日由长沙市人民政府第30次常务会议通过,自2010年9月1日起施行。

[4] 关于印发2016年版《浙江省城市文明程度指数测评体系》的通知[EB/OL]. (2013-07-04) [2017-10-09]. http://www.zjwmw.com/07zjwm/system/2016/07/27/021243691_01.shtml.

质,市民评价。总分为 1000 分,其中公益宣传 280 分,公共环境与秩序 270 分,文明素质 300 分,市民评价 150 分(见表 15-3)。

表 15-3　浙江省城市文明程度指数测评体系中的公益宣传指标(2016 年版)

测评项目	测评内容	测评标准	分　值
"讲文明树新风"公益广告宣传	报纸、电视、广播、互联网等媒体刊播公益广告情况	报纸:随机抽查测评年度任意两个月党报的刊登数量,取两个月的平均值计算分值。得分=刊登数量(页面)/刊登要求×分值	40
		电视:收看黄金时段(19:00—21:00)两个频道的播出数量。得分=两个频道播出数量之和/8×分值	40
		广播:收听 6:00—8:00 和 11:00—13:00 主要频率播出数量。得分=播出数量/4×分值	20
		互联网:查看各市的政府网站和新闻门户网站各一家。没有在首页显著位置刊登公益广告的,此项不得分	20
	在城市交通运载工具、公共场所、主干道、商业大街和大型商场、宾馆、饭店显著位置,用电子显示屏、楼宇电视、固定广告牌等媒介设置、播出公益广告情况	乘坐不同区域的 3 路公交车各 5 站,每车车载电视播出公益广告 2 条(含)以上得 20 分,少 1 条扣 4 分;若无车载电视的公交车,每车需有 2 条以上公益广告,少 1 条扣 4 分	20
		查看公交站点 3 处。有电子显示屏的公交站点,每处 10 分钟内播出公益广告 2 条(含)以上的得 10 分,少 1 条扣 2 分,平面类公益广告得分=公益广告比例/20%×10 分,总得分为两者相加;无电子显示屏的公交站点得分=公益广告比例/20%×20 分	20
		查看公共场所 3 处。有电子显示屏的,每处 10 分钟内播出公益广告 2 条(含)以上的得 10 分,少 1 条扣 2 分,平面类公益广告得分=公益广告比例/20%×10 分,总得分为两者相加;无电子显示屏的公共场所得分=公益广告比例/20%×20 分	20
		查看不同区域的主干道 3 条各 500 米,统计公益广告设置比例。得分=公益广告比例/20%×分值	20
		查看不同区域商业街 3 条各 500 米,统计公益广告设置比例。得分=公益广告比例/20%×分值	20
		查看大型商场、饭店、三星级以上宾馆各 3 家。统计一个播出轮回电子显示屏、楼宇电视播出的公益广告比例。得分=公益广告比例/20%×分值	20
	在社区设置多种形式的公益广告	随机查看不同区域的 3 个社区:社区办公场所、便民服务中心、文化活动中心和居民小区显著位置分别设置不少于 2 种形式(张贴悬挂、电子显示屏、宣传橱窗等)的宣传展示社会主义核心价值观 12 个主题词和"讲文明树新风"公益广告,未达到标准的每 1 个扣 2 分	20

续　表

测评项目	测评内容	测评标准	分　值
文明餐桌行动	宾馆、饭店、餐馆普遍参与文明餐桌活动，在营业场所显著位置和餐桌上设有文明就餐的温馨提示牌	查看10桌以上宾馆、饭店、餐馆5家，未在营业场所显著位置和餐桌上设置文明就餐提示牌的，每1家扣4分	20

延伸阅读：

1. 陈正辉. 公益广告的社会责任[J]. 现代传播（中国传媒大学学报），2012（1）：17-22.

2. 田永超. 浅论公益广告在社会中的作用[J]. 新闻研究导刊，2017（1）：271.

3. 陈爽. 公益广告在构建和谐社会中的作用分析[J]. 辽宁工业大学学报（社会科学版），2015（2）：76-77.

4. 王首程. 我国公益广告法规建设现状评析[J]. 深圳大学学报（人文社会科学版），2008（6）：122-127.

5. 胡光. 新媒体环境下公益广告有效传播的法律保障——以《公益广告促进和管理暂行办法》为视角[J]. 当代传播，2016（4）：76-78.

6. 吴易霏. 韩国公益广告运营管理体制及其借鉴[J]. 中国行政管理，2011（12）：96-98.

7. 吴易霏. 由韩国公益广告管理看我国公益广告未来的发展[J]. 艺术科技，2016（7）：303.

8. 曾蔷薇. 中外公益广告管理规范比较及建议[J]. 青年记者，2017（14）：29-30.

9. 蔡玉桂. 虚假广告公益诉讼制度探析[J]. 知识经济，2012（7）：25-26.

后　记

编写教材实在是一件吃力不讨好的事情。但，有4点原因最终促使笔者完成了这本教材。

其一，特殊的时代背景。从广告法规的角度来看，2015年前后可以说是一个标志性的时期。在此之前，虚假、违法广告等问题虽然持续受到关注，但始终难说形成了一定的热度；而2015年，以《广告法》的修订颁布为节点，广告法规突然成为全社会热捧的"焦点"，从"史上最严广告法"到"好到违反广告法"（对绝对化用语规定的调侃），再到"杭州最好的炒货店铺"（因宣称"最好"而被罚20万元），有关广告法规的话题不断登上网络"头条"。在这种特殊的时代背景下，系统地梳理广告法规，成为一件极具现实意义的事情。

其二，现有教材存在着的不足。客观地说，笔者编写本教材，吸收了前辈的相关成果。但笔者意识到，现有的教材大多以"广告法规与管理"为名，倾向于采用广告监管视角，注重对广告管理制度（包括法律制度）的概括，而对广告法规具体内容的梳理则相对粗略。根据笔者多年从事广告法规教学的经验，对于广告学专业的学生而言，他们更需要的是对广告法规具体内容的了解和掌握，以具体指导他们未来开展广告策划与创意等实践工作；而对于那些工作多年的广告从业者，一本专题式的广告法规工具书，比起传统的广告管理教材可能更具实用价值。

其三，教学改革的客观需要。虽然广告法规一直是广告学专业的核心课程，且近年来随着《广告法》（2015年版）的颁布，学生们对该课程已经明显重视了许多，但与其他实务性课程比较起来，这门课程依然显得比较尴尬：数量庞杂且修订频繁的广告法规，让学生心存"敬畏"；而枯燥乏味的条文，则让学生心生抵触。考虑到这种情况，笔者多年来一直尝试着改革教学方法，并逐步在广告法规课程的教学中引入和探索"课题教学法"，还以此申报了"2013年浙江省高等教育课堂教学改革研究项目"。可以说，这本教材是笔者开展教学改革的配套讲义，同时也是笔者开展上述教学改革研究的重要成果。

其四，学术研究的推动和延续。笔者于2005年考入武汉大学，师从张金海教授，攻读广告学博士学位。在张老师的指导下，笔者选择了广告产业发展和广告行业管理作为自己的研究方向，先后参与了一些与广告监管有关的课题研究（包括《广告法》修订稿征求意见,以及参与撰写并发表了"论政府主导型广告监管体制"系列论文),并于2009年6月完成了博士论文《中国广告管理体制研究:基于国家与社会关系框架》的写作和答辩。之后,笔者尝试调整自己的研究取向,力图以微观研究来补充过去的宏观研究。而对广告法规条文的梳理,显然是广告管理微观研究不能回避的重要内容。因此,从某种程度上说,本教材是笔者以往研究的延续,也是近年来研究转向的衍生品。

基于上述动因,笔者试图重构广告法规教材的框架,并力图使本教材呈现出以下3个方面的特点。

其一,专题式的内容结构。本教材打破了原有教材的体例,选择了医疗广告、医疗器械广告、药品广告、食品广告、酒类广告、烟草广告、房地产广告、户外广告、广播电视广告、互联网广告、广告语言文字、广告经营资质、《广告法》以及公益广告14个专题,详尽地对广告法规的具体内容进行专题式的梳理,不仅有利于初学者学习,而且可以作为工具书,直接指导广告从业者的实践活动。

其二,丰富的数字化资源。作为精品在线开放课程的配套教材,本教材将不断丰富教学资源,包括教学大纲、教学课件、课程视频、练习题、延伸阅读材料、思考讨论题等,并将在浙江省高等学校精品在线开放课程共享平台(http://zjedu.moocollege.com/)等上线运行,有利于学生进行自主性学习,同时方便其他教师利用本教材开展教学活动。

其三,开放式的专题讨论。虽然本教材重点在于对广告法规内容进行客观的梳理,但也暗含着专题研讨的空间,并预留了许多研究课题,如广告审查制度的变迁及动因、中国人的"食疗观"与我国食品广告监管、烟草广告的"控"与"禁"、户外广告管理与整治问题、互联网原生广告与可识别性问题、广告政府监管与广告行业自治等,这些问题都可以指引学生开展自主性的研究。事实上,按笔者的计划,笔者将着手撰写《广告伦理问题研究》,就上述问题展开深入的研究和讨论。

本教材的编写得到了众多师友的帮助。武汉大学张金海教授亲自审订书稿,并欣然为之作序,给予了笔者莫大的支持和鼓励;温州大学发展规划处蔡贻象教授,直接指导了本书以及本系列丛书的策划和写作;浙江大学胡晓云教授,温州大学人文学院院长孙良好教授,温州市市场监管局广告处谢旭阳处长、仲华副处长,温州市广告协会许征会长、潘晓清副会长等,都给予了笔者极大的支持和帮助;浙江工商大学出版社罗丁瑞、王英,从选题策划到书稿审校,对每项工作都一丝不苟、倾尽全力。

另外,本教材的编写还参考和借鉴了一些相关教材和专著,包括并不限于陈柳裕、唐明良的《广告监管中的法与理》、周茂君的《广告管理学》、刘林清的《广告法规与管理》、杨同庆的《广告监督管理》、张龙德的《广告法规案例教程》、倪嵋的《广告法规实用实训新编教程》、蒋恩铭的《广告法律制度》、崔银河的《广告法规与广告伦理》、药恩情的

《广告规制法律制度研究》、吕蓉的《广告法规管理》等,在此一并表示感谢!

当然,笔者学力不足,加上近几年我国广告法规正经历较大规模的调整,因此本教材虽在编写过程中就已经数易其稿,但难免存在纰漏甚至谬误,恳请各位方家批评指正!

徐卫华

2018 年 3 月 29 日

于温州民航路知新楼